教育文化
を学ぶ人のために

稲垣恭子［編］

世界思想社

なぜ教育文化論か——序論にかえて

教育によって何が得られるのかという問いには、さまざまな答えがあるだろう。新しい知識や技術を習得すること、資格や学歴を得ることなどは、その成果が目に見えやすく、どれくらい身についたかを客観的に計測したり評価しやすい。しかし、教育学や教育論の文脈においては、そうした計測可能な教育の成果だけでなく、人格の涵養とか個性の伸長あるいは教育愛などのように、客観的に測りにくく、また実用的・功利的な目的に還元できないようなところに、その独自性と価値が強調されることが多い。

戦後日本社会において教育を拡大していく原動力になったのは、教育が将来の豊かで幸福な生活を約束してくれるはずだという期待と欲望だった。もっと端的にいえば、教育＝学歴を得ることが高い収入や社会的地位につながっていくのだという、いわば教育をツールとしてとらえるみかたが実際の教育拡大を支えていたのである。しかし、教育研究においても社会通念においても、教育を論じる言説のなかではそうした「現実」が表立って語られることは少なく、あったとしても批判的に取り上げられるのが通常であった。むしろ、成績や学歴といった目に見える成果をめざす功利主義的な教育観を超えたところに教育の本来の目的がある、とする規範的で抽象的な語りや思考法が広く一般化していたのである。学校問題や教育問題が顕在化する一九七〇年代半ば頃からは、教育への無限定な期待や信頼は徐々に崩れていったが、それでも「理想と現実の乖離」といったレトリックによって「現実」の向う側に教育の理念や理想をみようとするメンタリティは長く保持されてきたといえるだろう。

こうした規範的な教育観や語りかたが正統性をもっているときに、それとは逆に、教育の経済的・社会的効用といった現実的かつ手段的な側面に焦点をあてたのが教育社会学であった。たとえば、教育社会学の中心テーマのひとつであった学歴研究は、教育の成果（機能）を収入や社会的地位達成といった計測可能な指標によってとらえようとしてきた。それは、従来の規範的な教育研究や教育論の前提からみれば、「即物的」で「功利的」な教育観にたった皮相的なものにみえるだろう。しかしだからこそ、それが教育研究や教育言説の規範的な前提を解体する知的・社会的インパクトをもったともいえるのである。教育が実際には道具的・手段的な側面を軸に拡大してきたことは暗黙の社会的了解ではあったが、それをストレートに研究の対象に据えることによって、現実と遊離した規範的な言説の不透明さや胡散臭さを払拭し、社会学的な角度から教育をとらえ直すことが可能になったからである。教育への社会学的なアプローチの魅力と新鮮さは、教育現象をみるときにまつわりつく独特の規範的思考法の拘束から解き放ち相対化する、知的な柔軟さと自由さにあったということができるだろう。

ところが近年においては、人格形成とか教育的出会いといった議論は後退し、教育を計測可能なアウトプットによって評価する合理的で道具的なみかたのほうが、教育の「表の顔」になりつつある。教育社会学的なとらえかたが教育の常識的なみかたになってきたということもできるだろう。教育に効率とわかりやすい成果を求める社会的な関心やニーズはますます強くなり、それが教育改革や教育実践を支える根拠にもなっていることは改めていうまでもない。教育を道具的な側面からみることはごく自明のこととなり、現実的な教育課題に応えることが教育そのものを問うこととみなされるようになっているのである。格差社会が関心を集めるようになるのにともなって、教育と職業の連続性や教育格差の問題についての解明と解決が教育研究の中心課題として位置づけられるようになってきたことも、その点では同様である。

教育をめぐるこのような社会的文脈の転換のなかで、教育社会学のポジションも変化してきた。現代の教育課題に実証的な角度から応えうる正当で有力なアプローチとして期待されるようになる一方で、教育についての支配的な言説へのチャレンジという側面は薄まってきたように思われるのである。「教育学的」な教育の理念の後退は、その前提を相対化し問い直そうとする社会学的な知的インパクトも後退させることになったともいえよう。

ところが、教育をその道具的側面からとらえる志向が全面化していく一方で、それとは逆に計算や効率を超えた他者との関係、信頼とか、かけがえのなさといった価値、あるいは儀礼やたしなみといった文化的慣習に対する新たな関心や憧れが顕在化しつつある。教育を道具的な視点からとらえるみかたへのリアクションが、さまざまな形で出現しているとみることができるだろう。

本書は、教育への道具的関心とは異なるこのような教育文化現象に焦点をあて、その意味を社会学的な視点から読み解いていくことをめざしている。ツールとしての教育が理念の上でも現実においても浸透していくなかで、規範的な教育研究や従来の教育社会学とは違った角度から教育＝文化現象に光をあて直すことによって、教育への新たな社会学的アプローチの魅力と可能性が開けるのではないか。本書を『教育文化を学ぶ人のために』としたのは、このような趣旨からである。教育文化現象への社会学的アプローチの広がりと面白さへの誘いになれば幸いである。

本書の各章は、このような視点をゆるやかに共有しつつ、さまざまな教育文化現象を読み解いている。第Ⅰ部「現代の教育文化」では、メディア、学生文化、文化資本とジェンダーをキーワードに、広い視野から現代の教育文化現象を分析している。戦後日本における教育とメディアを語る言説の意味、学生文化の変容と教養主義の衰退、ジェンダーによる文化資本の違いを軸とする日本のメリトクラシーの二重構造など、マクロな視点から現代の教育文化を読み解く視点が提示されている。メディア的教養、文学的教養、芸術的教養など、学校知に還元されない教養の社会的機能や意味がそれぞれ違った角度から論じられている。

第Ⅱ部「学校空間と教育言説」では、学校における儀礼の意味、教育問題をめぐる言説構成、学校スポーツと身体の形成という視点から、それぞれ学校空間の意味について論じている。いずれも教育の道具的な視点からは解明できない側面に光をあてることによって、学校なるものの特質を浮き彫りにしている。

第Ⅲ部「社会化と超社会化」は、教育の基本概念である社会化についての二つの方向からのアプローチである。ひとつは子どもが社会構造のなかに位置づけられていく社会化のしくみについて、もうひとつは社会からの引退をめぐる課題を超社会化という概念とともに論じている。社会化概念の検討を通して、社会の一員になること、社会から降りることの意味を改めて問おうとしている。

第Ⅳ部「教養とアカデミズムの変容」では、現代日本における教養とアカデミズムをめぐる状況について、理論的、歴史社会学的な角度からそれぞれ論じている。教育の合理化と制度化と利害衝突のダイナミックな過程、近代日本における文学少年の立身出世主義と教養、師弟関係の変容とアカデミック・コミュニティの現在についての分析などを通して、ツール化する現代の教育における教養とアカデミズムの意味を再考している。

本書の構成は以上のようになっているが、各章はそれぞれいくつかの領域とリンクしている。本書をヒントに新しいテーマや関心が掘り起こされ広がっていくことを期待している。

「ティータイム」には、井上俊（大阪大学名誉教授・関西大学客員教授）、竹内洋（京都大学名誉教授・関西大学教授）、大村英昭（大阪大学名誉教授・相愛大学特任教授）の各先生にご寄稿いただいた。いずれも短いなかに、教育文化をとらえる視点の面白さや、社会学的洞察力に満ちた人間理解が呈示されていて示唆に富む。先生方には、お忙しいなかを快くお引き受けいただきましたこと、この場を借りて心より感謝申し上げます。

また、本書の企画から編集に至るまで、ご担当いただいた秋山洋一さんと大道玲子さんには大変お世話になった。秋山さんには、長年のおつき合いもあって、緩急を心得た配慮と叱咤をいただきながら進めてきたが、思いのほか時間がかかってしまい、残念ながら在職中に刊行することができなかった。後を引き継いでいただいた大道さん、また、原稿整理から校正まで実質的な作業をご担当いただいた大本祐子さんには、その分、細かいところまでいろいろお世話になった。お詫びとともに心よりお礼を申し上げたい。

二〇一一年三月

編者　稲垣恭子

目次◎教育文化を学ぶ人のために

目　次

第Ⅰ部

現代の教育文化

第1章　教育のニュー・メディア幻想

1　メディアは教育に何をもたらすのか

佐藤卓己

ニュー・メディア幻想

壁で仕切られた教室。一人の教師が黒板とチョークによって、教科書で教える。生徒は整然と並んだ机と椅子に固定され一斉授業を受けている。同一年齢・同時入学・同一学年・同一内容・同時卒業を前提とした近代学校システム。明治開国期に導入された学校制度は今日なお存続している。

この強固な画一的システムに風穴をあけるべく、さまざまなニュー・メディアが教育に投入されてきた。大正期の映画教育、戦時期のラジオ教育、戦後のテレビ教育、一九八〇年代のコンピュータ教育、現在のインターネット教育と続いた。だが、このメディア教育の歩みが挫折の連続であったことは、黒板と教科書の教室風景が今日ほとんど変わっていないことが証明している。

たとえば、コンピュータ教育である。パソコンの学校普及率はすでに一九九六年段階で小学校八九・九%、中学校九九・三%、高校九九・五%にまで達していた。当時「情報革命が教室を変える」というキャッチコピーが叫ばれたが、はたしてパソコンは教室の風景を変えただろうか。二〇〇〇年当時、一〇年後の教室風景を予測した文章をＮＨＫ学校放送番組部長が発表している。

子どもたちは全員、ポータブルのパソコン（あるいは、もっと進化した超軽量の携帯端末）を持っているでしょう。教科書やノートは、小さくて軽いディスクかチップにすべて収められているので、もう重たい鞄を持ち運ぶ必要はありません。学校と家庭とは、すべて高速のインターネットで繋がっています。基本的な事柄では、先生と子どもと両親の間に情報格差はありません。宿題の出し忘れや、伝達事項のモレも今よりぐんと少なくなっているでしょう。さて、教室には大きなスクリーンがあります。そこに写る映像は、先生のパソコンで自由にコントロールできます。

（吉田圭一郎「二〇一〇年後の教室は？」『放送教育』二〇〇〇年一〇月号、三〇頁）

二〇一〇年現在、どれも手のとどくＩＴ技術である。しかし、こうした風景は「実験校」の実験だけに終わるのではあるまいか。そもそも、誰がこうした教育を望むのだろうか。教師？　子ども？　親たち？　結局、情報機器メーカーぐらいだろうか。

むしろ、特定のメディアを使う教育をことさらに映画教育、ラジオ教育、テレビ教育、パソコン教育などと呼ぶことが問題なのかもしれない。メディアが授業にとけ込んでいれば、それはふつうに「社会」や「英語」であっても、わざわざ「テレビ教育」「インターネット教育」とはいわないだろう。逆説的だが、この点では「黒板教育」「教科書教育」、あるいは「人間教育」と言挙げされない黒板と教科書、そして生身の教員だけが教育で成功したメディアなのだ。だが、それを「メディア」と呼ぶ必要があるかどうか。

「メディア」というマジック・ワード

「周知のように、メディア Media は複数名詞です。さて、その単数形は何でしょう？」

毎年、「メディア文化論」の講義をこの質問から始めることにしている。もちろん、「周知のように」と本心では思ってはいない。一九八〇年に大学受験した私が愛用した森一郎『試験にでる英単語』（一九七五年版）に media はなかった。「試験にでる」単語は medium であり、こちらは名詞「媒介」、形容詞「中位の」とあり、「Mサイズは medium-sized のこと」と付記されていた。だからか、にもかかわらずかは微妙だが、大学生になっても私はこの「Mサイズ」から「情報媒体」を連想できなかった。今日、メディアは「出来事に意味を付与し体験を知識に変換する記号の伝達媒体」の意味で使われることが多い。しかし、一九七〇年代の日本社会において「メディア」はまだ十分に日常語ではなかったのである。

実は英語圏においても、今日的な用例をそれほど古くさかのぼることはできない。「中間・媒介」を意味するラテン語ミディウム medium は、ヨーロッパの前近代社会においては「霊媒・巫女」を意味する宗教用語であった。『オックスフォード英語辞典』（OED）は、新聞・雑誌・ラジオを指す「マス・ミディウム」の初出例として一九二三年アメリカの広告業界誌『広告と販売』の記述を挙げている。つまり、メディアは第一次大戦後に「広告媒体」を示す業界用語から普及した言葉である。実際、いまでも「メディア志望」の学生が思い描く就職先は新聞社・雑誌社・放送局——わが国の広告業界でいう、いわゆる「三媒体」である。実際、情報媒体であっても広告媒体ではない手紙、歌謡、電話はもちろん、書籍、レコード、写真も長らくメディアとして意識されることはなかった。とはいえ、消費社会とはすべてのモノ・コト・ヒトが広告媒体となる社会であり、それとともにメディアという言葉が示す対象は無限に拡大してゆく。つまり、メディアはすべてを飲み込むマジック・ワードである。マジック・ワードとは中身のない主張をする際によく利用される曖昧な言葉でもある。大学の掲示板で、次のような惹句の講演会ポスターを目にした。

「メディアは子どもたちをどう変えるのか。メディアは教育に何をもたらすのか。私たち大人はまだその答えを見つけてはいない。」

何かを強く訴えているように見えるが、このままでは中身はない。そこで試みにミディウムの原義に立ち戻って、メディアを「霊媒」（神仏・死者と生者の間を仲介する者）と読み替えてみよう。

「**霊媒**は子どもたちをどう変えるのか。**霊媒**は教育に何をもたらすのか。私たち大人はまだその答えを見つけてはいない。」

この問いならば中身がありそうだ。近代化とは教会から学校が分離され、宗教から教育が分化する世俗化のプロセスである。現代日本の公共空間で宗教は私的領域に閉じ込められているため、教育の文脈においてメディアを宗教用語として語ることは難しい。それは教師を「聖職」として語ることの困難さとも通じるが、果たして宗教（聖なるもの、超越的存在にかかわる営み）を一〇〇％除去して教育が可能なのかどうか、それこそ、私たち大人がその答えを見つけるべき問いであろう。

だが、ここでメディア・リテラシーの視点から推奨したいのは、メディアを「広告媒体」に置換することである。

「**広告媒体**は子どもたちをどう変えるのか。**広告媒体**は教育に何をもたらすのか。私たち大人はまだその答えを見つけてはいない。」

マジック・ワードでは隠されていた、別の文脈が浮かび上がってくる。それは「消費者を育てる教育」、あるいは「商品化する学習」、さらに「教育の産業化」である。この場合、「私たち大人はまだその答えを見つけてはいない」のではない。むしろ、その答えから目をそむけているのである。つまり、メディアをマジック・ワードのまま使うことで、資本主義社会に生きる主体の意味をぼかしてきたのだ。あらゆるメディア批判がその責任論において空転してしまうのは主体が問われないからかもしれない。広告媒体（メディア）が効果的に機能するためには、まず消費者の需要を読むこと（マーケティング）が不可欠である。受け手の欲求を汲んだメディアに対して、問われるべき責任とは何か。メディアというマジック・ワードは送り手側・受け手側双方の責任を不問にする呪文となる。とすれば、メディアの原義を問わないメディア教育の挫折は必然というべきだろうか。

メディアは人を結びつけるか

また、日常的にマス・メディア（媒体）とマス・コミュニケーション（伝達）が混用される状況は、別の教育的幻想も生み出している。コミュニケーションはラテン語の communis（共同）を語源とする言葉だから、「連帯」や「相互理解」という統合的ニュアンスを強く帯びている。もちろん、メディア（媒体）にも統合機能は存在する。メディアの統合機能としては、B・アンダーソンの出版資本主義論がよく引用される（B・アンダーソン、白石隆・白石さや訳『定本　想像の共同体――ナショナリズムの起源と流行』書籍工房早山、二〇〇七年）。俗語（国語）印刷物が、見ず知らずの人間を同じ国語をよむ「国民」

と想像する前提となった、と一般には説明されている。しかし、それは国民国家成立期の事例のため、活字メディアの統合機能を過度に強調していないだろうか。ヨーロッパ近代史の文脈ではまったく逆の見方も可能である。つまり、異なる国語印刷物の登場は、中世教会のラテン語使用によって統一されていた神聖ローマ帝国（ヨーロッパ共同体）を解体し、数多くの民族国家に細分化した。アンダーソン的視点はもっぱらメディアの統合機能に注目しており、その細分化機能を過小評価している。それは、インターネット普及前の情報化社会を論じた「〈遠隔地ナショナリズム〉の出現」（『世界』一九九三年九月号）でも一貫している。アンダーソンはファックスやビデオで出身国の情報にアクセスし続ける移民が国家の空間的枠組みを超えて新しい「遠隔地国民主義」を形成していると論じた。だが、いうまでもなく移民たちの「遠隔地国民主義」は受け入れ国で多文化主義を必然化させ、その国民的統合を破綻させている。メディア（媒体）は離れたものの間に入って情報を共有させるが、一方で本来不可分であった集団に割り込んで、その文化的結合を解く機能も備えている。

　結論からいえば、対面的つながりを不要にするメディアの細分化機能への理解不足がメディアの教育利用における躓《つまず》きの石であった。つまり、書物、雑誌、新聞からラジオ、テレビ、インターネットまでメディアに対する人々の誤解のうちで最大のものは、「メディアがコミュニケーションを豊かにし、連帯を促進させる」という教育的幻想である。とりわけ教育の現場では、「メディアは教師と生徒を結びつける」と素朴に信じる人も少なくない。しかし、メディアの普及は不登校やいじめや学級崩壊を減少させただろうか。むしろ、メディアの本質的機能は結合化というより細分化なのである。

　メディア史を紐解けば、メディアの発展とはメディア自身の機能分化、すなわち細分化であることも一目瞭然である。公共性の名において現在も規制がある放送、国家権力により整理統合された歴史をもつ新聞と異なり、公的規制が比較的少ない雑誌の例がメディアの純粋機能としてわかりやすい。「国民雑誌」や「婦人雑誌」は、その発展とともに年齢、階級、地域ごとに新たな雑誌に枝わかれし、今日ではスポーツや音楽の趣味ごとに細分化された「スペシャル・インタレスト・マガジン」となっている。この数千種を数える雑誌は人々を結びつけ、国民に共通の話題を提供しているとはいえない。メディアは自ら細分化しつつ、人々の関心を細分化する。以下では、メディアの細分化機能の視点から「最後の国民化メディア」にして、グローバル資本主義を強力に推進した「広告媒体」、すなわちテレビを例に、その教育機能を考察してみよう。

2　「一億総白痴化」が生んだテレビ的教養

テレビは教育・教養のメディア?

テレビと教育。ＮＨＫ教育テレビジョン（ＥＴＶ）のことを連想してしまう人が多いだろう。そのため、我が国のテレビ事業が「教育メディア」という規範のもとで営まれている事実を忘れがちである。図1-1-1は「民放テレビとＮＨＫ総合テレビの年間番組比率の推移」（一九八五―二〇〇五年）である。二〇〇五年以降も数字はほとんど変化していない。

念のために繰り返すが、下側のグラフもＮＨＫ教育テレビを除いたＮＨＫ総合テレビだけの数字である。民放テレビ各局の平均（二〇〇五年）で「教育・教養番組」三七・二％が「娯楽番組」三七・一％

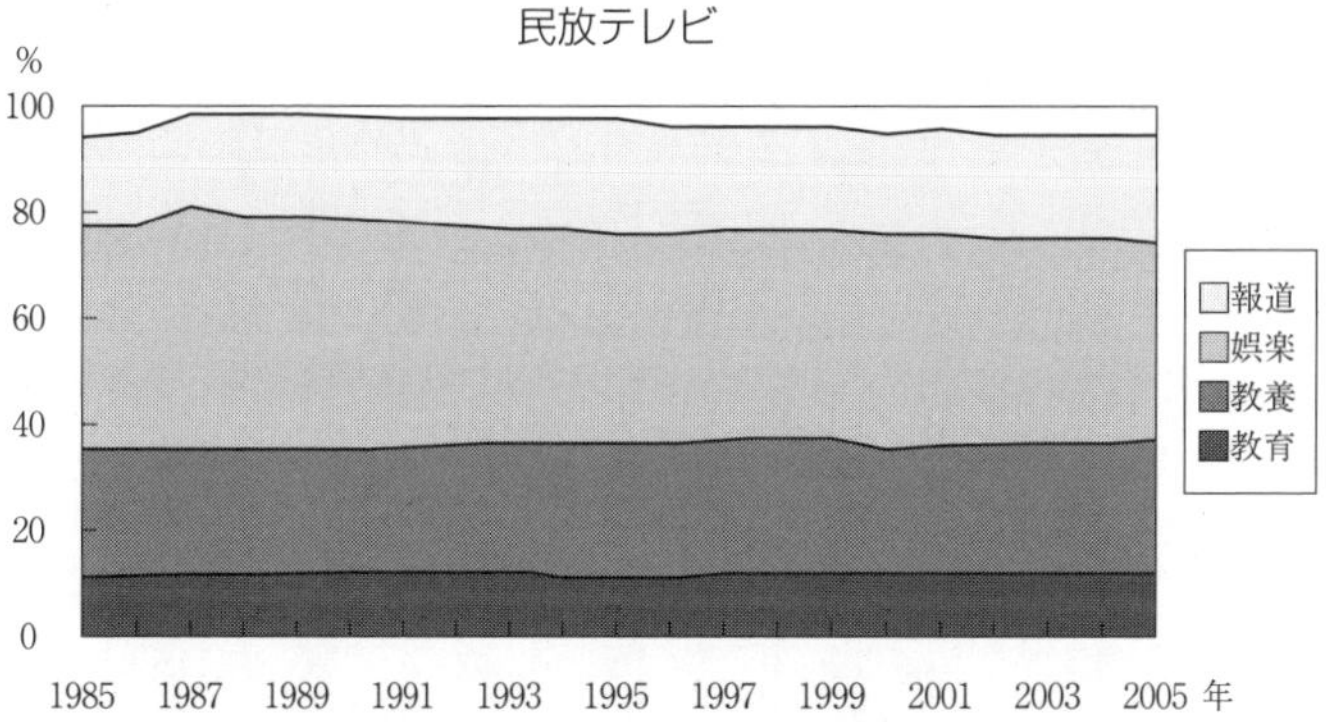

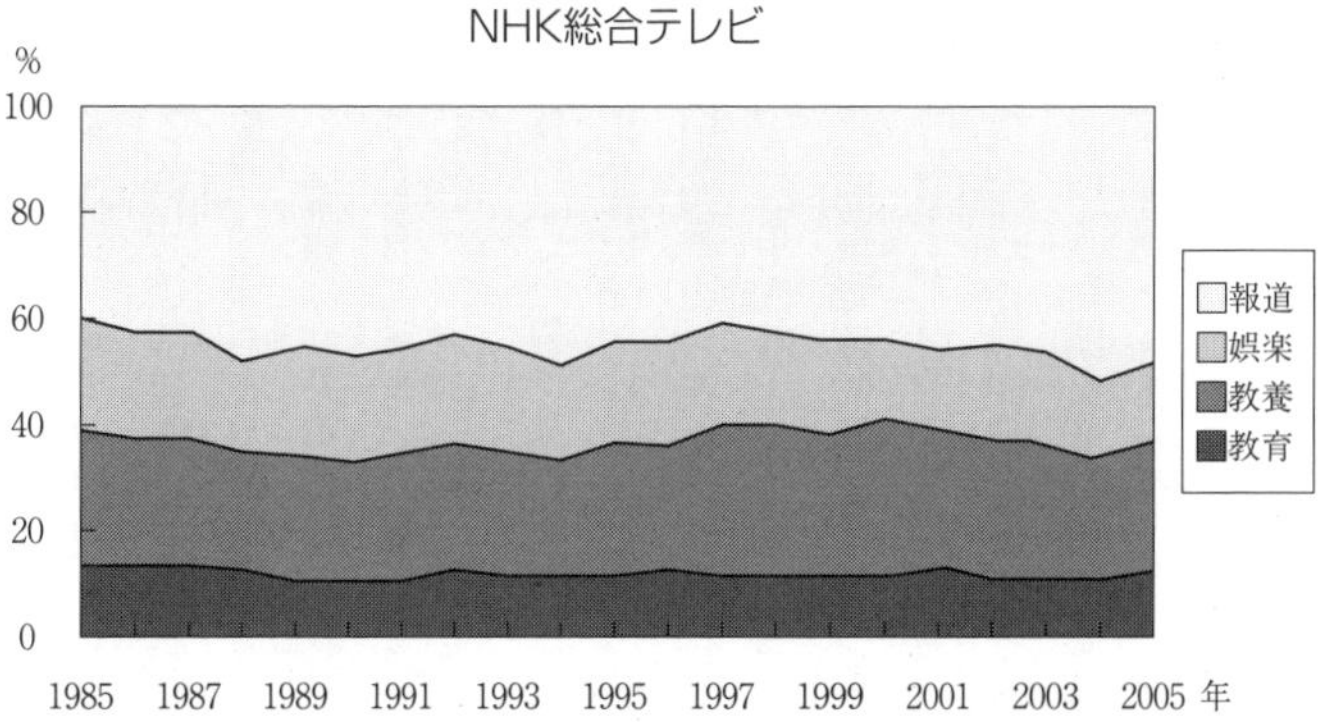

（出典）『日本民間放送年鑑』（コーケン出版）、『ＮＨＫ年鑑』（日本放送出版協会）より作成。

図1-1-1　民放テレビとＮＨＫ総合テレビの年間番組比率の推移

より多いというのは意外だろう。しかも、三七・二％という数字はNHK総合（同年）の「教育・教養番組」三六・四％さえも上回っている。私たちの常識から見て、民放テレビで娯楽より教養・教育が重視されているという「事実」を信じることは難しい。この数字は放送法および省令「放送局の開設の根本的基準」の規定により、各テレビ局が総務省（二〇〇一年以前は郵政省）に提出を義務付けられている年次報告書に依拠している。放送法ではテレビ番組は「教養番組・教育番組・娯楽番組・報道番組」と目的ごとに分類されており、免許条件としてNHK総合、民放など一般局は教育番組一〇％以上、教養番組二〇％以上で常時編成することが定められている（ちなみに教育局は教育番組五〇％以上、教養番組三〇％以上）。そのため、スポーツ番組が「体育」番組となり、海外ドラマが「国際教養」番組となるなど、放送局の主観的な目的分類で数字合わせが繰り返されてきた。当然ながら、「おバカ」キャラのバラエティや占い番組なども一〇〇％が「娯楽番組」には分類されてはいない。こうした現実と乖離したテレビの「教育・教養重視」は、一九五〇年代の「一億総白痴化」批判の産物である。

もちろん、今日でもテレビ番組は低劣であり、長時間視聴は知的に有害であるという教育言説は珍しくない。「一〇〇マス計算の父」岸本裕史は『見える学力、見えない学力』（大月書店、一九八一年）で、「テレビ十悪」として情緒障害、からだの破壊、無気力、人格のゆがみ、考える力をうしなう、生活のみだれ等を列挙している。最近では「テレビ脳」という新語も流行し、子どものテレビ視聴とキレやすい性格が結びつけられている。こうした科学的根拠のない俗論が跋扈する背景にも「一億総白痴化」のステレオタイプがあることは否定できない。

「一億総白痴化」というテレビ批判

「一億総白痴化」はテレビ放送開始から三年後の一九五六年、評論家・大宅壮一が発したコメントから作られた言葉である。一九五三年二月一日、NHKの本放送が受信契約数八六六で開始し、同年八月二八日には民間放送・日本テレビ放送網株式会社（NTV）が開局した。大卒男子の初任給が八〇〇〇円であった当時、一七インチのアメリカ製受信機は二五万円もしており、駅前や盛り場に設置された「街頭テレビ」に人々は殺到した。テレビの初期普及段階は、この街頭テレビ時代（一九五三―五五年）、近隣テレビ時代（一九五五―五八年）、お茶の間テレビ時代（一九五八年―）とわけることができる。近隣テレビ時代の一九五五年一一月のNHK調査では、一二万の受信契約者のうち喫茶店・そば屋・理髪店など商店が四七・八％を占めていた。大宅が批判したのは、「お茶の間テレビ」以前のテレビ状況である。

きっかけは日本テレビの人気バラエティ番組「ほろにがショウ　何でもやりましょう」（一九五三―五九年）だった。同番組は一九五六年一一月三日、神宮球場の早慶戦で、「一塁側早稲田応援席で慶大の三色旗を振って応援した人に五〇〇〇円進呈」と呼びかけ、一般視聴者（実は俳優）がそれを実行するシーンを放送した。これを問題視した東京六大学野球連盟は翌日、日本テレビに中継放送の拒否を通告した。これを報じた一一月七日付『東京新聞』に大宅は「マス・コミの白痴化」と題した談話を寄せている。この騒動を批判したのは大宅だけではない。その前日、一一月六日付『毎日新聞』のコラム「余滴」はいう。

この〔笑いものにされて喜ぶ出演者という〕風潮を作ったのは、これら聴取者参加番組の責任である。恥知らずを奨励している。大げさにいえば、植民地的民族性をせっせと養成しているようなものだ。これが国民の性格に及ぼす悪影響は、一時的な太陽族映画なんかよりはるかに重大だろう。

「恥知らず」「植民地的民族性」という罵倒は大仰に過ぎるだろう。この過剰反応を正しく理解するには、前年から米軍立川飛行場拡張（砂川事件）をめぐって紛糾が続いていた当時の反米ナショナリズムを細かく分析する必要があるだろう。一九六〇年安保闘争で頂点に達する反米感情の盛り上がりの中で、プロレスやバラエティなど「低俗なアメリカ文化」を批判することは、左右のイデオロギーを超えて知識人に支持された。一世を風靡した流行語「一億総白痴化」は、保守主義者の「戦後レジーム」批判にも社会主義者の「アメリカ帝国主義」糾弾にもたやすく結合できた。

このアメリカ的メディア（広告媒体）への反発から生まれたのが、先に紹介した「教育番組・教養番組」の編成比率の義務化であり、一九五九年開局のＮＨＫ教育テレビ、日本教育テレビ（現テレビ朝日）、さらに一九六四年開局の日本科学技術振興財団テレビ事業部（現テレビ東京）といった「教育専門局」である。その意味では「一億総白痴化」を利用したのは、むしろ教育界とテレビ業界自身だった。当時ＮＨＫ教育局長だった川上行蔵はこう回想している。

こんなものが家庭の茶の間に氾濫しては一億総白痴化になる、という大宅壮一氏の名言がすべての理論を圧倒する強さで世間に広がっていったことが、逆に教育放送の重要性を支えたのでした。

（川上行蔵「教育テレビ局の誕生」『放送教育』一九九四年五月号、六三頁）

「テレビっ子」と教育格差

そもそも、大宅が「白痴番組」を批判した一九五六年一一月当時、まだ民放局は東京に日本テレビとラジオ東京（現ＴＢＳ）があったのみだった。翌一二月に大阪に大阪テレビ、名古屋に中部日本放送が開局している。つまり、大宅に「白痴番組」と名指しされた当該番組は、東京でしか見られない贅沢品だった。テレビ普及にふれた概説書で必ず「一億総白痴化」が記述されるため、あたかも一九五六年に「一億人」がテレビを観ることができたと勘違いする読者も少なくない。テレビ放送は空間を縮小させるメディアだが、放送開始の日時には大きな地域差があった。

また、この普及初期に社会的に問題となったのは大人の低俗番組であり、子どもの学力低下ではなかった。家庭のテレビ所有はまだ世帯所得と相関しており、「テレビっ子」は富裕層で多かった。今日「テレビっ子」は良い意味で使わない言葉だが、阿部進『現代っ子採点法――親があっても子は育つ』（三一新書、一九六二年）では「テレビに強い子ども」、すなわちテレビに免疫性、耐性がある子どもの意味で使われ、その情報処理能力にも高い評価を与えられていた。文部省視聴覚教育部の有光成徳によれば、一九六〇年代前半の調査では一日平均三時間以上テレビを観る子ども、いわゆる長時間視聴児の学力は普通児より優れていた。

長時間視聴児はほとんどがテレビ保有家庭の子弟であり、現状ではテレビを保有する家庭は全般的に経済的にゆとりがあって、教育に関心の深い家庭が多いと考えられる。したがって、長時間視聴児の学力はテレビの影響によって育成されたというよりも、テレビ以前の条件によってすぐれていたとみられる面が多い。（有光成徳「テレビと家庭視聴」『放送教育』一九六五年三月号、二一頁）

ただし、親の教育的関心とテレビ視聴時間は最初から逆相関だった。有光も一九六〇年文部省調査「児童、生徒のテレビ視聴習慣を規定する要因の分析」から、「父母の学歴が低いほど子どものテレビ視聴時間が長いという傾向」を読み取っている。テレビ受信契約数は一九五八年五月一〇〇万を突破すると、一九五九年四月二〇〇万、一九六〇年八月五〇〇万、一九六二年三月一〇〇〇万へと加速度的に上昇していった。一九七〇年代になると「テレビっ子」は教育弱者と明確に認定されていた。

テレビっ子は、いろいろの調査において、下層階級にみられる。これは住居の大きさの関係で、テレビのおかれている場所と勉強をする場所とが近接しているためであると考えられるが、長時間のテレビの視聴によって疲労をし、勉強の気力を失うということは事実である。（全国放送教育研究会連盟・日本放送教育学会編『放送教育大事典』日本放送教育協会、一九七一年、四一四―四一五頁）

こうした階級論的視点からのテレビ論は、一九七〇年代に拡大した一億総中流意識の中で正面から議論されることは少なかった。だが、格差社会論がブームとなっている今日、そのリバイバルはいくらでも確認できる。たとえば、教育改革論で注目を浴びた元杉並区和田中学校校長、藤原和博はこう述べている。

アッパーミドルクラスの人々の意識の中には明らかに「リビング（居間）にテレビがあるのは、会話を楽しむだけの教養のない人たちのすることで、クラスが下の証明だ」というイメージがある。

（藤原和博『お金じゃ買えない。』ちくま文庫、二〇〇一年、三六頁）

注目すべきことは、かつての反テレビ論が「内容」の俗悪性を訴えたのに対して、現在では「形式」の下流性が強調されていることである。確かに、今日のテレビは情報弱者のメディアである。テレビを長時間視聴しているのは、育児放棄された子どもや寝たきり老人などに象徴される社会的弱者であり、R・D・パットナム『孤独なボウリング――米国コミュニティの崩壊と再生』（柴内康文訳、柏書房、二〇〇六年）が指摘するように社交・集会・執筆など活動的な社会行動への参加とテレビ視聴時間はおおむね反比例している。果たしてテレビは格差社会を再生産する、教育・教養に有害なメディアなのだろうか。

3　「教養」の方程式

公教育と公共放送

格差社会化への不安の中で、政府は「教育再生」を公約に掲げ、NHK改革も政治的争点として浮

表1-1-1　活字メディアと電子メディアの比較メディア論

活字メディア	⇔	電子メディア
内容メッセージの伝達	中心機能	関係メッセージの表現
抽象的情報（文字）	情報	具象的情報（身体表現）
読書による理解	説得	発話による共感
意識的制御	機能	無意識的表出
段階的習熟	理解力	即時的把握

上している。教育再生と放送改革は一見すると別ものに見えるが、社会の情報化の中で公共性（圏）、すなわち公的意見 public opinion を生み出す社会関係（空間）の構造転換として必然化したものである。公共圏への参加者を育てること（公教育）と、その参加者にあまねく情報を伝えること（公共放送）はその機能上、不可分であろう。だがテレビが学校教育や社会教育の視点から論じられることは今日では稀となった。テレビの公共性を再考するために、「テレビ的教養」という言葉を提示したい。

まず「テレビ的教養」の定義が必要だが、比較メディア論の視点から伝統的な「活字的教養」との対比で仮にモデル化してみよう。「活字的教養」が内容メッセージを理解するために必要な論弁型シンボルの運用能力であるとすれば、「テレビ的教養」は関係メッセージを示す現示的シンボルへの感応力といえるだろう。公的領域で重視される「活字的教養」が意識的な読書による段階的習熟を必要とするとすれば、私的領域を覆う「テレビ的教養」は無意識的な視聴によって手軽に体得される可能性をもっている。伝統的な説得コミュニケーション・モデルとの対応関係でいえば、エリートに向けた「読書による理解」（プロパガンダ）に必要な「活字的教養」に対して、大衆に向けた「発話による共感」（アジテーション）の受け皿としての「テレビ的教養」といえなくもない。ただし、あらゆる情宣活動においてアジテーションとプロパガンダ、共感と理解が連続的であるように、「テレビ的教養」と「活字的教養」の対極性より、その連続性に目を向けるべきだろう。

だが、今日なお学校の教室で段階的に身につける「活字的教養」が正統とされているため、こうした「テレビ的教養」が世間一般でいわゆる教養と認識されているとはいえない。むしろ、反教養、非教養と目されることの方が多いかもしれない。その意味で「教養」概念そのものの検討が必要だが、敢えてそこには立ち入らない。多くの教養論が「教養」解釈をめぐってエネルギーを消耗するばかりで、それが現実の教養向上にはあまり役に立っているとは思えないからである。それは「放送の公共性」という抽象論が、公共的な放送の改革に役立っていない現実とよく似ている。

教育＝教養＋選抜

現行の放送法第二条では、「「教育番組」とは、学校教育又は社会教育のための放送の放送番組」「「教養番組」とは、教育番組以外の放送番組であつて、国民の一般的教養の向上を直接の目的とするもの」とされている。この条文は形式的に過ぎるため、ここでは便宜上、「教育」と「教養」の操作的な定義を示しておきたい。「教育＝教養＋選抜」、逆にいえば「教養＝教育－選抜」、すなわち教養とは学校教育や社会教育から入試・資格など選抜的要素を除いたものである。今日の中学校の教育では高校入試合格が主目的となっているから、「教育≒選抜」となり「教養」は限りなくゼロに近づいてしまう。逆に、戦前の旧制高等学校などで教養が高く見積もられた理由も、この数式である程度説明できる。難解な「デカンショ」など哲学書が愛読されたのは、選抜試験なしで帝国大学への進学が保証されていたからである。戦前でも高等学校入試を控えた旧制中学校では教養主義は花開かなかったし、高等文官試験や入社試験を控えた帝国大学でも同様だった。三木清は「学生の知能低下に就いて」(『文藝春秋』一九三七年五月号)で受験勉強に追われて大衆雑誌『キング』程度のものしか読まない帝大生、「キング学生」を痛烈に批判している。とすれば、大宅壮一が一九五六年、テレビ番組について論じた「一億総白痴化」は、戦前の大衆雑誌にも見出された傾向である。

戦後の大学も、一九五〇年代までは戦前の旧制高校のような状況が続いていた。大学入試で実質的な選抜が終わっており、入社は学校歴で決まったため、大学キャンパスには教養主義はなお存在していた。しかし、「大学全入時代」と呼ばれるように、大学入試が選抜として十分機能しなくなると、次の入社試験が重要な「選抜」(=教育-教養)となり、大学における活字的教養は必然的に衰退していった。ついでにいえば、衛星放送などでテレビ講義を行う放送大学は、選抜試験がないため「教養=教育」となる。当然ながら、一九九一年、大学設置基準改正による大綱化により多くの大学で教養部が解体された後も、「選抜なしの教育」を行う放送大学(一九八三年設立)は教養学部のみの体制を保持している。

4　ポスト・テレビ時代のメディア・リテラシー

「テレビゲーム」と教育国家の黄昏

「放送」を通じて教育と生涯学習の機会を設けると謳った「放送大学学園法」の制定は一九八一年である。この一九八〇年代はレジャーの多様化による「テレビ視聴時間減少の時代」である(NHK

放送文化研究所編『テレビ視聴の50年』日本放送出版協会、二〇〇三年、一五一頁)。子どものテレビ視聴時間の減少は塾に通う子どもの増加などから説明するのが当時一般的だったが、むしろファミコン登場の影響だろう。「ファミリーコンピュータ」(任天堂の登録商標)、通称ファミコンは一九八三年発売から三年間で六五〇万台、五世帯に一台の割合まで普及していた。このファミコンは海外では「ヴィデオゲーム」と総称されたが、日本では「テレビゲーム」といわれていた。子どもにとってテレビは、ファミコンのモニターだった。

多くの子どもにとって、「テレビゲーム」は学校外で出会った最初のニュー・メディアとなった。明治の文明開化以来、学校こそ人々が最先端のメディアに最初に出会った場所だった。映画もレコードもラジオもテレビも、まず学校で初体験した国民が圧倒的だった。しかもテレビゲームは機器操作において教師が小学生に太刀打ちできない最初のメディアだった。テレビゲームはいわゆる「広告媒体」ではなかったが、学校という空間の優位性、大人という時間の優位性が存在しないニュー・メディアに対して、教師の視線は厳しかった。一九八六年、日本教職員組合教研集会では、その有害性と細分化機能が厳しく告発されている。

略称ファミコンに子どもたちがどれほど長時間にわたってはりついているか、それはテレビの長時間視聴を優にこえている。しかも子どもは一人きりでファミコンと対し、家族たちとはなれ小宇宙を形成しているのである。

(日本教職員組合編『日本の教育』第三五集、一ツ橋書房、一九八六年、五五四頁)

メディアという外来語が「広告媒体」の意味を超えて日常語になったのも、日本で消費社会が成熟した一九八〇年代である。たとえば、朝日新聞東京本社版（朝夕刊）の全記事データ検索で、「メディア」が登場する記事数は次のように急上昇する。一九八五年二九四件、一九九〇年五五一件、一九九五年一五四〇件、二〇〇〇年二一八六件、二〇〇五年二八三九件である。一九八〇年代半ばまで「メディア」の記事が新聞紙面に載らない日も少なくなかったが、今日では一日平均八件も登場している。

一方で臨時教育審議会が高度情報化社会への教育対応を提起する中で、一九八五年以降学校現場へのコンピュータ導入は急速に進んだ。一九八九年告示の学習指導要領では、中学校の技術・家庭科に「情報基礎」が新設された（一九九三年実施）。こうした流れの中で、当初は「次世代の文化的公害」と目されたテレビゲームにも、学習用ソフトへの応用可能性などの教育的評価が加えられた。「一億総白痴化」論が教育テレビを生み出したように、テレビゲームというニュー・メディアの毒性も教育的価値によって中和されたのである。P・M・グリーンフィールド『子どものこころを育てるテレビ・テレビゲーム・コンピュータ』（無藤隆・鈴木寿子共訳、サイエンス社、一九八六年）に代表されるゲーム教育論も次々と紹介された。グリーンフィールドによれば、テレビゲームはテレビより優れた特性を数多くもっている。受け手が操作できないテレビに対して、テレビゲームは音響や速度など環境を自由に設定でき、自ら参加するゲームは動機づけや目的が明確であり得点やゴールなど達成感をともなう。さらに、規則性やパターンの発見など情報処理に必要な身体技能を高める。こうした能動性に加えて、ロールプレイング・ゲームにある「成長」「進化」という物語性は教育にとって本質的なものである。つまり、物語とは人間の行動を意味のある人生に構成したものであり、その構築能力こそ、新しい教育目標、たとえば「生きる力」（一九九六年中教審・第一次答申）の本質である。

もちろんゲームの物語は安っぽい出来合いだとの批判もあるが、それは小説であれ映画であれ同じことだ。「大きな物語」の消滅がいわれ、ポスト・モダンが叫ばれた一九八〇年代に、子どもたちが「小さな物語」を発見したのはテレビゲームの中だった。当時CAI（Computer Assisted Instruction）と呼ばれたコンピュータ教育が作り手側の押しつけによって子どもたちの動機づけに失敗したのとまさに好対照だった。

メディアの脱学校化と「子どもの消滅」

こうしたメディアの脱学校化は、「学校というモダン」に対するポスト・モダンの時代思潮にも棹差していた。M・ウィン『子ども時代を失った子どもたち――何が起っているか』（平賀悦子訳、サイマル出版会、一九八四年）、N・ポストマン『子どもはもういない――教育と文化への警告』（小柴一訳、新樹社、一九八五年）など、テレビによる「子どもの消滅」を扱った著作も翻訳が相次いだ。ウィンは、大人が独占していた世俗的な知識、とりわけ性的情報がテレビを通じて子どもに開放された結果、子どもたちから羞恥心を喪失させたという。ポストマンによれば、テレビは活字メディアが生んだ大人と子どもの区別を解体するメディアだった。

テレビは、物理的、経済的、認識的束縛、あるいは想像力の束縛のまったくない他学区自由入学制の技術である。六歳の子どもも六〇歳の人も、テレビに映ることを経験する資格は平等だ。

この意味で、テレビは、話し言葉にまさる、極端に平等主義的なコミュニケーションのメディアなのである。

（N・ポストマン、一二六―一二七頁）

この議論に従うならば、学校の教科書中心主義はすでに家庭のテレビによって無力化されていたのである。また、それを歓迎する教育的言説も少なくなかった。たとえば、乳幼児から老人まですべてを学習者とする「生涯学習」論もその一つである。本来は文字の読み書き能力を意味したリテラシーを、映像リテラシー、テレビ・リテラシー、ゲーム・リテラシーとスライドさせていけば、子どもと大人の境界はますます曖昧になる。こうした「子どもの消滅」と相前後して、「新人類」という新造語も登場する。それは一九八四年にマーケティング情報誌『アクロス』（パルコ出版）で使用され始めたというが、浅田彰などニュー・アカデミズムの惹句、「知と戯れる」も、大人（知）と子ども（戯）の境界線の消失を象徴していた。

一九八六年、NHK教育テレビ中学校特別シリーズ「ハロー！　コンピューター」の講師として、TRONプロジェクトのプロジェクト・リーダー坂村健（当時、東京大学講師）が出演している。坂村は「電卓を使うと計算ができなくなる」「ワープロを使うと字が書けなくなる」という批判に対して、「だったら何だというんだ」と応じている。

いったい文字とは何のために書いているのかと考えれば、情報の伝達、意志《（ママ）》の疎通、人と人とのコミュニケーションのためである。あくまで目的はコミュニケーションのための手段である。

字を書くことが目的ではない。（中略）文字を書くことにこだわるのは昔の人間のエゴにすぎない。大昔の人から見れば、新仮名遣いも嘆かわしいということになるだろうし、それと同じである。

（坂村健「電子思考」『放送教育』一九八六年九月号、八一頁）

こうした電子思考は、四半世紀後のいまも学校教育と相容れないだろう。実際、教育者の間では書物とインターネットを「伝統ある文化」と「軽薄な文明」に塗り分ける偏見がいまも根強い。最後に、その偏見を改めるべく一つのメディア論的思考実験をしてみよう。

サイバー・ノマドの告発文

書物よりもインターネットが先に普及した「未開社会」の「未来」を考えてみよう。工業化を経験せずに情報化した遊牧社会である。そこには学校も新聞も書籍もなかったが、経済のグローバル化によりスマートフォンが普及した。インターネットを駆使するこの遊牧社会で、書籍というニュー・メディアが突如ブームとなった、とする。

液晶ディスプレイのオールド・メディアに無関心な「新人類」は、ひたすら新奇な紙の書物に熱中し、書籍収集をはじめるオタク、出版業というベンチャー・ビジネスに乗り出す起業家まで出現した。さて、ウェブ文化の伝統で育った年長世代のノマド（遊牧民）は、読書をするヤング・ジェネレーションについて、ブログにこんな書き込みをした。

「書物は五感を鈍らせ、私たちの生活から活力を奪っている。色鮮やかで、躍動感あるデジタル映像の伝統に育まれた感性は、白黒だけの退屈な活字の中では窒息してしまう。感覚皮質や運動皮質など脳全体をフル稼働させるウェブ文化に対して、読書中の言語処理で利用される脳領域はごくわずかであり、このままでは恐るべき〝読書脳〟が未来の子どもたちを蝕んでしまう。

また、コミュニケーション力の発達を阻害する書物こそ、青少年の「引きこもり」の最大要因である。驚くべきことに、一日何時間も個室にこもって本を読んでいるのだ。特に若者に人気のある「ビルドゥングスロマン」（教養小説）などは観念的で異常な性欲を亢進させて、モニター画面に映る正常で素朴な異性愛への適応不能を引き起こしている。さらに「図書館」という悪場所に通いつめ、問題行動を起こす者も少なくない。楽しいおしゃべりが絶え間なく続くウェブの社交空間を拒絶して、不気味な沈黙の中で書物を読んでいるのだ。こうしたことが、現在深刻な少子化の一因であることはいうまでもないだろう。

それ以上に恐ろしいのは、書物が格差社会化を加速させていることだ。私たちの伝統的なウェブ文化では情報は共有され、知識の独占は社会的に制限されてきた。ネット上の知識はフローな状態のままで私的にストックされない。それゆえ、知識格差は可視化されなかった。しかし、書物は違う。オリジナリティとか著作権とか理屈を並べ、知識にまで所有権を主張している。そうした悪の象徴が個人蔵書である。自らの知識量をひけらかすためだけに書物を私蔵する愛書家連中は「知の守銭奴」であり、社会的平等を一顧だにしない。許しがたい差別主義者である。

いや、読書脳のヒッキーどもが変態で差別主義者であっても、ごく少数ならば仕方のないことだ。病気なのだから。私たちにとって真に脅威なのは、「読書人」の受動性が世代を超えて拡大し、社会に蔓延することだ。私たちはこれまでウェブ社会で双方向の対話型コミュニケーションを身につけて来た。出会い系サイトに挑戦し、匿名掲示板に毎日書き込む能動的で参加型の市民なのである。しかし、「読書人」はただ他人の思考を書物でなぞるだけで、街頭に出て語りかけようとはしない。健全で平等なウェブ社会を守るためには、若者の書物閲読を禁止し、書籍の蓄積を厳しく取り締まることが喫緊の課題である。」

いうまでもなく、この「書き込み」は「テレビ」や「インターネット」に対して現在まで言われてきた批判をかき集め、その対象を「書物」に置き換えただけの代物である。

しかし、メディア史を少しでも学んだ者にとっては、この告発を荒唐無稽と退けるわけにもゆかない。新しいメディアがいつも同じような有害論の枠組みで論じられたことは常識である。もちろん今日、明治時代には小説が、大正期には映画が、若者に対する有害メディアとして告発された。明治期小説は文学者の立派な研究対象だし、映画を批評対象とする東大総長もいた。長らく有害図書扱いが続いたマンガでさえ、自らの教養として公然と語る首相が現れた。インターネットへの有害批判もやがては教養論の中に回収されてしまうだろう。すでに見てきたようにメディア有害論は、教育のニュー・メディア幻想と表裏一体である。新しいメディアは「教育」という文脈を通じて、社会に組み込まれていく。結局のところ、新旧メディアを対立させる教育的議論は不毛であり、ニュー・メディアを既存メディアのリテラシーにどう接合させていくかが教育的実践として重要なのである。

キーワード　メディア・リテラシー、情報教育、テレビ的教養、公共性、生涯学習社会

第2章　キャンパス文化の変容

岩田弘三

1　大学時代という時期

モラトリアム期間としてのキャンパスライフ

大学は、学問の場である。だから、学生の務めとして基本的に期待されることは、学業に専念することである。しかし、それは大学側の論理である。大学は事実上、青年期と呼ばれる発達段階に達した、数多くの若者を収容する場ともなっている。そして、青年期とは、社会的にモラトリアム期間として位置づけられている。

古典的な青年期論にもとづけば、一人前の大人の仲間入りをするための最大の試練は、就職と結婚だとされる。近代に入る以前の社会では基本的には、子どもは親の職業を継いでいればよかった。というより、そうすることしか許されていなかった。また、結婚相手も、親が決める場合が多かった。ところが、近代社会になると、職業選択・結婚の自由が認められ、自分でそれらを決定しなければならなくなった。けれども、自由とは苦労がともなうものである。世の中には、数多くの職業がある。結婚相手候補者にしても、同様である。いきなり、それら数しれぬ可能性のなかから、失敗せずに正しい選択をすることは容易ではない。そこで、予行演習をかねて、さまざまな可能性に挑戦しながら、試行錯誤を繰り返すことが許される準備期間を、社会的に認めることになった。それが、モラトリアム期間としての青年期である。

後に詳しくみていくように、現在のキャンパスでは、アルバイト文化、デート文化、サークル文化が花盛りである。この現象も、モラトリアム期間としての青年期・大学時代という視点でみれば、説明可能である。まず、アルバイトは、実際に就職する前に、いろいろな職種を経験し、自分の適性を確かめるための予行演習・試行錯誤とみなすことができる。かりに学生アルバイトの労働内容の現状は、単純作業にすぎない点などを含めて、実際に就職したときに行う業務内容とは異なるにしても、よき労働体験にはなっているはずである。のみならず、学生援護会など、いくつかの調査によれば、少なくとも一九九二年以降、アルバイト目的として「社会勉強のため」という理由をあげる学生が増加し、一九九〇年代後半期には、「小遣いを増やすため」という経済的理由についで、第二位の座を占めるようになってきている。その「社会勉強」の内容は、具体的にいえば、たとえば時間厳守、挨拶の仕方などといった、社会的基本マナーを意味するとしても、家庭教育が衰弱した現在では、アルバイトがそれを学習する初めての場になっていることも確かである。

また、合コンやデートは、よき伴侶をみつけるための予行演習とみなすことが可能である。さらに、サークル活動についても、自身が属する組織の目的にそくして、上下の序列をともなう人間関係にも配慮しながら協調的に、自分に与えられた役割を果たしていくという、一人前の組織人になるための訓練の場になっているともみなせる。

息抜きの場としてのキャンパスライフ

このような見方は、現在の大学生に対して、あまりにも好意的すぎるとの批判も可能だと思われる。なぜなら、小此木啓吾なども指摘するように、現代の青年たちが謳歌しているモラトリアムは、「積極的モラトリアム」というより、「消極的モラトリアム」にすぎないとの批判も成り立ちうる（小此木啓吾『モラトリアム人間の時代』中公文庫、一九八一年）。つまり、一人前の大人になるためといった明確な目的意識をもつことなく、責任が猶予され、自由を満喫できるモラトリアム期間を、単に消費しているにすぎないとの見方も存在するからである。

だとしても、である。一八歳人口の減少により、選ばなければ、どこかの大学に入学できるようになってきた一九九〇年代以降では多少事情は異なってきたものの、大学に入るまでは、受験を中心とする競争の場となっている。さらに、大学を卒業して社会人になると、そこには激しい競争が待ち受けている。一生、競争状態を維持しつづけることが困難であり、人生いずれかの時点で息抜きの時期が必要だとすれば、その合間にあって大学時代は、束の間の休息・充電期間になっているとみなすことも可能である。

いずれにせよ、このような青年期特有の特徴を背景として、学生たちは自主的にさまざまな課外活動（extra-curriculum）を営むことによって、学業以外にも、遊びの要素を多分に含む多種多様な学生文化・キャンパスライフを育んできたといえる。それは現在の日本に限らず、いつの時代、どこの国でも同様であった。このことは、たとえばＲ・Ａ・スミスや潮木守一などの著書を読めば、明らかである（Ｒ・Ａ・スミス、白石義郎・岩田弘三監訳『カレッジスポーツの誕生』玉川大学出版部、二〇〇一年；潮木守一

『キャンパスの生態誌――大学とは何だろう』中公新書、一九八六年；潮木守一『ドイツの大学――文化史的考察』講談社学術文庫、一九九二年；潮木守一『アメリカの大学』講談社学術文庫、一九九三年）。

２　戦後日本におけるキャンパスライフの推移

学生生活費からみた勉強文化と遊び文化の現状

それでは、戦後日本の大学では、勉強文化と遊び文化の関係は、どのように推移してきたのだろうか。また、現状はどうなっているのだろうか。ここでは以下、具体的な数値データをもとに跡づけてみよう。

日本学生支援機構の『学生生活調査報告』（二〇〇二年までは文部（科学）省が実施していたので、以下、単に『文部省調査』と呼ぶ）では、大学生活を送るために学生たちが、一年間にどのような費目に支出したのかについての調査結果が報告されている。そこでまず、その最新の二〇〇八年データをもとに、学生の支出・収入状況から、キャンパスライフのなかにおける、勉強文化と遊び文化の現状を確認しておこう。なお、今回用いる数字はすべて、四年制大学昼間部在籍の学生に関するものに限っている。

表1-2-1をみると、まず、大学生活を送るためには、年間約一九〇万円もの費用がかかっていることが分かる。さらに、大学へ進学せずに、高校卒業後にすぐに就職した場合は、給与（所得）を得ることができる。しかし、大学に進学することによって、その所得を放棄していることになる。そのような費用は、放棄所得もしくは機会費用（opportunity cost）と呼ばれる。高卒の初任給は年収にして

約三〇〇万円とされるので、以上の合計で、大学進学とは、四年間で約二〇〇〇万円という高価な買い物になっていることは、重要な事実である。

それはさておき、表1-2-1に戻ろう。年間約一九〇万円という学生生活費の約九割は、「学費」と「生活費」への支出となっている。しかし、これらの費用は、学生生活を送るために切り詰めることのできない支出（不可処分所得）とみなせる。そこで、それを除いた、自由に使える経費（可処分所得）についてみると、「娯楽し好費」と「課外活動費」（サークル費用など）で約八割を占めるのに対し、「修学費」は約二割にすぎない。つまり、学生生活費支出からみるかぎり、現在の学生たちは、勉学より遊びに大々的に投資していることは明らかである。

もう少し別の指標からも、遊び文化繁栄の様相を跡づけてみよう。まず、「授業期間中に恒常的にアルバイトに従事している学生」の比率は、二〇〇八年で四一・六％となる。それに、「長期休暇期間中だけの」および「授業期間中の臨時的な」アルバイト従事者を加えて、一年間に何らかの形でアルバイトを体験した学生の比率についてみれば、七七・六％にまで達する。しかも、アルバイト従事学生（一年間に何らかの形でアルバイトを行った学生す

下宿・アパート生			
年額（円）	月額（円）	総支出に占める比率（%）	学費・生活費を除いた支出に占める比率（%）
2,163,100	180,258	100.0	
999,500	83,292	46.2	
924,700	77,058	42.7	
238,900	19,908		100.0
46,400	3,867	2.1	19.4
42,700	3,558	2.0	17.9
149,800	12,483	6.9	62.7
2,507,600	208,967		
311,000	25,917	14.4	
392,277	32,690	18.1	

表1-2-1　学生生活費支出・収入のうちわけ（2008年）

	学生全体				自宅生			
	年額（円）	月額（円）	総支出に占める比率（%）	学費・生活費を除いた支出に占める比率（%）	年額（円）	月額（円）	総支出に占める比率（%）	学費・生活費を除いた支出に占める比率（%）
総支出	1,859,300	154,942	100.0		1,631,900	135,992	100.0	
学費（授業料＋その他の学校納付金）	1,026,700	85,558	55.2		1,054,400	87,867	64.6	
生活費（通学費＋食費＋住居・光熱費＋保健衛生費＋その他の日常費）	609,100	50,758	32.8		365,300	30,442	22.4	
学費・生活費を除いた支出合計	223,500	18,625		100.0	212,200	17,683		100.0
修学費	45,100	3,758	2.4	20.2	44,300	3,692	2.7	20.9
課外活動費	40,200	3,350	2.2	18.0	36,500	3,042	2.2	17.2
娯楽し好費	138,200	11,517	7.4	61.8	131,400	10,950	8.1	61.9
総収入	2,198,800	183,233			1,966,100	163,842		
アルバイト								
（アルバイト非従事者を含む）	358,300	29,858	19.3		409,900	34,158	25.1	
（アルバイト従事者のみ）	440,183	36,682	23.7		501,178	41,765	30.7	

（出典）独立行政法人　日本学生支援機構編『平成20年度　学生生活調査報告』より作成。

べてを含む）だけを取り出した場合の、そのアルバイト年収額（実額平均）は、約四四万円になっているが、それは、一年間の学生生活費支出全体の、実に約四分の一の規模を占めてさえいる。さらに、これらアルバイト従事学生のうち、「家庭からの給付のみで修学可能」な経済状態にある学生の比率、つまり経済的には必ずしも働く必要を感じていないアルバイトは五一・四％（全学生を分母にとれば三九・九％）に達しているのである。

同様に、全国大学生活協同組合連合会『学生の消費生活に関する実態調査報告書』（以下、単に『生協調査』と呼ぶ）をもとにすれば、サークルの現役加入率は二〇〇九年で六四・八％、以前加入していた学生を加えると八〇・八％、今後の加入予定者まで含めれば、八二・七％になる。

加えて、『生協調査』によれば、恋人がいる人と募集中の人との合計で、恋愛への総合的な関心度を見積もると、男女とも八割を超える。なお、大学生たちが異性との出会いの場を求め始めたのは、戦後間もない時期にまでさかのぼることができる。当時流行したのが、「合ハイ」（合同ハイキング）と呼ばれる活動である。当初これは、大学の学生部を仲介して行われていた。当時の大学は、男女交際などに関する課外活動にも、支援の手を差しのべていたことになり、興味深い（武内清編『キャンパスライフの今』玉川大学出版部、二〇〇三年、第一三章）。

いずれにしろ、アルバイト、サークル、恋愛・デートといった「遊び文化」はいずれも、その関心の高さからいって、現在では日常的かつ、主要な学生文化になっていることは確かである。

勉強文化と遊び文化の推移

それでは、このような現在の遊び文化の繁栄は、歴史的にみると、いつ頃から始まったのだろうか。戦後学生文化の変遷については、すでに別の機会に詳しく論じたことがある（同書、第Ⅱ部）。そこで、詳細はそちらを参照してもらうことにして、ここでは、それに最近までのデータを付け足し、重複する部分は、その要点だけ示すことにする。

図1-2-1は、表1-2-1に示した支出に関する数字を、過去にさかのぼってつなぎ合わせ、戦後の動向を時系列的に描いたものである。まず、「修学費」をみると、一九五三―七〇年では横ばい状

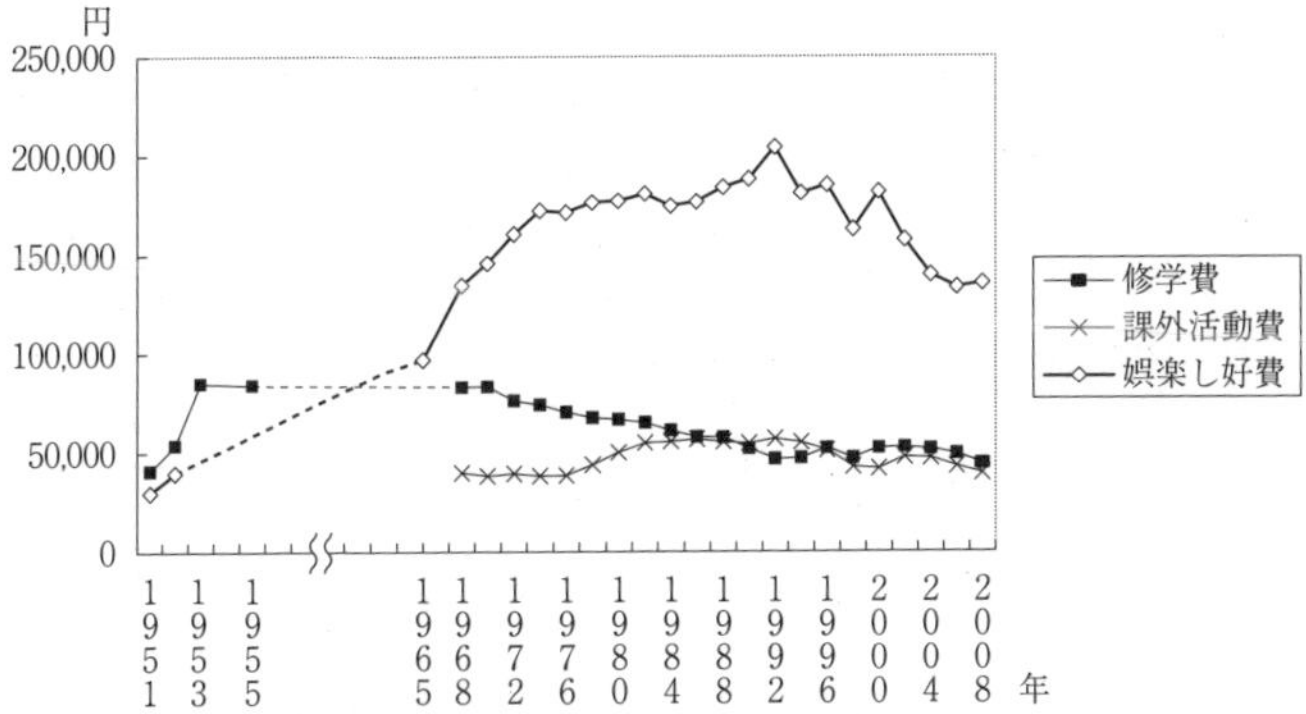

(出典)文部省『学生生活調査報告』各年版より作成。
(注1)各年度の数値は、2005 年の消費者物価指数をもとに現在の円価格に換算してある。
(注2)1995 年以前については、長期休暇期間を除き、月額 ×9 で推計。

図1-2-1　学生生活における各支出（年額）の年次変化

態にあったものが、一九七〇年以降、一九九二年までほぼ逓減をつづけている。しかし、一九九三年以降には微増傾向がみられる。これに対し、「娯楽し好費」は、一九五一年から一九七四年にかけて急激に増加している。のみならず、遅くとも一九六八年までには、「娯楽し好費」が「修学費」を上回り、それまでと比べて支出順位の逆転現象がみられる。そして、その後も大勢としては一九九二年まで増加はしても、縮小することはなかった。しかし、一九九三年以降には「平成の大不況」の影響もあり、減少に転じている。

読書離れと勉強離れ

『生協調査』では、「修学費」の内訳を、「書籍代」と「文具代などの勉学費」に分けたデータが得られる。そこで、それをもとにすれば、「修学費」(勉学・教養費)のなかでも、一九七〇年代初め以降に減少が著しいのは、「書籍代」である。図1-2-2に示

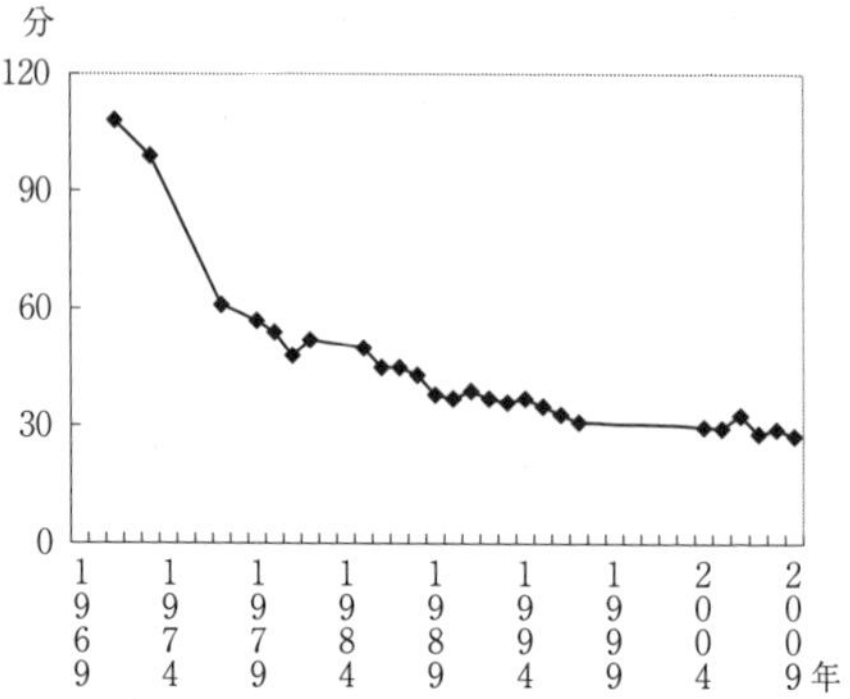

（出典）全国大学生活協同組合連合会『学生の消費生活に関する実態調査報告書』各年版より作成。

図1-2-2　読書時間の推移

したように、大学生の一日当たりの平均読書時間は、一九七一年には一〇八分であったものが、二〇〇九年には二七分にまで激減している。つまり、遅くとも一九七〇年代初めから、「読書離れ」が顕著な傾向になっていくことは確かである。

さらに、「勉強離れ」については、竹内洋によれば、大学生の学校外学習時間は、遅くとも一九五〇年以降、今日まで一貫して減少状態にあるとされる（竹内洋『大学という病——東大紛擾と教授群像』中央公論新社、二〇〇一年、二六六—二六八頁）。こうしてみると、勉強と読書を合わせて、「勉強・教養文化」と名づけるなら、遅くとも一九七〇年ごろからのその衰退は明白である。

レジャーランド大学の出現

基本的には一九五〇年代前半までの時期は、終戦直後の国民的窮乏のもとで、家庭からの給付（仕送り）も途絶えがちになるなか、ほとんどの学生は、学費はいうにおよばず、何より生きていくのに最低限必要な生活費を稼ぐために、必死の状況におかれた。つまり、この時期は、生活逼迫のなか、学生たちにとっては、勉強にも遊びにも精力を割く余裕がなかった、「生活苦の時代」だったとみなせる。

ところが、一九五五年に始まる神武景気を引き金にして、一般家庭における家庭電化製品を中心とした耐久消費財ブームと軌を一にするように、学生のあいだでも、カメラ、トランジスタラジオ、自転車、ギターなどといった耐久消費財ブームが、頭をもたげ始めた。さらに、学生のあいだで「私的自由・安楽への志向」が顕著な傾向になっていくのも、この年あたりからだとされる（坂田稔『ユースカルチュア史――若者文化と若者意識』勁草書房、一九七九年、第一七章とくに二五九―二六三頁）。

そして、それと歩調を合わせるように、一九五〇年代後半から学生がアルバイトを行う目的も、大きく変質していくことになる。つまり、そもそも戦後学生アルバイトは、生活苦のなか、「パンのためのアルバイト」（「家庭からの給付なし」、または家庭からの給付のみでは「修学継続困難」もしくは「修学不自由」なために行っているアルバイト）として始まった。しかし、日本経済の復興とともに、「パンのためのアルバイト」は縮小し、それに代わり、一九五〇年代後半から、学生のあいだには「小遣い稼ぎのためのアルバイト」（「家庭からの給付のみで修学可能」な学生、つまり経済的には必ずしも働く必要を感じていない学生が行うアルバイト）が浸透・拡大を開始していった。そして、それにともない、アルバイト従事率をみても、アルバイトは学生のあいだに急速に広まっていった。

なお、一九七〇年代に入ると、ファースト・フード店やコンビニエンス・ストアなどを中心に、初めからアルバイト雇用を前提とする経営が増大していく。それらも要因となって、学生アルバイトは、臨時の短期的なものから、授業期間中の恒常的なものへと変化を遂げ、アルバイトの日常化が進展していく。

同様に、サークルの現役加入率は、戦後最初の全国データが得られる一九六六年時点までには、すでに現在と同じ水準の六〇％に達し、「サークルは花盛り」となる。

さらに、一九六八・六九年の全共闘運動の挫折を契機として、学生たちが社会的・政治的関心を急速に失い、「しらけ」ていくなかで、学生の日常的興味が、遊び文化に急速に傾斜を強めていったことは、多くの若者・青年文化論の指摘するところである。つまり、日本の大学における遊び文化は、終戦から一九五〇年代前半にいたる「生活苦の時代」を脱した後、一九五〇年代後半から一九六〇年代に経済復興が進むなかで直ちに台頭を開始し、その助走期間をへて、一九六八・六九年の学生紛争後に急速に加速の度を強めていったとみなせる。

そしてついに、一九八〇年代中頃には、日本の大学を「レジャーランド大学」と名づける人がでてくるところまで、いきつく（竹内洋『教養主義の没落——変わりゆくエリート学生文化』中公新書、二〇〇三年、二一二頁）。

「健康で文化的な最低限度の大学生活」と遊び

ここで、一九七〇年代以降の遊び文化の浸透度を、別のデータからながめてみよう。『文部省調査』をもとにすれば、どの費目の支出経費を主に補うためにアルバイトを行っているのか、といったアルバイト理由について、学生の経済状況別に、一九七〇年以降の経年変化を知ることができる。そこで、経済的にきわめて恵まれていないグループとみなせる、「アルバイトをしなければ修学継続困難」な学生を取り出して、そのアルバイト理由をみると、一九七〇年には、「娯楽し好費」を充足するためのアルバイトは、一七・八％と第三位にすぎなかった。第一位が、食費・住居費などの日常生活維持費（「生活費」）捻出のためのアルバイト（三二・二％）で、第二位が、「修学費」確保のためのアルバイト（二二・一％）であった。それが、一九九二年には、「娯楽し好費」のためのアルバイトは、三一・五％と約二倍に膨れ上がり、「生活費」のためのアルバイト（三四・六％）に匹敵するまでに増大している。一方、「修学費」のためのアルバイトは、二一・八％にまで縮小している。そしてその後、「娯楽し好費」のためのアルバイトは、「平成の大不況」の影響もあり、減少に転じるものの、もっとも落ち込んだ二〇〇四年でさえ、二四・八％を維持している。

こうしてみると、「アルバイトをしなければ修学継続困難」の内容が、「学費」や「生活費」、「修学費」だけではなく、「娯楽し好費」をも含めたものに変化していったと考えられる。つまり、娯楽・レジャーは、経済的に恵まれない学生も含めて、ほとんどすべての学生にとって、「健康で文化的な最低限度の大学生活」を送る上での、必需品とみなされるまでに成長したといえる。

3　一九九〇年代以降のキャンパスライフ

平成の大不況の影響

『生協調査』では一九八二年以降、学生たちが大学生活のなかで、どのような活動に重点をおいているのかを、継続的に調査している。そこで、それをもとに、学生たちの意識の面で、大学生活の重点がどのように推移してきたのかを、とくに最近の動向をまじえて、図1-2-3でみてみよう。なお、

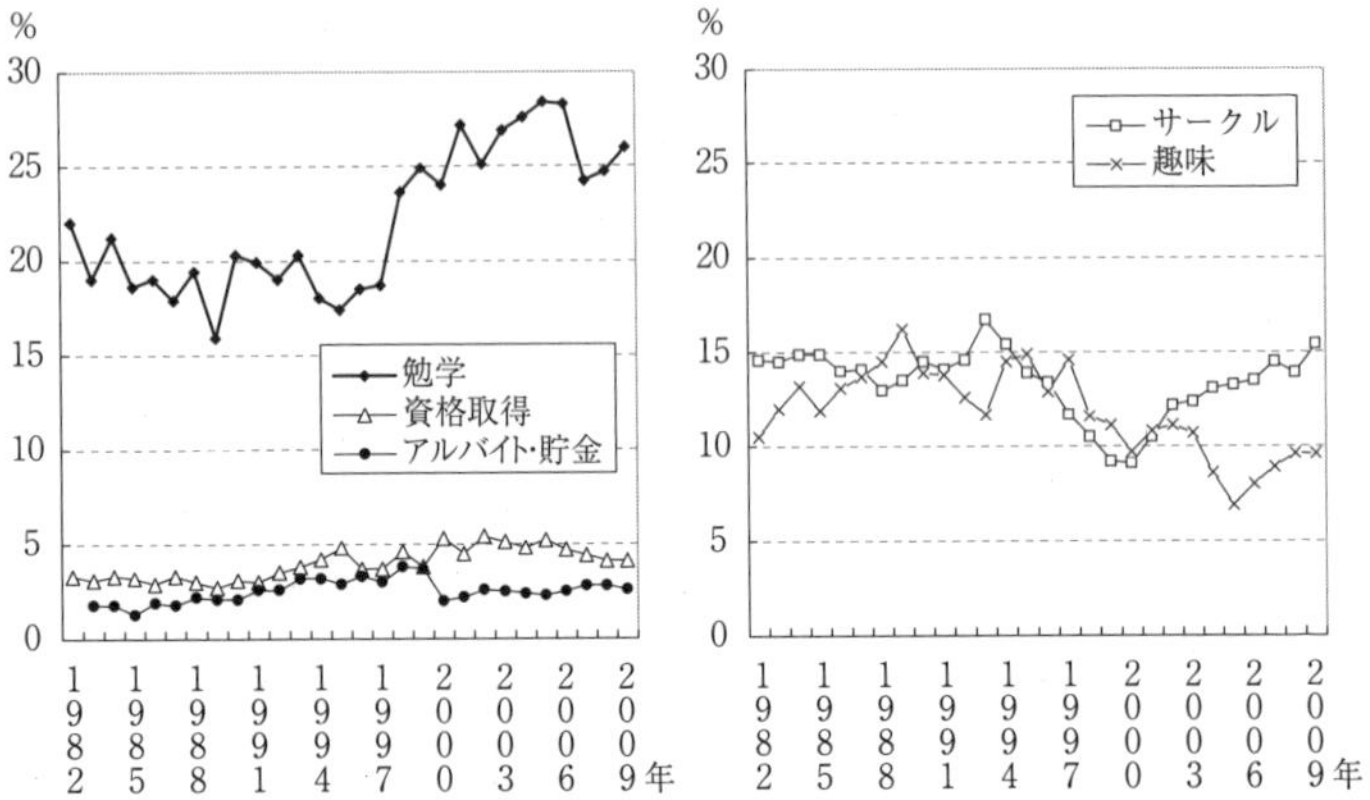

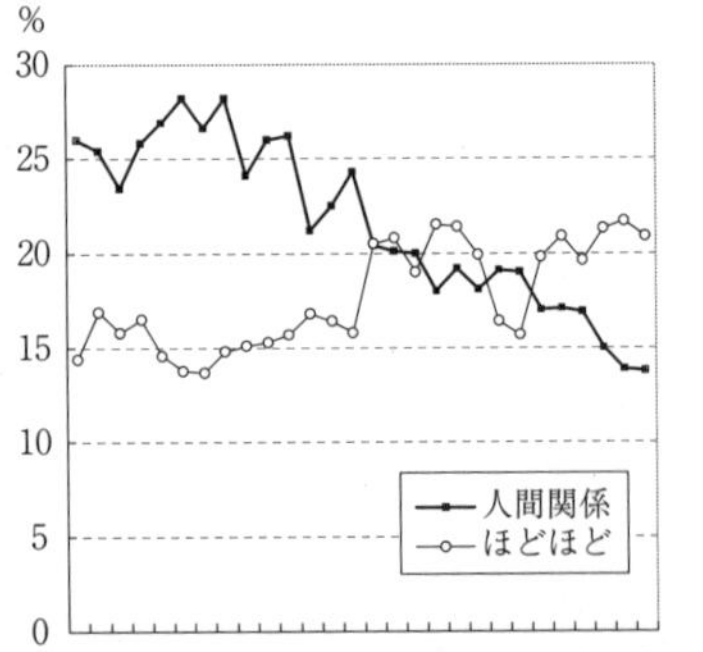

(出典)全国大学生活協同組合連合会『学生の消費生活に関する実態調査報告書』各年版より作成。

(注１)「ほどほど」とは、「特別に重点をおかず、ほどほどに組合せた生活」。

(注２)図示した項目のほか、「何となく過ぎていく生活」も、選択肢の一つとなっているが、ほぼ毎年、５％前後の水準で、変動はみられなかったので、図では割愛してある。

(注３)「アルバイト・貯金」が選択肢のなかに加わるのは、1983年からである。

図1-2-3　学生生活の重点

図は見やすさを考慮して、三つに分割表示してある。

第一に、「勉学」重視派の比率は一九九五年まで、短期的な増減にとらわれることなく長期的トレンドとしてみれば、微減もしくは横ばいをつづけていた。それが、一九九五年を転機に急増をみせている。そして一九九八年以降は、「豊かな人間関係」に替わって、トップの座に躍り出ている。ただし、二〇〇五・〇六年あたりをピークとして、その後、大きな落ち込みをみせている。さらにその後、リーマン・ショックを契機とする世界同時不況が押し寄せる二〇〇八年以降には、ふたたび増加に転じている。第二に、「資格取得」重視派の比率も、一九九一年以降、多少の増減はみられるものの、二〇〇二年までは、ほぼ微増傾向にあるとみなせる。そして、二〇〇五年まで微減に近い横ばい状態をつづけた後、減少傾向にある。第三に、「サークル」重視派の比率は、一九九三年以降、二〇〇〇年にかけて大きく減少している。しかし、その年に底を打った後は、増加傾向にある。第四に、「趣味」重視派も、一九九五―九七年あたりの年以降、二〇〇〇年にかけて激減している。そして、二〇〇一年に増加し、二〇〇三年までは横ばいを維持している。しかし、その後、再び減少に転じ、二〇〇五年まで低下し、それ以降には再度の上昇傾向をみせている。

それぞれに多少の時間的ズレはあるものの、それらを総合すると、以上の結果はつぎのように解釈できる。厚生労働省・文部科学省『大学等卒業者就職状況調査』の数値をもとにすれば、学生の就職（内定）状況は、一九九二年以降の、平成の大不況の時代に大きく悪化した。それが大きく上向きに転じるのは、二〇〇五年からである。一九九〇年代前半から二〇〇五年あたりまでの時期は、就職状況悪化のもとで、学生生活費支出のみならず、意識面からみても、学生たちは趣味やサークルを含めた遊び文化から撤退を開始し、勉強文化に向かう傾向が強まっていった。つまり、高い大学成績や資格をそろえることによって、少しでも就職活動を有利に運ぼうとする、学生たちの意識を反映した結果と推測される。しかし、二〇〇五―〇七年には、就職状況の好転を受け、再び、遊び文化への傾斜が多少、復活している。

一九九二年以前にも、たとえば一九七三・七九年の「石油ショック」に代表されるような、不況の時代は存在した。しかし、図1-2-1などをみる限り、図を一瞥しただけで可視的に把握できるようなレベルで、そのような変化が生じたことはなかった。こうしてみると、平成の大不況が、戦後学生文化に与えた影響が、いかに空前絶後のものであったかが分かる。

大学改革とキャンパスライフ

ここまで、いくつかのデータをもとに、戦後日本のキャンパスライフの動向をみてきた。それは、一九九〇年代以降の近年の傾向は別として、基本的には学業以外の「遊び文化」の隆盛の歴史であったと、その特徴を要約することができる。ただし、これは戦後日本に特有の現象ではない。なぜなら、潮木も指摘するように、どの国でも、いつの時代も、大学の歴史とは、「遊びたがる学生」と「教えたがる教師」の葛藤・相剋の歴史だったとされるからである（潮木守一、一九八六年）。

また、第二の特徴として、学生文化のキャンパス離れをあげることができる。一九七〇年代の中頃になると、インターカレッジ系のサークルが登場する。この現象を指して、中野収は、サークルの「脱キャンパス化、街頭化の第一段階」と称している（中野収『現代史のなかの若者』三省堂、一九八七年、一五二頁）。しかし、学生の関心の街頭化・キャンパス離れは、サークルに留まらない。アルバイトやデートは、もともとキャンパス外を活動の中心とする行為である。だとすれば、それら文化の繁栄もまた、課外活動を主流とする学生文化のキャンパス離れを、象徴的に示す現象だといえる。

このようなキャンパス離れ、レジャーランド大学的状況を改善すべく、一九九〇年代以降の大学改革路線は、大学での授業中心主義とも呼べる発想のもとで動いてきた印象を受ける。学生に対する出席・成績評価の厳格化は、学生を授業に縛りつけるための方策であり、ＦＤ（ファカルティ・ディベロップメント＝大学教員の教育能力の向上）や授業評価などは、学生を授業に呼び戻すための方策の一部とみえるからである。

このように、大学が、教育重視を標榜するようになった影響で、一九九〇年代前半以降、学生文化が、遊びから勉強へと大きな転換を余儀なくされた可能性も存在する。とくに出席・成績評価の厳格化といった制度的な縛りがきつくなるなかで、学生はそのような外発的要因によって、まじめ化せざるをえなくなったことも考えられる。

先に指摘したように、二〇〇五・〇六年には、勉強文化は後退をみせる。しかし、この年あたりを転機として、大学が教育重視の方針を、それ以前に比べて、ゆるめたという話は聞かない。だとすれば、一九九〇年代前半期以降の勉強・まじめ文化の進展は、就職難時代にあって、学生たちが就職を睨んで大学成績を重視する傾向が、一因となって起きた現象だったことは明らかである。しかし、図1-2-3をみれば明らかなように、二〇〇五年以降も、大学生活のなかで重点をおく活動としては、「勉学」は依然トップの座に座りつづけている。のみならず、二〇〇五年以降、勉強志向が最小となる二〇〇七年でも、「勉学」重視派の比率は、依然二四・二％を維持している。それは、一九九〇年代前半の時期までの「勉学」重視派の比率は、二〇％前後の水準にあったことと比較すれば、五ポイント程度、いまだ高い状態にある。だとすると、そこに差がみられる分だけ、学生に対する出席・成績評価の厳格化などに代表される、教育重視体制の影響が寄与している可能性も否定できない。

さらに、その点とも関連して、勉強重視、つまり「まじめ」の意味自体が、変質している可能性もある。このことについては、後に詳しく議論する。

遊び文化の現実

ここまで、現在の大学でいかに遊び文化が繁栄を極めているかをみてきた。しかし、学生の立場に立てば、つぎの点には注意が必要である。

第一に、「レジャーランド大学」「高等遊園地」といった言説などの影響で、われわれは、日本の学生たちが勉強そっちのけで、アルバイトなどを含めて、いわゆる「遊び」中心の大学生活を送っているとの印象をいだきがちである。しかし、一九九九年に行われた、学生生活時間調査をもとにすれば、学生の生活のなかで、量的にもっとも大きな時間を占めている活動は授業なのである（岩田弘三・北條英勝・浜島幸司「生活時間調査からみた大学生の生活と意識――三大学調査から」『大学教育研究』第九号、神戸大学大学教育研究センター、二〇〇一年）。つまり、生活時間の配分をみる限り、大多数の学生は授業中心の生活を送っており、最低限の本分は果たしていて、その余剰部分で遊びに熱中しているともいえる。

第二に、先述のように、娯楽・レジャーは、ほとんどの学生にとって、「健康で文化的な最低限度の大学生活」を送る上での必需品になっているのが現状である。古き良き時代の学生の遊びは慎ましやかなものであったことを考えれば、現状は行き過ぎであるとの批判も、もちろん可能と思われる。しかし、社会全体の趨勢が娯楽・消費志向に流れるなかで、学生にだけ昔の状態に戻れというのは、無理な注文だと考えられる。

4　学生文化と生徒文化

学生文化の生徒文化への浸透

ところで、近年の動向として、データから離れて、もう一つ指摘しておかなければならないのは、「学生文化」の、高校や中学の「生徒文化」への浸透である。

受験競争が激しかった一九八〇年代ころまでは、勉強の妨げになるとして、高校生までの「子ども」には、デートやアルバイトなどには拘束・禁欲が課せられていた。女子生徒の化粧についても同様であったし、喫煙や飲酒についてはいわずもがなであった。つまり、高校時代までのこれらの行為は、ひそかに隠れて行う「裏文化」（逸脱文化）にすぎなかった。だから、晴れてそれらの行為に大っぴらにかかわることは、「子ども」扱いから抜け出、「大人」の入り口に達したとの意識を実感する象徴的意味合いをもっていた。

ところが最近では、デートやアルバイトのみならず、飲酒や喫煙、女子生徒の化粧などは、一般的な風俗としてみれば、高校だけではなく、中学でさえ部分的には日常的な風景と化してしまった。つまり、「学生文化」が、高校までの「生徒文化」に大々的に浸潤を始めた結果、かつての高校「裏文化」が、何の後ろめたさもともなわない、「表文化」に浮上した。言い換えれば、それらは、大学に入るまでの禁欲的試練に打ち勝ち、「大人」の入り口に達した学生だけが晴れて謳歌できる特権ではなく、単なる高校生活の延長線上に位置づけられる行為にすぎなくなった、といえる。

逆に、最近では、自分のことを「学生」ではなく「生徒」と呼ぶ大学生が多くなってきたといわれる。それも、高校時代と大学時代を画する「大学生らしい」特有の象徴的行為の消失により、精神的に「学生」になったとの自覚をもてず、「生徒」のままでいる若者の増えたことが、一因になっているものと思われる。

いずれにせよ、このような精神面を含めた意味での学生の生徒化現象からみても、先に指摘した活動・行為面からみても、いまや「学生文化」と「生徒文化」のボーダレス時代が到来した。その意味で、「学生文化」とは、大学生に固有の文化を指すとすれば、それは高校生をも含めた「若者文化」に解消されつつあることになる。

高校生文化と学生文化の連続性

以上で問題にしてきたのは、マクロなレベルでの、高校生文化と学生文化の連続性についてであった。それでは、ミクロなレベルでは、つまり個人を単位としてみた場合には、高校時代に行った活動と、大学生活で重視している活動のあいだに、連続性はみられるのだろうか。この点を検討してみよう。

たとえば、武内清は、大学生に対するアンケート調査の結果をもとに、つぎのように指摘している。

高校時代にろくすっぽ授業をきかなかった者が大学に入って急にまじめに勉強するようになるという可能性は少ない。また、高校時代にクラブ活動に見向きもしなかった者が、大学の部活動で活躍する可能性も低い。高校時代に異性と無関係であった者は、大学に入って急に異性と親しくなれるわけではない。高校時代に本を読まなかった者は、大学に入ってからも本とは無縁な生活を送る。（武内清「高校生活と大学生活の関連」『モノグラフ・高校生'82』七、福武書店、一九八二年、四一頁）

つまり、少なくとも、(a)勉学、(b)クラブ（サークル）、(c)異性との交際、(d)読書、などの活動に対するコミットメントは、高校時代の活動習慣が、そのまま大学生活に持ち越される、というのである。この点は、一九九七年に行われた一九大学調査でも、確認されている。さらに、この調査では、(a)～(d)のような活動のみならず、(e)アルバイト、(f)趣味、(g)同性の友人との交遊活動についても、高校―大学時代の連続性の高いことが確かめられている。なお、高校時代にアルバイト文化に浸っていた学生ほど、勉強やサークルを大学生活の中心から遠ざける傾向もみられる。つまり、高校時代のアルバイト経験は、反キャンパス的学生文化への親和性を高めることが、示唆されるのである（岩田弘三「学生文化形成についての大学間比較に関する研究」『大学教育研究』第七号、神戸大学大学教育研究センター、一九九九年、一一二―一一三頁）。

子ども時代の家庭環境と大学での学生文化

以上のような傾向が、二〇〇七・〇八年に行われた一四大学調査でも踏襲されていることを確認しながら、谷田川ルミは、さらに小学校時代の経験（家庭環境）にまでさかのぼって、それらの連鎖関係を、パス解析を用いて明らかにした。その結果を示したものが、図1-2-4である（谷田川ルミ「子ども時代の経験が後年に及ぼす影響——大学生から見る勉学文化の連続性に注目して」『子ども社会研究』第一六号、二〇一〇年）。統計的に明らかな影響関係がみられるものは、実線で表示してある。そして、その実線に付された数字が1に近いほど、影響力が大きいことを示している。また、その数字にマイナスがついているものは、負の影響力をもつことを表している。

まず、高校時代の読書習慣は、大学時代の勉強志向を強める傾向がある。そして、そのような高校時代の読書習慣は、小学校時代に、家族に本を読んでもらったり、勉強をみてもらったり、美術館や博物館に連れて行ってもらうといった、教養志向的な家庭環境にあった子どもほど、身につける傾向がある。さらに、そういった家庭環境は、母親の学歴が高い家庭ほど形成されやすいことが分かる。

一方、アルバイトに関しては、先に指摘したように高校—大学時代の連続性が高いことが確認できる。そして、少なくとも女子生徒についていえば、母親の学歴が高く、教養志向的な家庭環境に育った子どもほど、高校時代にはアルバイトから距離をおく傾向がみられる。

5　多様な遊び文化繁栄の要因と「まじめ文化」の変質

豊かさ

たとえば潮木や竹内などが指摘するように、戦前期の日本では、大学での学業成績が、就職口のみならず、その後のキャリアにさえ大きく影響した。しかも、戦前期の日本は総じて貧しかった。だから、皆がエリートと認める職や地位に就き、豊かで安定した生活を手に入れるため、多くの学生は、講義録を棒読みするだけという、大学教授のつまらない授業にもせっせと出席した。そして、先生がしゃべったダジャレはいうにおよばず、咳払いをした箇所までも丹念にノートを取り、その内容を棒暗記すべく、必死に勉強したとされる（潮木守一、一九八六年、第二章；竹内洋、二〇〇一年、第二章）。さらに、アルバイトについても、遊び目的ではなく、「苦学生」が勉学をつづけるために仕方なく行う活動であった（岩田弘三「戦前期から戦後混乱期にかけての日本における学生アルバイトの社会小史」『武蔵野女子大学現代社会学部紀要』第四号、二〇〇三年）。このように、戦前期の大学においては、まじめ文化が中心的学生文化であった。しかし、一九五〇年代前半までの終戦直後の国民的窮乏の時代を過ぎ、とくに一九六〇年代になると、遊び文化が大々的に浸透を始め、まじめ文化は、後景に退いていく。もちろん、この現象は、日本が豊かになっていったことが最大の原因である。事実、逆に、平成の大不況期には、遊び文化は縮小しているからでもある。

(2) アルバイト文化

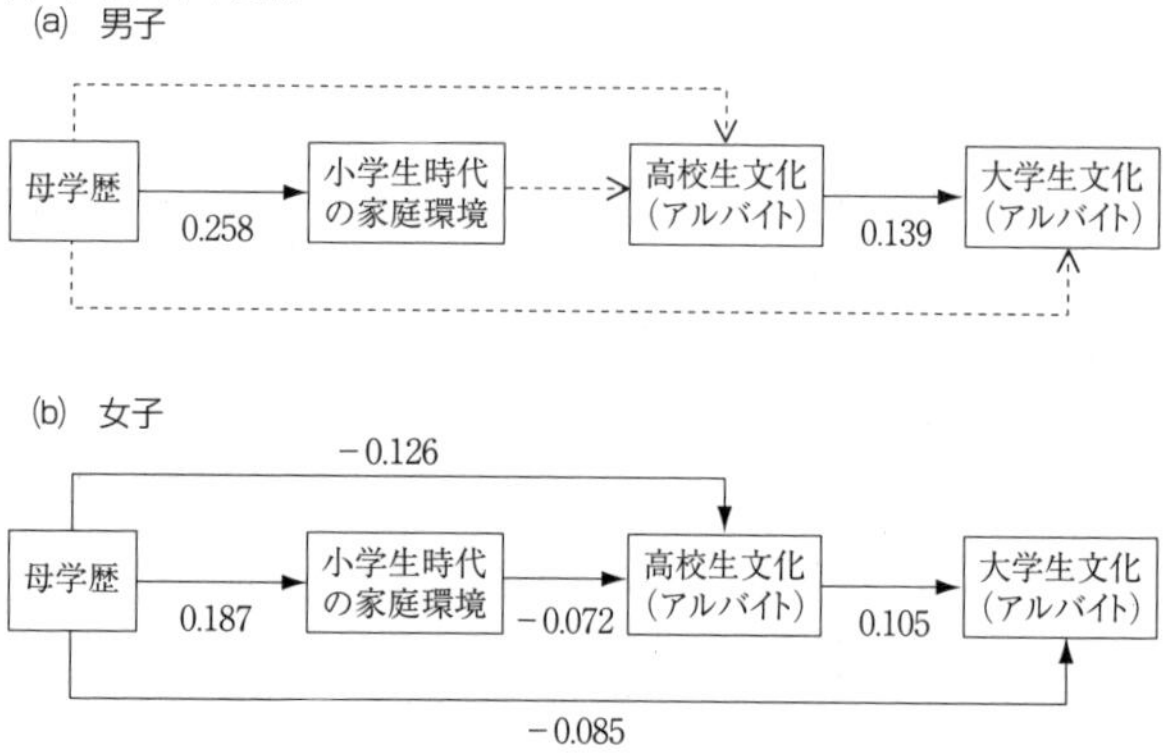

（出典）谷田川ルミ、2010年。なお、アルバイト文化については、出典の文献には収録されていないが、谷田川からデータの提供を受けた。
（注１）実線は1％水準で有意であったパス。破線は有意ではなかったパス。
（注２）変数を起点としていない、外部からの矢印は、図のモデルに採用した変数以外のさまざまな要因が複合的に及ぼす影響、つまり誤差。
　なお、(2)の図については、元図自体が試行的に作成されたものであり、そのため元図の時点で、誤差の影響力の記述は割愛されている。
（注３）「小学生時代の家庭環境」は、原論文では「子ども時代の文化資本」となっている。

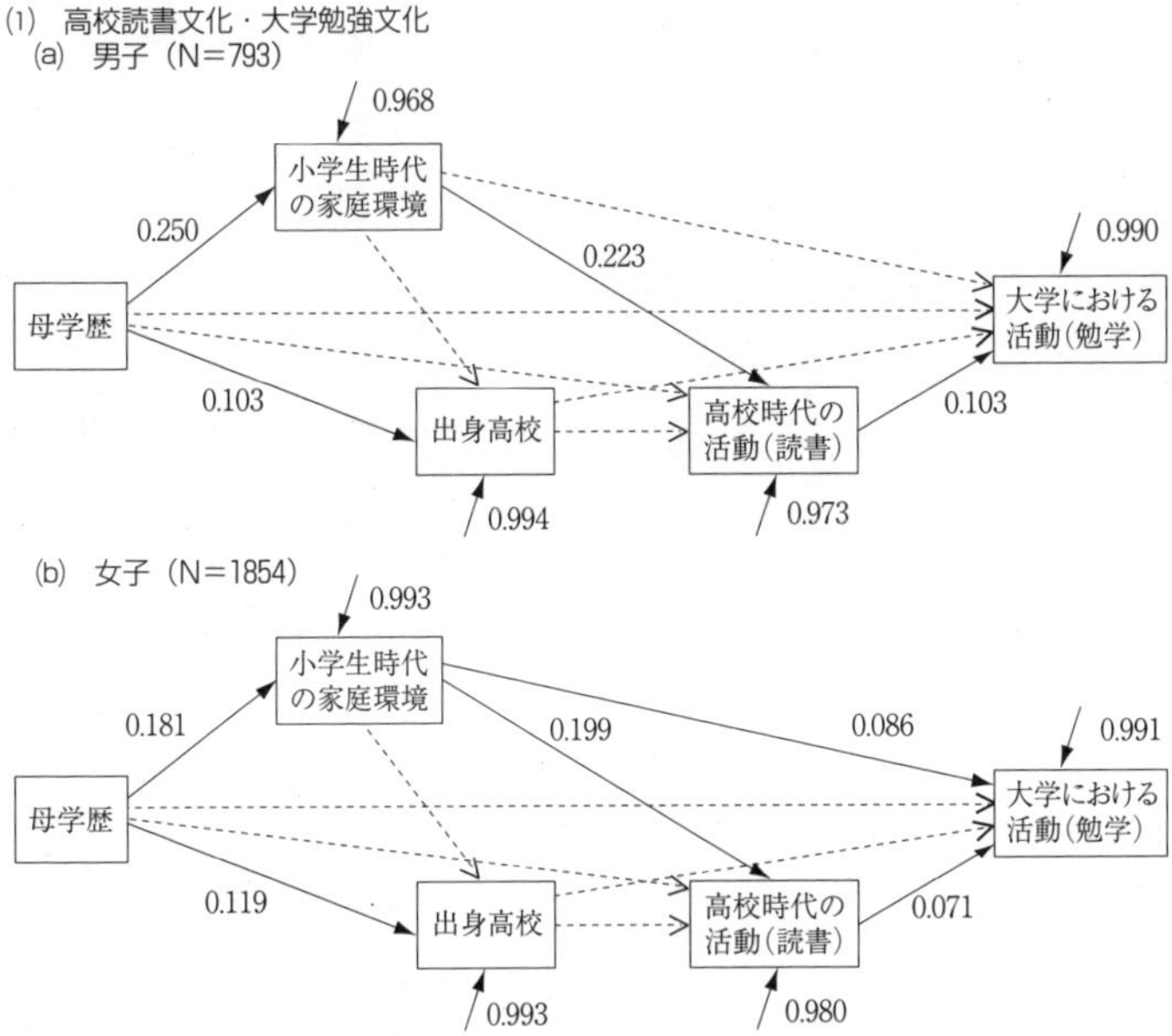

図1-2-4　学生文化の規定要因に関するパス解析図

大学の大衆化

しかし、図1-2-4の結果は、大学の大衆化が、そのもう一つの要因となった可能性を示唆している。日本における大学進学率は、一九六〇年代から急速に上昇を始める。そして、大学・短大進学率が一五％を超え、エリート段階を脱しマス段階に突入するのが、一九六三年のことになる。大学の大衆化とは、それ以前には大学に進学を考えなかった人たちが、大学に押し寄せることを意味する。つまり、従来とは異なる家庭環境・文化をもった学生が、大学に進学するようになったのである。これらの学生たちが、勉強文化以外の、多様な遊び文化を大学にもたらした可能性が、図1-2-4の結果から示唆される。

ただし、竹内によれば、京都大学の学生に対する一九八三年と、一九八七―九五年のデータを比較した結果、学校外学習時間には、他の大学と同様に減少傾向が観察されるという（竹内洋、二〇〇一年、二六五―二六六頁）。大学大衆化といった面に着目すれば、京都大学は、その影響からもっとも縁遠い大学の一つであると考えられる。だから、大学大衆化による影響だけでは、少なくとも近年の学校外学習時間の減少傾向は説明できないことになる。こうしてみると、遊び文化の浸透は、「伝統的な」、つまり従来型の学生が、遊び文化志向を強めていったことによっても、拡大したことになる。その意味では、「大学の大衆化」とは、従来とは異なる家庭環境・文化をもった学生の大学への参入のみならず、「伝統的な」学生もまた、キャンパスライフにおける志向については、「エリート」的・高踏的な心性を弱め、「大衆化」していったという、二つの側面で考える必要があると思われる。

そして、大学の大衆化も、社会が豊かになった結果もたらされたと考えれば、現在までの遊び文化の繁栄は、すべて豊かさが原因になっているとみなせる。

「生徒化」する学生と「まじめ文化」

しかし、これまでのキャンパスライフの流れが、遊び文化拡大の歴史であったとすれば、一九九〇年代ころから、それとは逆行する変化が定着していく。このときあたりから、学生の「まじめ化」、つまり勉強文化志向の高まりが指摘され始めるからである。しかも、先に図1‐2‐3などでみてきたように、平成の大不況を脱した後も、勉強文化志向は、以前の状態にまでは後退していない。だとすれば、一九九〇年代ころに始まる「まじめ文化」の浸透は、平成の大不況の影響による一時的な趨勢ではなかったとみなせる。ただし、ここで問題になるのは、その新たな「勉強」文化の中身である。

武内によれば、とくにここ十数年間に、どの大学でも、授業出席率はたしかに高まっている。その反面、「高校と同じように、授業では出席がとられ、教師の指示にしたがって将来に役立つ内容が教えられるべき、と感じる」大学生が増加しているという（武内清「現代青少年の安定志向」『教育と医学』二〇一〇年一月号、五四頁）。のみならず、先に図1‐2‐2で示したように、読書時間は減少をつづけている。

つまり、「指示待ち世代」という呼称が示すように、高校時代の延長として、受け身の姿勢で、授業にはまじめに出席するものの、能動的に学習することは少なくなっているとみなせる。だとすれば、近年になって「勉強文化」への回帰がみられるというより、正確にいえば、「生徒」的な学生による「まじめ文化」が広まっていることになる。

先に指摘したように、一九九〇年代以降の大学改革論議のなかで、大学での成績・出席評価の厳格化などが求められるようになった。さらに最近では、予復習を中心とする、一定量の授業外学習（宿題）を課すことの導入さえ検討されているという。その善悪は別にして、これらは、大学の「学校化」を推し進める流れにみえる。このように大学の「学校化」が進展し、それと歩調を合わせるように、学生が「生徒化」するなかで、先に指摘した、アルバイトやデートのみならず、勉強までもが、高校時代の延長線上で、捉えられる活動にすぎなくなってきたものと思われる。

実用主義志向

中山茂は『大学生になるきみへ――知的空間入門』（岩波ジュニア新書、二〇〇三年、二一―五四頁）のなかで、「職業生活に関連する」、つまり今どきの学生風にいえば、いわゆる「役に立つ」学問を、「実学」と定義した。これに対し、「教養」は、人格・人間形成を目的とする学問であり、職業生活に直接関連しないという意味で、「虚学」に属する。そして、これら二つをあわせもって成り立っているのが、大学教育であると述べている。中山のこの図式をもとにすれば、近年の学生は、「実学」的に「役に立つ」ことには興味をもつものの、そうでない活動には関心をもたない傾向が強いという話をよく聞く。事実、「さまざまな資格を取るため」という理由で、大学に進学する学生が近年、増加しているという（武内清、二〇一〇年、五五頁）。その一方で、読書時間の減少に端的に表れているように、「教養」を軽視する傾向は明らかである。

これらの現象は、大学の「専門学校化」、つまり実用主義的な「学校化」と呼べる。そして、この流れは、大学の語学学校・コンピュータ学校化といえる形で、学生のあいだに、語学、コンピュータ教育志向が高まった、一九九〇年代以降から継続する動向といえる。だとすれば、意識調査の上では、確かに「まじめ勉強文化」が、一九九〇年代初め以降、復活傾向にあるとはいえ、それは以前のものとは異なり、教養主義の要素を削ぎ落とした、新たな「まじめ勉強文化」だということになる。

こうしてみると、戦後日本の学生文化の歴史を一言で要約すれば、それは教養主義文化からの逃走の歴史だったといえる。なぜなら、教養主義文化は、一九九〇年代初めまでは、遊び文化の拡大によって、まじめ文化の一部として衰退をつづけた。一九九〇年代初め以降、ここにきて遊び文化は後退をみせ、まじめ文化がふたたび台頭の兆しをみせる。しかし、まじめ文化の内実が変質したため、教養主義文化だけは、依然、衰退の一途をたどっているとみなせるからである。

キーワード　学生文化、教養主義、大学の学校化、学生の生徒化

第3章　教育達成と文化資本の形成

片岡栄美

1　学校外教育投資にみる格差

学校の授業が終わり、子どもたちの放課後が始まる。思い浮かべてほしい。あなたは、どんな放課後を過ごしただろうか。

放課後の過ごし方として、習い事や塾は大きな位置を占め、学校外教育投資は増加しているといわれる。子どもの将来にとっては、塾など学校外で学習をするだけでなく、家庭の学習環境や文化的環境を良好にすることが役に立つと、多くの親たちが考える傾向にある。このような考え方が広がった理由として、ゆとり教育改革によって公教育への信頼が低下したこと、親の教育責任という考え方が広がったこと、そしてそれらと連動して、高学歴を志向する家庭をターゲットとした教育雑誌が二〇〇〇年以降、次々と刊行されたことがあげられる。それらの雑誌では、たとえば、どんな習い事をさせれば頭のよい子に育つのかという特集記事が組まれ、勉強法、しつけ方、親子関係などが示される。

現実の学校外教育投資には、地域差のみならず階層差とジェンダー差が生じている。ベネッセの全国調査（『子どものスポーツ・芸術・学習活動データブック――「学校外教育活動に関する調査」から』Benesse 教育研究開発センター、二〇一〇年、http://benesse.jp/berd/center/open/report/kyoikuhi/databook/databook_04.html）からは、二〇〇九年時点で子どもをもつ家庭が学校外教育活動にかける教育費は、三歳から高校生ま

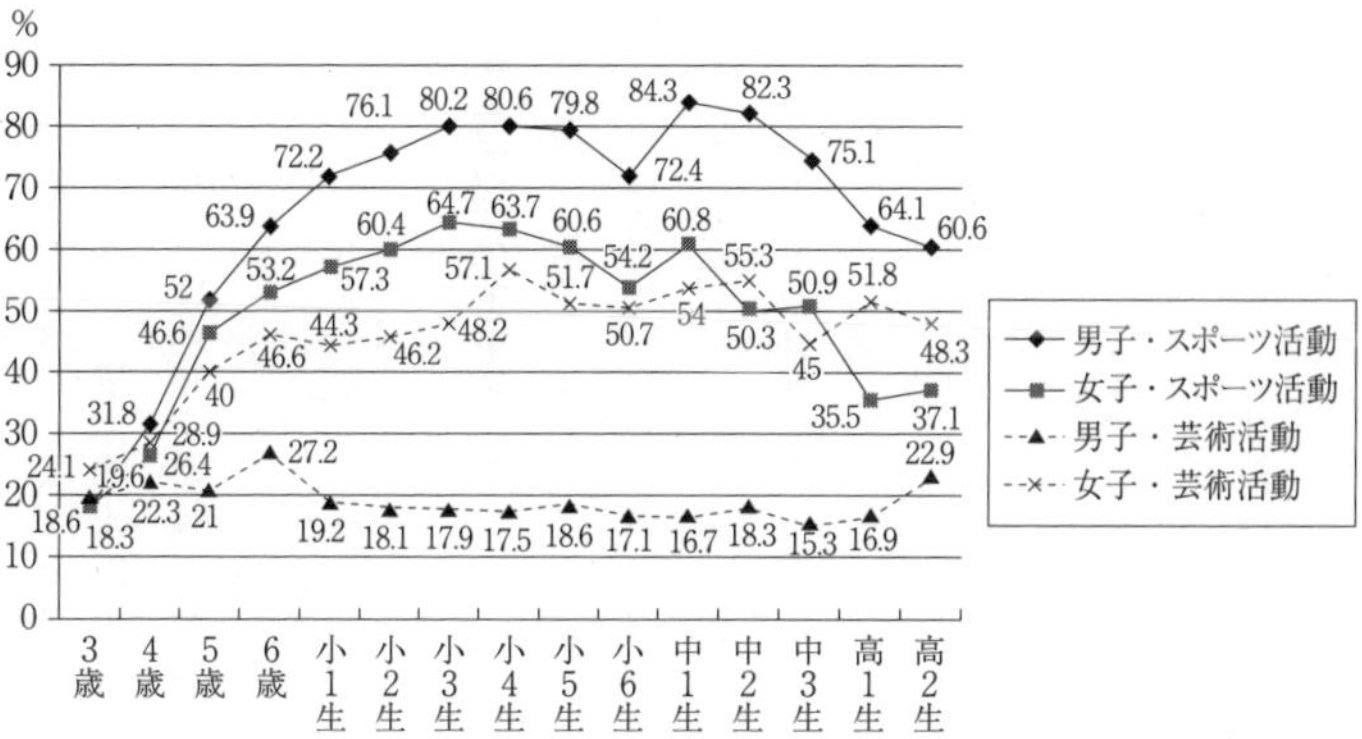

（出典）『子どものスポーツ・芸術・学習活動データブック——「学校外教育活動に関する調査」から』（2010年）より作成。

図1-3-1　スポーツ活動と芸術活動の経験率の男女差（学年別）

での全体で月平均一万六七〇〇円であり、その内訳として塾などの教室学習には七四〇〇円が支出されていた。とくに社会的に恵まれた家庭ほど支出が多く、世帯年収八〇〇万円以上の家庭では月額平均二万六七〇〇円（教室学習費はこのうち一万三六〇〇円）、四〇〇万—八〇〇万円未満では一万四七〇〇円（同、六〇〇〇円）、四〇〇万円未満では八七〇〇円（同、三〇〇〇円）の支出であった。

また図1-3-1に示すように、学校外教育費のうちの学習以外の部分、つまりスポーツ活動と芸術活動の学校外教育を経験している子どもの比率は、男女で大きく異なり、女子ほど芸術活動が多く、男子ではスポーツ活動が多い。しかし、塾・教室学習の経験率に男女差はなかった。

では、子ども時代の家庭での教育文化経験、学校外教育経験の差異は、その後のさまざまな人生の出来事、たとえば学力や学歴の到達度、さらには就職などのライフチャンスにどのような影響を与えるのだろうか。

本章では、教育達成の不平等が文化を通じていかに再生産されているかに注目する。そして不平等が親から子へと世代間で再生産されるプロセスにおいて、学校はどのような働きをする制度なのか、さらに家庭の文化や学校外教育の効果はどうであるか、その日本的特徴について考えてみよう。

2　教育の不平等と文化の関係

教育達成の不平等

学力の差異がなぜ生じるかについては、さまざまな議論がある。社会学は、成績や能力は社会的に構成されるという考え方に立っている。学力だけでなく、勉強や努力をしようとする個々の自発性のような心理的な側面さえも、親の社会的状況に影響される部分があることが知られている（苅谷剛彦『階層化日本と教育危機――不平等再生産から意欲格差社会（インセンティブ・ディバイド）へ』有信堂高文社、二〇〇一年）。

そして多くの国で、親の社会的地位が高いと子の教育達成も高くなる傾向があり、さらに学歴の差異は子の将来の地位へとつながっていくという世代間の再生産メカニズムが明らかにされている。しかしなぜ親の地位が子の学歴に影響するのだろうか。そもそも学歴とは、何を表す指標なのだろうか。学歴の意味は、理論的に二種類に分けられる。第一が経済学者G・S・ベッカーのいう人的資本としての教育、つまり教育を通じて獲得した知識や技術を意味する。第二に、学歴とはP・ブルデューやネオ・ウェーバー学派がいう文化資本や文化的資源を意味する。では、文化資本とは何であろうか。

文化資本

親の不平等が子どもの世代へとつながっていくプロセスを説明する多様な理論のなかで、フランスの社会学者、ピエール・ブルデューとJ-C・パスロンの展開した文化的再生産論を紹介しよう（宮島喬訳『再生産――教育・社会・文化』藤原書店、一九九一年）。**文化資本**（Cultural Capital）という概念を提案したブルデューは、文化がいかに不平等を形成するか、文化の権力性という視点から階級と学校システムの関係に注目したことで知られている。

文化資本とは、趣味のよさ、上品な態度やふるまい方、学歴、教養などが、他者よりも卓越化した状態にあることを示す概念である。たとえば「バイオリンをうまく弾ける」ときくと、「お嬢様では」と思ったりするのも、その一例である。文化資本は、他者との差異化（卓越化）機能をもつので、それによって他者との関係が近づくこともあるし、他者との隔たりが生じ、排除へと繋がることもある。

高い地位の人々の文化が文化資本となるのは、権力をもっている人々は自分たちの好みの文化を、他の階級の人たちに「高尚なもの」として押しつけたり、他の人にはまねのできない文化として他者を排除する（境界線を引く）道具にできるからである。行為者本人がその文化の象徴的権力作用にまったく気づいていない場合もある。意識的な行為でなくても、身についた文化が象徴的な力をもつという考え方である。

ブルデューは、文化資本を三つの形態で概念整理している。第一に身体化された形態の文化資本、これは私たちの身体が学習した言葉やしぐさ、知識や教養などが卓越化した状態にあることを意味する。ピアノを上手に弾くことも、敬語をうまく使うことができるのもそうである。第二に、美術品や蔵書のようにモノや財として存在する客体化された形態の文化資本、第三に学歴や免状など、制度が能力を証明した形の制度化された形態の文化資本である。

　身体化された形態の文化資本は、「**ハビトゥス**」という概念とも重なっている。ハビトゥスとは、私たちの行為を方向づける心的構造を示す概念で、たとえば「性格」とか「くせ」のように心理的なものを伴っている。定義では、「ある単独の行為者ないしは行為者集合の実践や財を同時に結びつけるような、スタイルの一貫性を説明する」概念である。似た環境で育った者同士が同じような考え方や話し方をし、趣味も似ていることがあるが、これは社会的条件の類似が同じようなハビトゥスを形成するからである。

使用条件と収益
適切な「場」に投資することで、さまざまな収益をあげる、ハビトゥスとして行為者の実践を方向づける
身体化された文化資本を使って、使用・鑑賞し卓越化する。あるいはコレクションとして価値をもつ
労働市場への参入、職業決定等に使用され、地位形成や経済的収益に効果をもつほか、象徴的価値として卓越化する

　また文化を資本として捉える概念上のメリットは、以下の点をうまく説明できることにある。第一に文化が個人や集団（階級など）に蓄積されること、第二に文化資本は「場」に投資されて収益をあげうること、第三に文化資本は経済資本や社会関係資本へと転換されることがある（転換効果）。たとえば、親は大学の学費（経済資本）を子どもに投資して、それが子の学歴（制度化された文化資本）に転換される。学歴を得た子どもは、それを元手に労働市場へ参入して、所得という経済資本を得るというように、ある資本が異なる資本へと転換されていく。

　また文化資本は、他者からの尊敬やあこがれなどの象徴的利益

表1-3-1　文化資本の諸形態

形　態	存　在　例	特　　徴	持　続　性	獲得方法
身体化された形態	卓越化した態度・ふるまい方・言葉使い、美的性向、趣味のよさ、知識・教養など	個人に身体化、内面化されるが、階級集団に占有され階級文化となる	生物学的限界	教え込み、学習、体得的習得により身体化
客体化された形態	絵画、書物、道具、ピアノなどの文化的財	モノとして存在する文化的財	物質的限界	購入や交換
制度化された形態	学歴、資格、免状など	個人に付随するが自律的な市場価値をもつ	生物学的限界があるが、制度による保証が前提	制度（学校など）が個人の文化資本を承認

を得ることがある。利益・収益は必ずしも経済的・物質的なものだけではない。

文化による排除と評価

ブルデューによれば、労働者階級の子どもが低い学業成績を示すのは、かれらが能力的に劣っているからではない。教育システムのなかでバイアスのかかった選抜メカニズムがあるからだという。

学校は、子どもたちが支配階級の文化にどれだけ親しんでいるか、支配階級のふるまい方や価値観をどれだけ身につけているかによって、子どもたちを評価する。具体的には、語彙の多さやハイカルチャーへの親しみ、論理的に説明できる言語能力（精密コード）（B・バーンスティン、萩原元昭編訳『言語社会化論』明治図書出版、一九八一年）や教師への尊敬の態度、高いアスピレーションなどである。これらの身体化された文化資本やハビトゥスを、中流階級や上流階級の子どもは、すでに家庭の教育を通じて獲得している。

日本でも高学歴で高い教養をもつ知識人、専門職、自由業など中流・上流階級の家庭では、親が読書好きで、美術鑑賞やクラシック音楽の趣味をもち、楽器を演奏することも多い。また休暇には海外旅行の経験をしている。子どもは幼い頃から親の影響を受け、類似した趣味・嗜好をもちやすく、また多様な経験をしている。さらに中流・上流階級の親ほど教育熱心であり、その子どもは習い事や塾などの学校外教育投資を多く受ける傾向がある。結果的に中流・上流階級の子どもは、他の階級の子どもよりも多くの文化資本をもつことになる。

幼少の頃から家庭を通じて文化資本を蓄積してきた生徒は、学校では文化資本の保持者である教師から評価されやすく（文化的選抜）、よい成績（学校での収益）をあげる確率が高い。

これに対して労働者階級の親は、子どもの成功を望んではいるものの、親が大学進学の意味を十分に理解していないので、子どもに適切なアドバイスをできない。また進路決定を子どもにまかせきりにすることが多い。さらに教育的に上昇しようとする志向が弱いなど、学校が評価する文化的基準に合致しないケースが中流階級よりも多い。それゆえ労働者階級の子どもは教師に評価されにくく、学力が劣るとか、学校に不適合な生徒だとみなされやすい。結果的に労働者階級の子どもは、評価されることのない学校を中退し、あるいは自己選抜や自己排除によって下位トラックの学校を自ら志願する確率が高くなる。

問題は、学校から排除された労働者階級の子どもたちが、自分たちは能力的・知的に優秀ではないと信じ込み、学校での失敗を自らの能力不足として、つまり自分の責任と考えることである。「失敗の個人化」である。

かれらは、自分たちが支配階級の文化に支配され、排除されていることに気がつかない。排除されていることに気がつかないメカニズムがあることこそ、システムとしては、もっともうまく排除や支配が貫徹していることを意味している。

すなわち教育システムにおいて文化的選抜が作動するために、いくら経済的な不平等が緩和されても、結果の平等は達成されないという理論である。

しかしブルデューのいう文化的選抜や文化的再生産（文化資本の再生産）が、日本社会には適合しない理論なのではないかという疑問もある。わが国の公立学校文化は欧米と比べて平等に子どもたちを扱い、階層中立的な特徴をもっている。透明性の高い試験選抜はその一例である。もう少し頑張れば上のランクへあがれるという形で、すべての階級の人々の上昇欲求を加熱することに貢献している高校ランク構造は、学校が支配者層の文化の再生産に加担しているとする文化的再生産論に対し疑問を抱かせる（竹内洋『日本のメリトクラシー――構造と心性』東京大学出版会、一九九五年）。

さらに文化的再生産理論の重要な前提である「文化的排他性仮説」も日本では否定されている。すなわちわが国のエリートは高級文化のみを好み、大衆文化を嫌うのではなく、むしろ高級文化と大衆文化の両方を摂取する文化的オムニボア（文化的雑種）になるという文化的オムニボア説である（片岡栄美「文化的寛容性と象徴的境界――現代の文化資本と階層再生産」今田高俊編『日本の階層システム五　社会階層のポストモダン』東京大学出版会、二〇〇〇年）。

しかしだからといって、日本では文化資本が再生産されないとか、あるいは文化資本が存在しないなどという短絡的な解釈にとびつくべきではない。むしろこう考えるべきである。日本では、文化の不平等や再生産をみえにくくさせる構造があると。努力すれば報われるという努力信仰や高校ランク構造、文化的オムニボアも構造的要因である。かつて筆者が「文化的平等神話の社会」と名づけた状態が社会全体で長く続いていたことによって、文化資本を評価する学校的メカニズムは気づかれにくく、文化資本の再生産が隠蔽されてきたといえよう。

しかし近年の日本社会に目をむけると、不平等の拡大、教育の多様化が進んでいる。入学試験も多様化し、教師の推薦を受けて受験する推薦入試や面接試験だけの選考、課外活動や実技を評価する試験が拡大してきた。それに伴い、生徒の文化資本の多寡が、入試の合否を左右するようになる。

また大学生の卒業論文の作成では、教員とうまくコミュニケーションをとれる学生ほど、教師の好意的な指導を受けやすく、そうでない学生ほど教師からのアドバイスを受ける権利をまるで自ら放棄しているかのようにふるまってしまう。教員という権威から利益を引き出せるコミュニケーション能力などは、パーソナリティの違いとして誤認されやすいが、まさに文化資本といえるだろう。家庭経由で蓄積された文化資本に差異があることは本人の責任ではないし、学校で獲得できる文化資本も多いのだが、文化資本の差異が成績に反映することは大学でも見受けられる。

家族の教育戦略

文化資本の再生産は、家族の教育戦略と学校の論理との関係のなかで行われるとブルデューはいう。ここで親の教育戦略に注目し、教育達成過程を説明する概念図式をみておこう。出身家庭背景は、子どもの学習環境の違いを生むだけではなく、親の教育戦略の違いとなって現れる。図1-3-2に示すように、親が子どもに階級文化としての文化資本を相続させる戦略や、学校外教育投資（塾・予備校・

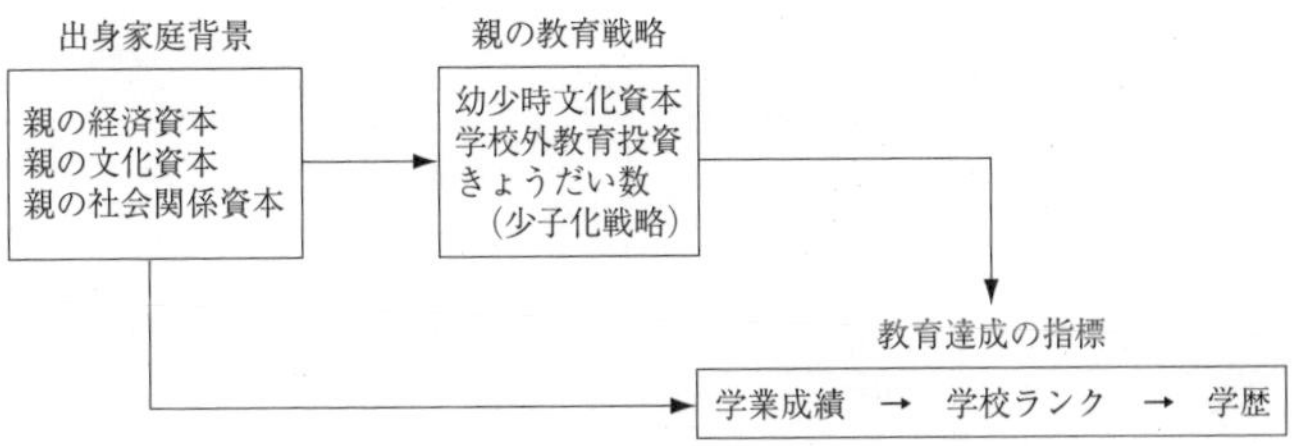

図1-3-2　教育達成過程の概念モデル

家庭教師・通信添削）戦略は、成績を高めるのだろうか。また子どもの数を少なくすることによって投資効果を上げる少子化戦略は、学業成績に効果をもつだろうか。

文化資本と学校外教育の指標

文化資本は、調査で捉えにくい概念でもある。これまで文化資本の指標は、ハイカルチャー（正統文化）への参加度、すなわちクラシック音楽や美術鑑賞の経験、さらにピアノや百科事典等の文化的財の所有で測定されてきた。文化資本のシグナルとして、これらは有効な指標だからである。以下では、文化資本の効果を「社会階層と社会移動全国調査」（SSM調査）のデータで検証した筆者の研究成果をみていこう。

たとえば「身体化された形態の文化資本」は、調査では表1-3-2に示すように子ども時代に家庭を通じて獲得する**読書文化資本**と**芸術文化資本**という二つの概念で測定された（片岡栄美「地位形成に及ぼす読書文化と芸術文化の効果——教育・職業・結婚における文化資本の転換効果と収益」片岡栄美編『一九九五年SSM調査シリーズ一八　文化と社会階層』一九九八年）。

「客体化された形態の文化資本」は、家庭にある文化的財のピアノ、文学全集・図鑑、美術品・骨董品を指標とした（表1-3-2では省略）。ブルデュー

学校外教育					
塾・予備校		家庭教師		通信添削	
男性	女性	男性	女性	男性	女性
24.9	26.8	6.3	7.8	2.6	2.7
6.0	10.3	3.0	3.5	0.5	0.3
24.3	25.6	8.9	6.9	2.7	0.8
52.1	49.5	6.7	14.5	5.2	8.8
17.9	19.9	2.9	2.6	1.5	0.9
39.8	36.9	10.2	12.2	4.9	5.2
40.5	43.8	16.3	24.1	5.2	7.4
17.4	19.7	2.6	2.5	1.7	1.0
38.4	37.2	12.3	14.6	3.9	4.8
37.3	52.1	20.8	33.3	9.4	10.4
35.2	35.9	12.7	14.1	5.6	6.4
38.7	40.2	10.4	23.6	1.9	5.5
36.4	34.6	13.1	8.3	6.1	1.5
19.4	27.2	11.2	10.5	1.0	0.9
27.2	31.3	1.7	4.1	2.8	2.6
33.3	37.6	6.3	7.2	3.2	5.6
20.0	13.5	2.9	1.9	2.9	1.9
9.6	9.7	1.2	0.7	1.2	0.4

表1-3-2　読書文化資本と芸術文化資本および学校外教育

	読書文化資本		芸術文化資本			
	子どもの頃、家族が本を読んでくれた		家でクラシック音楽のレコードをきいたり、家族とクラシック音楽のコンサートに行く		家族につれられて美術展や博物館に行く	
	男性	女性	男性	女性	男性	女性
全体	45.1	52.1	9.7	14.3	17.9	21.0
50–70歳	37.9	44.8	7.5	10.3	12.3	11.4
35–49歳	43.1	47.2	9.2	13.6	15.7	18.4
20–34歳	63.3	73.4	14.9	22.5	32.7	42.2
父義務教育	36.2	43.1	6.0	7.0	10.6	12.0
父中等教育	55.4	64.1	14.3	20.9	27.6	31.3
父高等教育	71.3	80.1	23.9	41.8	35.8	55.4
母義務教育	36.3	43.3	5.4	8.8	9.9	12.5
母中等教育	61.1	70.0	17.0	22.8	29.5	35.8
母高等教育	71.7	77.1	28.3	50.0	50.9	58.3
父専門職	68.0	74.1	21.5	33.7	46.8	49.4
父管理職	63.6	70.8	20.7	36.7	30.8	41.7
父事務職	58.1	71.4	21.3	18.4	27.5	36.2
父販売職	44.0	54.8	7.3	17.3	12.7	19.8
父熟練職	43.9	44.9	7.7	9.0	16.8	18.9
父半熟練職	40.6	53.5	5.8	12.3	15.8	23.8
父非熟練職	45.2	40.4	7.1	10.5	12.2	14.0
父農業	30.2	37.0	3.2	3.2	5.1	3.8

(出典)1995年 SSM 調査データ；片岡栄美「「大衆文化社会」の文化的再生産——階層再生産、文化的再生産とジェンダー構造のリンケージ」宮島喬・石井洋二郎編『文化の権力——反射するブルデュー』藤原書店、2003年。

(注)子ども時代の文化的経験の回答選択肢は四段階で「よくあった」「ときどきあった」「あまりなかった」「なかった」であり、表の数値は「よくあった」と「ときどきあった」と答えた者の％を示す。学校外教育は、小・中学校時代に半年以上の経験がある者の％、文化的財の変数については省略した（片岡栄美「教育達成過程における家族の教育戦略——文化資本効果と学校外教育投資効果のジェンダー差を中心に」『教育学研究』第68巻３号、1-15頁、2001年参照)。

は家庭の文化的財をアロー効果といい、家庭にある蔵書や美術品は、子どもにとって持続的な影響力があると述べる。なお次の二つの分析では、文化的財の変数は他の所有財に含めている。また家庭における「制度化された文化資本」の代表は、父母の学歴資本である。

学校外教育投資の指標には、塾・予備校、家庭教師、通信添削の経験を用いた。

表1‐3‐2に示すように、これら三つの指標の中では、読書文化資本の経験頻度が平均してもっとも高く、二〇―三四歳層では、男性六三・三％、女性の七三・四％が「家族が本を読んでくれた」（よくあった、ときどきあった）と回答している。また芸術文化資本は、ジェンダー差と階層差、学歴差が大きい。いずれの年齢層でも、読書文化資本と芸術文化資本は、女性のほうが男性より経験率が高い。つまり子ども時代の家庭の文化的環境には、かなり以前からジェンダー差と階層差が存在し、その差は拡大傾向にあるといえよう。

文化資本の効果

文化資本は学業成績に効果をもつだろうか。ブルデューのいうように、家庭経由で獲得した文化資本が教育システムで収益をあげるとすれば、それは学業成績の差として表れるはずである。

表1‐3‐3は、中学三年時の成績が何によって決まるかを分析した結果である。この重回帰分析モデルは、子ども時代に家庭を通じて身体化された文化資本（読書文化資本と芸術文化資本）の効果が、他の要因の効果を統制しても、表れるかどうか、さらに学校外教育経験の効果を明らかにしようとするものである。＊のついた変数は、統計的に有意な効果があったことを示す。

表1−3−3の結果によると、男性では読書文化資本も芸術文化資本も成績とは関連をもたない。しかし男性の学校外教育投資は、成績を上昇させる有意な効果をもった。女性では対照的に、読書文化資本と芸術文化資本が成績に有意な直接効果をもち、学校外教育投資は効果がなかった。つまり文化資本の高い家庭で育った女性は、学校での成績がよく、学校で収益をあげている。

次に、エリート高校へ進学するか否かの判別に影響する要因が何であるかを明らかにするため、ロジスティック回帰分析を行った。高校進学は学業成績で決まるはずと思われるかもしれない。しかし表1−3−4の学業成績を投入したモデルでの分析が示すことは、社会的背景として年齢、父と母の教育年数、父の主たる職業威信スコア、一五歳時家庭の所有財（客体化した文化資本の項目を含む）、そしてきょうだい数、中学三年時の学業成績を統制してもなお、女性において芸術文化資本の独自効果があり（男性では無効果）、男性において学校外教育投資効果（女性では無効果）があったということである。

表1-3-3　中学三年時成績への効果（重回帰分析）

	男　性	女　性
年　　齢	.291**	.339**
父職業	.132**	.093*
父母学歴（教育年数）	.113*	.117*
所有財（経済資本）	.142**	.108*
きょうだい数	−.124**	−.064
読書文化資本	.032	.092*
芸術文化資本	.046	.107*
学校外教育投資	.080*	.012
R^2	.137	.145
Adj. R^2	.127	.137
F値	P<.0001	P<.0001

＊＊ P<.01,　＊ P<.05

(出典)片岡栄美「教育達成過程における家族の教育戦略――文化資本効果と学校外教育投資効果のジェンダー差を中心に」『教育学研究』第68巻3号、2001年。

(注1)数値は標準化偏回帰係数。

(注2)「中学三年時成績」は自己申告で五段階、「父母学歴」は父と母の教育年数総和、「所有財」は、15歳時の家庭の所有財14項目の保有点数で客体化された文化資本の項目を含む。また「学校外教育投資」は「塾、予備校、通信添削」の経験数で0－3の値をとる。

表１－３－３と表１－３－４の知見を要約すると次のようになる。

1. 文化資本（家庭で獲得した身体化された文化資本）が、教育達成（成績、高校進学）に与える直接効果は、ジェンダーによって異なっている。
2. 芸術文化資本は、女性の教育達成を高める強い効果をもつが、男性では効果はない。
3. 読書文化資本は、女性の中学三年時成績を規定するが、それ以後は直接効果をもたない。
4. 学校外教育投資は、男性の教育達成にのみ効果をもつ。
5. きょうだい数効果（少子化戦略）は男女ともに有効で、きょうだいが少ないほど、教育達成は高くなる。
6. 中学三年時成績が、その後の教育達成（高校進学、学歴）を強く規定するが、女性においては、成績変数のなかに、家庭の文化資本の効果が強く織り込まれている。しかし男性の成績には、学校外教育投資の効果ときょうだい数の効果が強く織り込まれており、文化資本の効果はない。
7. 中学三年時成績には、家庭の経済資本（所有財）の効果、父母学歴の効果、父職業の効果に代表される社会経済的背景の効果が男女ともに強くあり、それは成績を媒介にして、高校進学から学歴達成へと連動していく。

また学歴を結果変数とした共分散構造分析の結果では、地域特性（第一次産業率）やきょうだい数（少

表1-3-4　エリート高校進学・非進学のロジスティック回帰分析

変数	男性 モデル1 パラメータ推定量 N＝750	男性 モデル2 パラメータ推定量 N＝731	女性 モデル1 パラメータ推定量 N＝830	女性 モデル2 パラメータ推定量 N＝817
Intercept	−7.561**	−8.852**	− .7126**	−8.059**
	(.95)	(1.22)	(.99)	(1.24)
年齢	− .033**	.010	− .065**	− .038**
	(.01)	(.01)	(.01)	(0.02)
父教育年数	.072	.027	.143**	.093
	(.05)	(.06)	(.05)	(0.06)
母教育年数	.103	.084	.165**	.102
	(.07)	(.08)	(.07)	(.07)
父主職業	.020*	.016	.014	.005
	(.01)	(.01)	(.01)	(.01)
中3成績	1.118**	1.062**	1.031**	1.031**
	(.14)	(.15)	(.15)	(.16)
15歳時所有財		.179**		.246**
		(.07)		(.07)
きょうだい数		− .327**		− .271**
		(.11)		(.12)
読書文化資本		− .079		− .199
		(.13)		(.15)
芸術文化資本		.086		.249**
		(.091)		(.09)
学校外教育投資		.396**		.055
		(.197)		(.19)
df	5	10	5	10
Max-rescaled R^2	.357	.405	.390	.455

** p<.01,　* p<.05,　(　) 内は標準誤差

(出典)片岡栄美「教育達成過程における家族の教育戦略――文化資本効果と学校外教育投資効果のジェンダー差を中心に」『教育学研究』第68巻3号、2001年；片岡栄美『現代文化と社会階層』博士論文（東京都立大学)、2000年、128－129頁。
(注)エリート高校＝ほとんどが大学進学する高校（自己申告)

子化戦略）、客体化された文化資本もコントロールしたうえでの、身体化された文化資本の教育達成への直接効果と間接効果が男女別・世代別に測定されている（片岡栄美「教育達成過程における家族の教育戦略――文化資本効果と学校外教育投資効果のジェンダー差を中心に」『教育学研究』第六八巻三号、二〇〇一年）。

　これらの複雑なモデルによる分析結果は図1-3-3から図1-3-5に示される。図1-3-3は文化資本の中学三年時成績への全効果、図1-3-4は文化資本から学歴への全効果で、世代によって変化してきたことがわかる。学校外教育投資から学歴への全効果は、図1-3-5に示される。

　要約すると、女性においてのみ、家庭の文化資本（とくに芸術文化資本）は教育システム内で高い成

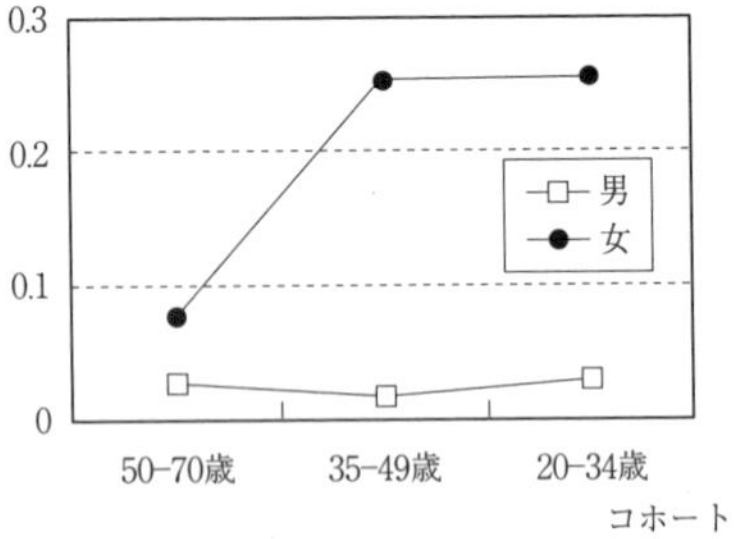

図1-3-3　幼少時文化資本の中学三年時成績への全効果

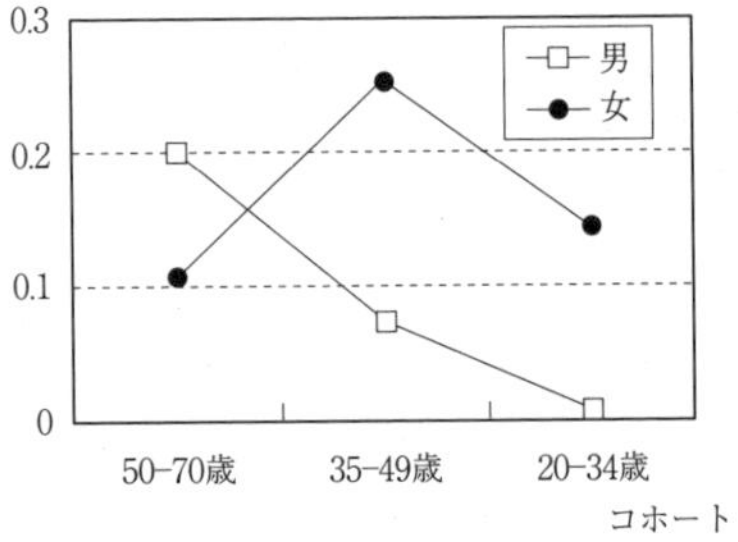

図1-3-4　幼少時文化資本の学歴への全効果

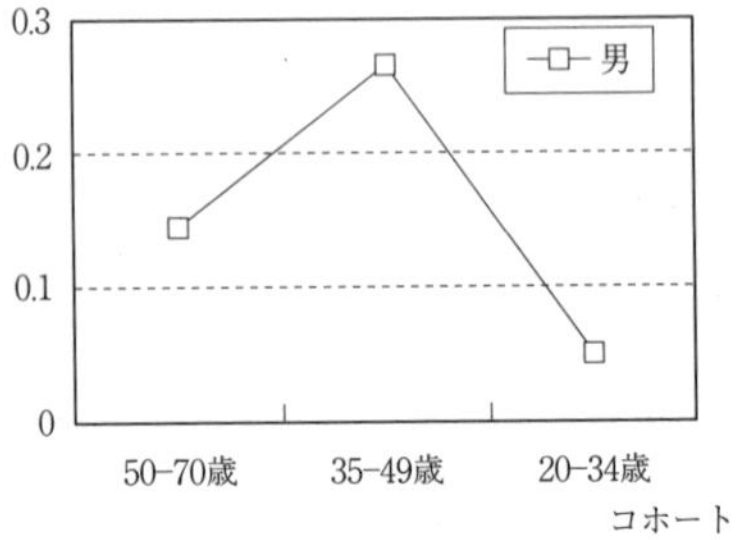

図1-3-5　学校外教育投資の学歴への全効果：男性

績という収益をあげていた。さらに女性の文化資本は中学三年時の成績、エリート高校への進学だけでなく、学歴達成にも強い効果を示していた。つまり教育システムのなかで、女性の文化資本が収益をあげている。

しかし男性では、同様の文化資本効果が、戦後生まれの世代ではまったく現れなくなったというのが日本の特徴である。学校外教育投資の効果は、三五—四九歳層で高まったが、この時期はまだ塾や予備校が現在ほど普及していなかった時代でもあり、学校外教育投資に先行した人々の利得があったという意味で、「抜け駆け」効果と位置付けられる。だれもが学歴競争に参加するようになった二〇—三四歳層では、半数以上の人が塾・予備校などを利用していたが、学校外教育投資効果の学歴を高める効果はみられなくなった。この効果は、競争に参加する割合によって左右されると考えられる。

3　文化資本と地位達成

文化資本の地位形成効果

労働市場に参入する際に文化資本は効果をもつのだろうか。一九九五年のＳＳＭ調査データの分析からは、初職達成メカニズムにおいて、男性では幼少時に家庭を通じて身体化された文化資本が効果をもたないことが明らかになった（片岡栄美、一九九八年）。そして女性でのみ効果が現れた。図1-3-6に示すように、女性の読書文化資本が初職の職業威信スコアを上昇させる弱い直接効果をもっていた。また芸術文化資本は学歴を経由して初職を上昇させる効果をもっている。

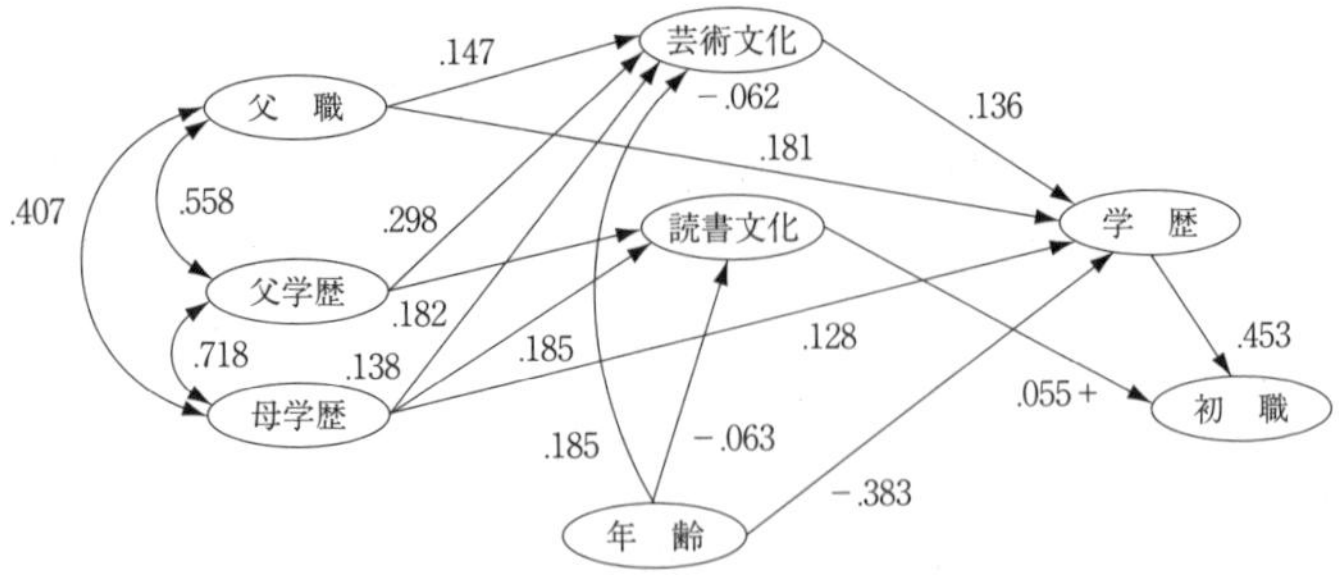

(出典)片岡栄美『現代文化と社会階層』博士論文(東京都立大学)、2000年、132頁。
(注)数値は標準化偏回帰係数で無印は5%有意。ただし＋は10%有意。

図1-3-6　地位達成の文化資本モデル（女性：初職）

つまり女性の読書文化資本は、人的資本を上昇させることで初職の職業威信を上昇させる。また女性の芸術文化資本は身体化されたハビトゥスとして学校内で評価され、学歴や成績といった収益をあげることを通じて、結果的に初職の地位を上昇させる間接効果をもつ。

なぜ幼少時に家庭で獲得した文化資本は、男女で異なる地位形成効果を示すのだろうか。

学歴、地位達成の意味とジェンダー

上記の結果をもとに、学歴の意味、さらには地位達成の意味をジェンダー別に考えてみよう。

日本においては男性の高学歴は、芸術文化のような階級文化が学校のなかで評価されるという文化的選抜の結果ではなかった。つまり男性の高学歴は、階級文化に由来する文化資本のシンボルとはなっていない。これは高学歴男性の成人後の正統文化消費が、高学歴女性に比べてかなり低い値を示していることからも明らかである（片岡栄美「「大衆文化社会」の文化的再生産——階層再生産、文化的再生産とジェンダー構造のリンケージ』宮島喬・石井洋二郎編『文化の権力――反射するブルデュー』藤原書店、二〇〇三年)。

では、男性の学歴は何を意味しているのだろうか。高い学歴の男性ほど、塾などの学校外教育経験があるというのは、かれらがより多くの勉強ハビトゥスをもっているからである。勉強ハビトゥスとは、(たとえそれが無味乾燥な機械的暗記であれ)学校の勉強を頑張り、成績をあげることで入試に合格しようとする学校的なハビトゥスである。つまり男性の高学歴とは、芸術文化資本とは関係なく、勉強を頑張って学歴レースに勝ったことの証明としての意味をもつ。

竹内は、日本のメリトクラシーを分析し、日本がトーナメント型の学歴レースの特徴を強めるにつれて、長期的野心が蒸発し、目先の学歴獲得を代理目標としてしまう学生が増えてきたと指摘している(竹内洋、一九九五年)。いいかえれば、勉強ハビトゥスをもたないと学歴レースで生き残れないということだ。そして竹内のいう学歴レースの勝者は、男性が主たるモデルである。

しかし、すでにみてきたように女性の高学歴は、より階級文化的な意味合いを帯びている。高学歴女性は平均して文化資本が高いため、学歴が女性の文化資本のシグナルとなっている。高学歴女性は、豊かな階級の豊かな家庭文化のもとで、文化資本を蓄積し、学校のなかで高い成績という収益を得てきた者が多いからだ。そして高学歴女性は、自らの文化資本を増大させることが、かれらの人生の成功と関係することを理解している。これについては後段で再度論じる。

このように同じ学歴という指標が、ジェンダーによって異なる意味をもつのはなぜだろうか。

それは日本社会における男性と女性の歴史的・社会的な関係性を反映している。なにが社会的成功であるかが男女で異なること、さらには可能な地位達成の範囲と確率が異なるからである。たとえば

表1-3-5　配偶者の経済的地位と女性の学歴および文化資本

妻 学　歴・幼少時文化資本	配偶者の地位 N(人)	年収(万円)	N(人)	世帯財産スコア
大学卒・芸術文化資本上位17.2%	64	701	116	2.33
大学卒・芸術文化資本中位	55	693	90	2.38
大学卒・芸術文化資本下位57.3%	44	541	67	1.67
高校卒・芸術文化資本上位17.2%	82	627	117	1.82
高校卒・芸術文化資本中位	137	588	218	1.59
高校卒・芸術文化資本下位57.3%	332	570	443	1.52
中学卒・芸術文化資本上位17.2%	(2)	(350)	6	0.17
中学卒・芸術文化資本中位	25	416	45	1.16
中学卒・芸術文化資本下位57.3%	191	362	284	0.89
F検定	P<.0001		P<.0001	

(出典)片岡栄美、1998年。
(注1)分散分析では、配偶者年収および世帯財産スコアともに、学歴と芸術文化資本の独立効果は1%水準で有意。交互作用効果はいずれもなかった。(　)は人数が少なく検定不能。
(注2)大学卒＝大学・短大卒、高校卒＝中等教育卒、中学卒＝義務教育卒

東大へ行って官僚になるというモデルが多くの女性にとって現実的でも魅力的でもなかったがゆえに、女性はもっと別の成功ルートを選んできた。女性の上昇移動戦略の一つに、婚姻を通じた上昇移動があることはよく知られている。

婚姻市場での文化資本の収益

女性の有利な結婚条件として、日本では伝統的に文化的な教養が求められた。華道、茶道、ピアノなど芸術に関わる「おけいこ事」をすることは、好ましい女性の条件ともいわれてきた。

文化教養とは、まさにブルデューのいう中流・上流階級文化に由来する文化資本である。最初にみたように、女の子の習い事は、現代でも芸術文化活動において男子をはるかに上回っていた。女の子に芸術文化、文化教養を身体化させるという教育戦略は、現代でも中流・上流階級の戦略である。

では子ども時代に習い事や家庭を通じて身体化され

た文化資本は、女性の婚姻市場での地位上昇に効果をもつのだろうか。筆者のこれまでの研究によれば、学歴が同じであれば文化資本の高い女性ほど経済資本の高い男性と結婚する確率が高いことが明らかとなっている。

表1-3-5に示すように、配偶者（夫）の経済的地位（年収と世帯財産スコア）は、妻の学歴と文化資本によって、大きく異なる。たとえば大学・短大卒の女性では、芸術文化資本が上位者（上位一七・二％）で、夫の平均年収七〇一万円、芸術文化資本下位五七・三％では五四一万円となり、約一六〇万円の年収差があった。高校卒の女性においても妻の芸術文化資本が高いほど夫の年収は高い。同様に結婚後の世帯財産スコアも、妻の身体化された文化資本（芸術文化資本）が高いほど高くなる。夫の年齢を六〇歳以下と限定しても、同様の有意な差異がみられた。

クラシック音楽や美術などの芸術文化を身体化した女性は、同じ学歴で文化資本の豊かでない女性に比べて、より豊かな経済階層の男性と結婚しているのである。要約すれば、女性の学歴資本と身体化された文化資本（幼少時）は、婚姻市場での夫の経済資本に転換されていくと解釈することができる。

このことは婚姻を通じて、女性の文化資本と男性の経済資本が結合するという、資本結合が生じていることを意味する。婚姻による資本結合は家族を単位としてみたときに、階層再生産をより強固なものにする。女性の文化資本と男性の経済資本が、婚姻市場において男女で交換されているともいえよう（片岡栄美、二〇〇三年、一〇一―一三五頁）。

4　階級再生産と文化的再生産のジェンダー構造

階級再生産と文化資本

教育達成のプロセスを検討すると、男性では出身階層の差異が文化資本を経由せずに、学校外教育投資を媒介として、成績や学歴へと変換されていた。つまり男性の地位形成は、メリトクラティックな人的資本の形成を中心に展開している。

それに対し女性では、家庭で獲得された文化資本が地位形成効果をもっていた。とくに女性の芸術文化資本は、成績を上昇させる効果をもつとともに、学歴達成や婚姻（配偶者の経済資本）などのライフチャンスにおいても地位を上昇させる効果をもっていた。このことは、日本の女性にとって身体化された文化資本が、社会移動の通貨となっていることを意味する。

敷衍すると、中流・上流階級の人々にとっては、女の子に芸術文化資本を相続させて文化的再生産をするという戦略が、階級文化を再生産するときに有効となる。中流・上流階級にとっては、娘に試験の点数や偏差値で競争させるよりも、つまりは、メリトクラティックな競争市場に参入させるよりは、むしろ女性を隔離し（女子大などに）、ゆとりのエートスと「お嬢様」文化のなかで、文化資本を蓄積させ、将来の婚姻（よきパートナー）を通じて地位上昇をめざすという戦略が、伝統的に多くみられたことも事実である。

たとえば特定の「お嬢様」イメージの女子大を選んで進学するのは、大学のブランド価値だけでなく、文化的洗練性＝お嬢様という象徴的記号を手に入れ、他の女性との差異化をはかれること、そしてそれによって将来の配偶者選択で有利になる社会関係資本を在学中に得られることと関連している。なぜならエリート大学と「お嬢様」大学の間に、学生間の交流径路が伝統的にあるからだ。

男の子に上昇移動を期待する家庭では、男子に勉強を頑張らせて、学校外教育投資によって学力＝人的資本を高め、競争的な場で生き残ることを求める。なぜなら日本の多くの企業社会では今のところ男性間の地位競争が主流であり、その競争に文化資本が重要視されることは少ないからである。男性はたとえ学歴エリートであれ、会社では野球の話、カラオケ、仕事が終わってからのつきあい（飲酒など）、宴会芸ができないと、つまり大衆的な文化に適合しないと、企業人として評価されないという伝統があるからである。

それに対し、女性はエリート男性と結婚すれば家庭に入って良妻賢母になることを、企業からも奨励されてきた。もっともこの伝統的ともいえる女性の文化資本を武器とした婚姻戦略は、現代では減少しているのも事実である。女性の進学率の上昇と社会進出の拡大は、女性にも男性並みの教育競争を求め、よりよい学歴と職業を求める女性が増加しつつある。短期大学の急激な減少はそれを物語っている。

女性の社会進出が進んだからといって、女の子に高学歴と高いキャリアを求める親たちが、女性（娘）に文化資本を期待しなくなったわけではない。現代の小学生から高校生の芸術活動の習い事が、何によって規定されているかを分析した研究からは、娘に芸術活動の習い事をさせる（文化資本を期待する）母親の特徴は、女の子に高い学歴を期待していること、なおかつ母親が高学歴で芸術活動への嗜好が強いという共通点をもっていた。しかし男子の母親では、子どもに芸術活動よりもスポーツ活動を奨励していた。人的資本的な意味での学歴と文化資本の獲得という二重の獲得戦略が、文化資本の豊かな家庭の女の子に期待され、親の教育戦略として定着していることが明らかとなったのである

（片岡栄美「子どものスポーツ・芸術活動の規定要因――親から子どもへの文化の相続と社会化格差」Benesse 教育研究開発センター『学校外教育活動に関する調査』、二〇一〇年、http://benesse.jp/berd/center/open/report/kyoikuhi/webreport/report_comment1_01.html）。

日本型文化選抜とジェンダー

最後に、わが国の文化資本と学校システムの関係に話をもどすと、家庭から受け継がれた文化資本、とくに身体化された芸術文化資本は、日本の教育のなかでは女性にとっては学力や学歴を高める効果を発揮しているものの、男性にとっては効果をもたなかった。つまり教育システム全体として、ブルデューのいう階級文化による選抜が貫徹して作動していない可能性がある。

その理由として、学歴や成績をめぐる競争が、日本では知識の詰め込みと記憶といった機械的な側面が強く、ここでみたような階級文化的な文化資本とは関連をもたないからだといえよう。さらに、学校プロセスのなかでの男子と女子の評価基準が異なるということも考えられよう。なにより戦後の平等化した学校教育と身分による処遇の違いを取り去って共同体となった戦後の企業経営は、エリート文化を否定してきたからだ。

竹内が指摘したように、日本社会では同調性や常識的行動といった「日本人らしさの文化資本」を

もっているかどうかが排除の重要な基準になる社会である（竹内洋、一九九五年）。企業社会の階梯を上昇するために、芸術文化のような階級文化は必要ない。むしろ会社では、文化的に卓越化している男性はスケープゴートにされるだろう。それは男性が所属する日本の企業社会がそうした基準で選抜・排除を行ってきたからである。

竹内の示したメリトクラシーの日本型モデルが男性中心の近代型社会での優れた分析であるとすれば、いったい文化資本はどこで再生産されているのか。本章でみてきたように、文化的再生産は母から娘へと女性を中心に、子育てや教育戦略、そして次に示すような女性の地位生産的活動として実践されている。

女性にとっては、排除と選抜の基準は男性よりも複雑である。公的世界では女性も日本人らしさの文化資本をもって同調的に行動することが求められるのはもちろんのこと（控え目で従順な妻として）、さらに私的世界では、家庭や子育て、女性同士のつきあい、夫の会社の上司やその家族との関係の維持や夫のサポートなど、いわゆる家族として自分たちの階級を維持し上昇させるためのシャドウ・ワークを期待される。女性の地位生産的シャドウ・ワークは、家族の社会関係資本や文化資本など、家族単位での資本増大をめざす活動だ。このシャドウ・ワークの世界では、女性は階級文化としての文化資本を用いて利益を得ることができる。それは「教育熱心な母親」という形で評価される象徴的利益であり、あるいは夫の昇進である。

それゆえに女性は文化資本を高めることが、将来、よりよいパートナーをみつけるときの重要な基準となること、結婚後も文化資本は女性の地位を上昇させる重要な戦略に必要であることを、無意識的であれ理解している。

すなわち日本は階級文化にもとづく文化資本を用いた排除と選抜が、女性に対して強く作動している社会である。文化的再生産を女性に期待する社会だからこそ、女性が芸術文化資本を身につけることを多くの親たちが望ましいと考える。

日本は、階級再生産（社会的再生産）と文化的再生産がジェンダーによって分業されている社会である。それゆえに階級文化の相続や文化資本の再生産は、女性の活動の陰にかくれて、公的世界からは隠蔽されたようにみえるだろう。また大衆文化が階級フリーな共通文化となっている日本では、階級文化はみえにくく、文化資本の再生産も気づかれにくいプロセスなのである。

最後に付け加えるならば、男性にはメリトクラティックな競争を求め、女性に文化資本の再生産を託していたジェンダー構造自体が、ポストモダン社会になり変化していくと考えられる。つまりレギュラシオン学派や本田由紀のいうポスト近代型能力、すなわち個性や創造性、コミュニケーション能力が新たな人材選抜の基準として重要となってくる時代においては、エリートには勉強ができることに加えて、より文化的な能力が求められるようになる。企業がポスト近代型能力を人材選抜にどの程度求めるか、企業内の昇進に文化的能力が効果をもつかは、今後の検証に待たねばならないが、家庭教育を通じて育成されているであろうこれらの能力は、新たな文化資本として男性にとっても重要となり、階級文化の一部を形成する可能性が高い。

記　ＳＳＭ全国調査委員会からデータ使用の承認を受けている。

キーワード　文化資本、ハビトゥス、学校外教育投資、ジェンダー、学歴

■ティータイム

スタイルの教育

井上　俊

ずいぶん昔のことだが、ある先生に、論文の原稿をみていただいたことがある。数日後にお会いすると、「あの論文、内容はなかなかいいんだけど、スタイルが固まっていないというか、なにかすっきりしないねぇ……」とおっしゃった。しかし、当時まだ大学院生だった私には、このコメントの意味が十分に理解できたとはいえない。

若気の至りで、内容がよければスタイルはたいした問題ではなかろう、などと思ったような記憶さえある。スタイルの大切さということがわかっていなかった。

スタイルには「文体」という意味もある。同じ内容を華麗な文体で語る人もあれば、無駄を省いた簡素な文体で語る人もある。人それぞれの言葉の選び方、使い方が文体であり、そこにその人の好みが、そして人柄があらわれる。だから「文は人なり」なのである。「文は人なり」というのは、もともと一八世紀フランスの博物学者ビュフォンのフレーズといわれるが、この場合の「文」は内容ではなくて文体（スタイル）のことである。

私の原稿についての先生のコメントは、しかし、単に文体だけを批評されたものではなかったと思う。たしかに文体も生硬で、あまりよいものではなかったが、おそらく先生は、論点の提示の仕方や論文の構成の仕方なども含めて「スタイル」といわれたのであろう。そういう広い意味でのスタイルがよくないと、せっかく内容は悪くなくても、それがうまく読者に伝わらない。

もちろん私にも、そのことはだんだんわかってきた。しかし、いざ自分が院生の論文指導などをする立場になって、その現場でスタイルの大切さをどう教えたらよいかということになると、これがなかなかむずかしい。一般には、内容よりも形式の教育のほうが簡単だと思われがちであるが、決してそんなことはない。

たしかに、スタイルの基本は形式であり、型であろう。しかし、定められた形式や型を学び、ひたすらそれを守っているだけではスタイルはつくれない。せまい意味でのスタイル（文体）にしても、文例集にあるような定型表現や紋切り型を寄せ集めてつくれるわけではない。

型は大切だが、最終的には与えられた型を超えていかなければ、自分なりのスタイルはつくれない。このことはもちろん、単に文体だけでなく、論文の構成などを含めた広義のスタイルについても当てはまる。

ここで教育上の問題が生じる。型を教えることはできても、型の超え方を教えることはできないからである。型を超えるというとき、状況によって、また論文のテーマなどによって、さまざまな超え方があってよい。テーマ（内容）とスタイル（形式）は必ずしも独立ではない。テーマにふさわしいスタイル、ふさわしくないスタイルというものもある。

つまり、型の超え方は多様であって、唯一の「正しい」超え方があるわけではない。また、型を超えてつくられるその人なりのスタイルには、その人の好みが反映される。これが私の好みだといわれれば、よほどのことがないかぎり、それを否定することはむずかしい。要するに、スタイルを教えることはまず無理なのである。

文体だけでなく、論点の提示の仕方や論文の構成の仕方などをも含む広義のスタイルは、いわば論文全体のたたずまいのようなものである。たたずまいの良し悪しは、一般に考えられている以上に重要なことなのだが、論文指導などの過程で体系的に教える（あるいは教わる）ことは困難である。しかし、教わることはできなくても、その気があれば、自分で学ぶことはできる。その第一歩は、好ましいスタイル、憧れのたたずまいを真似してみることであろう。自分なりのスタイルの形成は、ここからはじまる。

広い意味での教育のなかには、右に述べたスタイルの例にみられるように、教わる（＝教える）ことは困難だが学ぶことは大切という領域、いわば自学自習に頼らざるをえない領域がある。そしてそこでは、現代の教育では軽視されがちな「模倣」「追随」「私淑」といった要因がしばしば重要な役割を担うのである。

第Ⅱ部

学校空間と教育言説

第1章　儀礼＝神話空間としての学校

山本雄二

1　学校と儀礼

儀礼空間としての学校

学校は儀礼的な要素に満ちている。たとえば、授業の開始と終了を知らせるのにチャイムや教師による開始と終了の宣言ではあきたらず、わざわざ生徒に起立・礼・着席のプロセスを踏ませているのがその典型である。起立・礼・着席といった身体的儀式を通じて、生徒は授業という特別な時間がそれ以外とは異なる時間となり、その間の教室が特別な空間に変容し、身体的にもまた特別な振る舞いを要求されることを教えられる。授業が開始された後の教室では、もはや生理的な欲求に従って自由に食べたり、トイレに立ったりすることもできなければ、自分にとって自然で楽な姿勢でいることも許されない。仲間と楽しくおしゃべりすることはもちろん、せっかく解いた問題の答すら許可なく言うことはできない。答を言いたければ、その場に座ったまま黙って手を挙げ、指名されるのを待たなければならない。授業においては何事も一定の規則に従って遂行されなければならず、教師を含めて誰も好き勝手に振る舞うことは許されていない。その意味では、授業の開始と終了時の儀式だけが儀礼なのではなく、儀式によって開始され、儀式によって終了するその間の授業全体が儀礼のプロセスであると言える。

授業だけではない。学校の一日は朝の挨拶に始まり、帰りの挨拶に終わるし、一週間の始まりは多くの場合、朝礼という儀式で始まる。学期の始まりと終わりは始業式と終業式の二つの儀礼で区切られ、さらに大きくは学校での生活が入学式によって始まり、卒業式によって終わる。こうして見ると学校生活は種々の儀式・儀礼によって幾重にも取り囲まれ、また人生の長いスパンで見れば、学校生活自体がひとつの通過儀礼であるようにも見える。社会学では通常、学校が持っているこうした特殊な性格を「フォーマルな組織」として説明してきた。

フォーマルな組織

学校が「フォーマルな組織」であるとはどのようなことを言うのか。Ｐ・Ｌ・バーガーとＢ・バーガーがその点を巧みに表現しているので、少し長いが引用する。

〈フォーマルな組織〉とは、かいつまんで言えば、規則が明確に規定され、専門職員によって監督されている制度のことである。子どもは家庭から学校へ門出をすることによって、単に新たな権威の下に置かれるだけでなく、それまでとは異質の権威の下にも置かれるようになる。彼らは家庭とはかなり異質の機関にいわば「あずけられる」のである。いままでとは異なる規則が適用されるが、その規則は、自分だけにではなく、同じ状況に置かれた子どもたち全員に適用される。そればかりか、学校に愛情がどんなに満ちあふれているといっても、子どもはいまや、不特定多数の一員として、（あるいは一つの番号として）取り扱われる。子どもはもはや、自分の家の中で占めていたような特権的な地位を期待することはできない。彼らはこの新しい状況の中で、よい方向へ向かうか、悪い方向へ向かうかはともかく、「自分の道を切り開いて行かねばならない」。子どもは学校へ入ることで、より大きな世界への第一歩を踏み出す。そのより大きな世界を代表するとともに、大きな世界との仲介をしてくれるのが学校である。

（P・L・バーガー&B・バーガー、安江孝司ほか訳『バーガー社会学』学習研究社、一九七九年）

この説明が官僚制を念頭に置いていることは疑いない。言い換えれば、バーガー&バーガーにとって「フォーマルな組織」とは官僚制の性質を持った組織のことである。官僚制組織ではその業務の内容と手順とが規則によって定められており、組織内部の役割分担もまた明確である。そうであることによって官僚制の諸機能は職員の個人的感情や気まぐれから守られ、対処しなければならない問題に対しても、組織がどのように処理し、どういう結果が期待できるかが予想しやすくなる（M・ウェーバーはこれを「計算可能性」と呼んだ）。これは組織を運営する側にとっても利用する側にとっても、官僚制であることの重要な利点である。社会の近代化が進むにつれて官僚制は社会の広い範囲に浸透し、現代では官僚制とのかかわりなしに社会生活を送ることは不可能に近い。学校もまた例外ではない。

ただ学校が通常の官僚制組織と異なるのは、サービスを受けるクライエント自身がサービスを受けている長い期間に変化するという点である。学校という官僚制組織のサービスを受けるクライエントとして、また組織の構成員として何年かを過ごす間に、クライエントである子ども自身が当初の子どもではなくなっているのが教育である。学校で過ごす間に、身体的な面だけではなく、子どもは「大きな世界」のメンバーとして「生まれ変わる」ことが期待され、実際、いったん学校生活を通過した後にはいかなる意味でもかつてそうであったような子どもとしての自分に戻ることはできないのである。こうした学校独特の性格は単に学校がフォーマルな官僚制組織であるというだけでは理解できない。人間を後戻りできないかたちで次のステップに引き上げるのが通過儀礼の本質であるとしたら、学校は、比喩ではなく、人生の通過儀礼そのものとして説明されなければならない。

2　通過儀礼

まずは通過儀礼とはどのようなものかについて見ておこう。

『文化人類学事典』の簡潔な説明によれば、「人の一生は、一本の竹に似て、誕生、成人、結婚、死などいくつかの節がある。人は出生以来この〈人生の節〉のひとつひとつを、それぞれの節に課された条件を満たしながら通過し、新しい役割や身分を獲得しつつ成長を遂げていく。そのため、いかなる社会でも、人生の折り目の通過に際して、その平安を保障する目的で、それに応じた一連の儀礼を行っている。こうした人生儀礼を一般に通過儀礼とよぶ」（石川栄吉ほか編、弘文堂、一九八七年、四八九―四九〇頁）とし、その例として出生祝いや七五三、成人式、結婚式や還暦祝い、また新しい集団への加入儀礼などを挙げている。

通過儀礼は、一九〇九年に人類学者のA・v・ヘネップが用いて以来広く注目されるようになった概念である。なぜ注目されたかと言えば、その年に出版された著書でかれは、一見ばらばらで統一的な規則などありそうにないと思われていた諸民族・文化のさまざまな儀礼が、機能面から俯瞰するとおおむね共通の基本的プロセスを持っていることを古今東西の文献や報告から体系的に明らかにしてみせたからである（A・v・ヘネップ、綾部恒雄・綾部裕子訳『通過儀礼』弘文堂、一九七七年）。その基本的プロセスとは、分離期（separation）・過渡期（liminality）・統合期（incorporation）の三つである。そして、E・リーチの表現を借りれば、通過儀礼を含むあらゆる祭儀は「存在の正常な世俗的秩序から異常な聖なる秩序への時間的な転換であり、またその逆戻りを表象するもの」（E・リーチ、青木保・井上兼行訳『人類学再考』思索社、一九九〇年、二二七頁）でもある。ヘネップの説明とリーチの聖俗理論を踏まえて、各段階の儀礼を要約すればおおよそ次のようになるだろう。

通過儀礼の三段階

第一段階の分離の儀礼では、それまで所属していた集団やこれまでの地位や状態からの分離を示す行為が象徴的なかたちで行われる。魚を切り分けるなどの死を象徴する行為が伴っていたり、旅に出たり、村から離れたところにある小屋にこもるというようなことが行われるのも分離の象徴である。この分離の儀礼によって、人間は、世俗的世界から聖なる世界へと移され、世俗的世界における個人は「死ぬ」。

第二段階の過渡期の儀礼では、個人がもはやこれまでの状態ではなく、しかしまだ新たな状態にもなっていない過渡的無限定な状態にあることが象徴的に表現される。オーストラリアのある種族では、成年式を受ける若者たちはこの儀礼の間、ずっとことばを発することが禁じられ、身振りによってすべてを表現しなければならないといったことに、この無限定状態が示されている。他の例では、胎児化を象徴する儀礼があったり、男が女装し、女が男装するといった世俗的世界における性の逆転や司祭による聖なる王の罵倒といった価値の逆転が含まれていたりもする。この儀礼の間、個人は聖なる状態にあり、一種の仮死状態にあると言える。この間、世俗的社会の日常的時間はとまっている。

第三段階の統合の儀礼は、分離儀礼と過渡儀礼を通過した個人が新しい状態となって社会へ迎え入れられる儀礼であり、大規模な祝祭が催されることが多い。結婚式の後の披露宴などはその例である。統合の儀礼は脱聖化の儀礼であり、これによって人間は聖界から俗界へと戻り、「再生」する。そして世俗的時間が改めて始まる。

通過儀礼の意味

こうして整理してみると、通過儀礼のポイントは、ある個人が世俗的世界から切り離され、世俗的世界とはまったく異質な世界を一定期間体験する点にあることがわかる。ではなぜ、人生のある時期にこのような異質な世界を体験することが必要なのだろうか。

右に見たように、過渡期の儀礼には世俗的世界における性の逆転や権威の反転が含まれていたり、胎児化を象徴する儀礼があったりもする。これらの儀礼要素は世俗的意味での「成長」とは、異質であるばかりでなく、あえて逆の秩序を演出するものですらある。通過儀礼はその社会における人間の社会的な意味での成長に不可欠の関門であるが、そこでの体験は世俗的世界で生きてゆくための実践的な意味での訓練や学習なのではない。そうではなく、通過儀礼とは、世俗的世界とは異質のルールが支配する聖なる世界、あるいは世俗的秩序が生まれる前の原初的世界、言い換えれば〈神話的世界〉を生きる体験にほかならない。神話とはこの世の成り立ちを象徴と隠喩を駆使して語るものであり、しばしば儀礼の本質的部分をなしている（『文化人類学事典』三九二頁）。

人間は世俗的世界でさまざまな体験をし、さまざまな人と出会う。しかし、いかなる人間も他人になることができない以上、いま自分のいる場所でないところで起きていることを直接に体験することはできないいし、生まれる前の時間に逆戻りすることもできない。人はいくら多くの体験を積み重ねても過去から未来にわたる時間の全体を知ることはできないし、自分が生きている空間の全体を見ることはできない。人は自分の生きている世界がどのようなものであるかの全体像を、個人の体験の積み重ねによってはついに知ることはできないのである。神話は人間のそうした世界理解の不可能性に対して、世界がどのようなものであり、私たち自身がどこから来たのかを説明することによって人間の根源的不安を取り除く役割を果たす。人は通過儀礼を含む種々の儀礼において神話的世界を体験し、そうして自分たちの生きる世界をそのようなものとして受け入れてゆくのである。

では、改めて学校が通過儀礼であるとはどういうことなのか。すでに見たように、学校は儀礼に満ちている。それだけではない。学校はまた神話的世界でもある。学校で教えられることのほとんどは「神話」と同じ性質を持っている。というのは、学校が扱う知識は基本的に個人の体験を積み重ねることによっては知ることのできない時間や出来事の全体像を子どもたちに教えているからである。いまそのような知識を総称して「学校知」と呼ぶことにしよう。

3　神話としての学校知

学校で習う知識は、私たちの世界がどのようなものであるかを説明する「説明知」である。学校教科の歴史や理科を思い浮かべれば、そんなことは当り前のように聞こえるかもしれない。しかし、「世界を説明する」という学校知の性格はよく考えてみると実はかなり特殊である。その特殊性は私たちが日常生活で必要とする知識（これを「日常知」と呼ぶことにしよう）の性格と較べてみるとはっきりする。

実践知としての日常知

一例として携帯電話を取りあげよう。私たちは携帯電話を「知っている」。どうすれば電話をかけられるかを知っているし、メールを打つ方法も着信メールを読む方法も返信する方法も知っている。それだけではない。携帯電話が故障したときにはどうすればよいかも知っている。しかしそれは修理の仕方を知っているということではなく、どこに連絡すればよいかを知っているという意味である。さらに私たちは利用時間や回数によってどのくらいの料金を払うことになるかを知っており、メールを着信しても長い間返信をしなければ送信者に不信感や不安を与えるであろうということも知っている。要するに、日常生活において携帯電話を「知っている」とは「使える」ということであり、しかも「使える」の中身は人によって異なっている。携帯電話を使わない人ですら、他人がそれをどのように使っているかを知っており、電車のなかでは多くの場合通話を控えるようにアナウンスされていること、それにもかかわらず電話で話す人がいること、またそのことに腹を立てている人がいることを知っている。そのような意味で、携帯電話を持たない人もその人なりにやはり携帯電話を「知っている」。人はそれぞれの使い方（使わない場合も含めて）に応じてそれぞれ異なる意味で携帯電話を「知っている」。要するに、日常知とは日常生活における利害や関心にもとづいて実践を導く「実践知」なのである。

説明知としての学校知

一方、もし学校で携帯電話のことを習うとしたら（おそらくは物理学で）、その内容は音声が電波に変換される原理やＩＣチップや液晶パネルの構造ということになるだろう。さらに電波が遠方にまで届く仕組みやそれが再び音声に変換される仕組みも習うであろう。この知識が何を表しているのかと言えば、単に携帯電話の構造を説明しているだけではなく、私たちが携帯電話を使っているときにどのような現象が起きているのか、もっと言えば携帯電話で話をするとは、科学的・物理的にはどのようなことなのかを説明しているのである。しかし、こうした説明は日常生活における携帯電話の実践のあり方とはほとんど関係がないし、また日常生活における私たちはそのようなことにそもそも関心がない。

同じことは日本語の文法についても言える。私たちは文法を勉強することによって日本語を話せるようになったわけではない。私たちは日本語の文法を知る以前にすでに日本語を話しているし、読み書きもしている。だから、日本語文法の勉強は私たちが日本語を使えるようになるためにあるのではない。すでに私たちが使ってしまっている日本語とはどのような言語なのかを説明しているのである。数学や英語もそうだ。四則演算などはたしかに日常生活でも役に立つことはあるだろう。しかし、幾何学の基本中の基本である三角形の面積を求める公式や円の面積を求める公式を日常生活で使ったことのある人がいったいどのくらいいるだろう。ましてや三角錐の体積を日常生活で計算している人など想像もできない。ただし、身の回りにある構造物や製品を設計するときにはこのような計算をしているのだと説明する際には役に立つ。この場合も説明を聞くことと日常生活を首尾よく送ることとはほとんど関係がない。

英語なども通常は中学校に入学してから高校卒業まで最低六年間は勉強してきているはずなのに、実際に英語で生活ができると自信を持って言える人はほとんどいないのではないか。それは学校英語が英語という言語はどういうもので、英語で書いたり、英文を読むとはどういうことなのかを説明するものだからである。英語による生活をスムーズに行うには英語が話されている土地での生活体験を重ねるしかない。なぜなら、英語による生活は英語という言語についての説明だけではわからないし、実践とはそもそも各自に固有の身体を離れてはありえないという意味できわめてローカルな性質を帯びているからである。しかも学校知の説明が普遍性を目指し、万人に共通の理解を目指しているのに対して、実践のかたちには無限のバリエーションがあるからであり、普遍的説明はそうした具体的なバリエーションをほとんどまったくカバーできないからである。

こんな例がある。アメリカ合衆国のスーパーマーケットではレジで精算をするときに多くの場合、「ペイパー　オア　プラスティック?」と尋ねられる。英語が得意でなくてもペイパーは紙で、プラスティックは文字通りプラスティックであることはわかる。そのどちらであるかと訊かれていることもわかる。しかし、初めてこの質問に直面する人はいったい自分が何を訊かれているのかがわからない。ここでは発せられた単語に関しては何ひとつわからないことがないのに、その意味は何ひとつわからないという奇妙な事態が生じている。この質問は買い物客に「紙の袋がいいか、それともビニールの袋がいいか」と尋ねているのであるが、こんな簡単なことが一〇年近く学校で英語を「勉強」してもわからないのである。これも学校知が日常生活の実践知に固有のローカリズムを欠いているからこその珍事と言える。その土地での生活がスムーズに行われるためには、こうしたローカルなバリエーション体験を積み重ねてゆくこと以上によい方法はありそうにない。

4　日常から遠く離れて

以上見てきたように、学校知が基本的には説明であり、日常知が実践にかかわる知識であることから、学校知は日常知の観点から見るとかなり特殊な性格を持つものとなる。そのきわだった特徴を三点にまとめておこう。

誰のものでもない知識

学校知の特徴の一点目は「中心の欠如」である。

日常知は実践に貢献する知識であり、そのため私たちがどのような実践にかかわり、価値を見いだしているかによって何を重要な知識とみなすかの判断はおのずと異なってくる。日常知は、私たちの利害や関心のありかを中心として、中心に近い項目ほど必要とされる知識の内容は深く実質的であり、周辺に向かって遠ざかるほど表面的で名目的なものにならざるをえない。先に挙げた例を繰り返せば、同じ携帯電話に関する知識であっても、料金や使い方、デザインなどは中心にきわめて近い位置にあるのに対して、電話の物理的構造や電波送信の原理などについては私たちの関心からは限りなく遠いところにある。日常知は個人の利害や関心を中心とする遠近法をそなえているのである。そして、その遠近法は人によって異なってもいる。

それに対して、学校知は誰に対しても同じ顔を持って現れる。〈私〉という中心を持たない知識であると言ってもよいだろう。学校知が世界の説明であり、個人の存在を超えた時間を対象とし、個人の限界を超えた空間を扱うのであるから当然と言えば当然である。市場経済の原理を学ぶときにも、需要と供給のバランスによって価額が決定されることや誰かが利益を上げることを学ぶが、その誰かが当の私であるためにはどうすればよいのかは学校知にとっては関心外のことである。別の表現をすれば、学校知には〈私〉が含まれていないのである。

正しさと適切さ

特徴の二点目は学校知の持つ「正しさ」への指向性である。学校知が世の中の説明としてある以上、それは唯一の正しい知識として私たちの前に現れる。ある事柄に関してこうでもありうるし、またこうでもありうるというような記述は説明としての説得力を大きく損なうからである。実際、歴史の教科書などはそれぞれに執筆者がおり、それぞれの研究にもとづいて執筆しているのだから、そこにはおのずと研究者の見解が含まれることになるだろう。しかし、学校知はあくまで「唯一の正しい知識」の姿をとっているから、教科書に書かれていることは単なる見解ではなく、「真実」として受け止められるし、またそうでなければならない。学校知を正しく受け止めたかどうかをテストすることができるのもそれが「真実」だからこそである。

「正しさ」に執着する態度は、学校生活を長年続けているとやがて日常生活をも浸食するようになる。たとえば、道で外国人に道を訊かれそうだと察して、ドキドキしたり、困ったりした経験をしたことのある人はすくなくないだろう。場合によっては逃げ出したくなったかもしれない。しかし、すこし考えればわかるように、これは奇妙である。道がわからなくて心細く、困っているのは道を尋ねたい当の外国人のほうである。どうして道を訊かれる側が困らなければならないのか。それは学校教育のおかげで、こんなときにでもとにかく「正しい」英語を話さなければいけないという「正しさ」へのプレッシャーを強く感じてしまうからである。これなどは学校知の「正しさ」への呪縛によってかえって実践が阻害される例である。

どうしてこのような本末転倒が生じるのだろうか。それは日常生活で必要とされるのは「正しさ」よりもむしろ「適切さ」だからである。日常生活で必要なのは事態に適切に対応できるかどうかであって、正しいかどうかはそれほど問題ではない。右の例で言えば、外国人はあなたの英語力を試すために近づいてきたのではなく、助けを求めているのである。わかる範囲のことを、自分のできるやり方で教えてあげればよいのであるし、場合によってはわかる人のところまで連れて行ってあげればよい。困ることはないのだ。

手紙の「正しい」書き方などについても同じである。「拝啓―敬具」「前略―草々」などをいくら覚えても、適切なときに適切な内容を伴って相手に届かないのなら意味がない。こうした手紙に伴う適切さが伴っていなければ、いくら正しい書き方がなされていてもかえって失礼にもなりかねないのだ。

例を挙げてゆけば切りがないが、ここでは「正しさ」を求める態度が私たちを日常生活から切り離す機能を果たしているという点を確認しておきたい。

欲望の抽象化

学校知の特徴の三点目は「欲望の抽象化」である。これは学校知そのものの性質と言うよりも、学校知の機能と言うべきであるが、重要な点なのでここで挙げておく。学校知は日常生活の観点からすればそれ自体が直接役に立つというわけではない。そうであるにもかかわらず、学校では学校知の習得が重視され、成績はもちろん、人物評価さえ学校知の習得度合いによってなされることが多い。元来、人生の基盤である日常生活において意味のあることが学校では価値が与えられず、日常生活において意味のない知識に価値が与えられる。このことは学校と日常生活を往復する子どもにとっては大きな矛盾として感じられるだろう。

この矛盾は学校が通過儀礼として子どもに要求する「日常生活からの離脱」を受け入れることによってしか解消されないし、また学校はそうするように要請する。しかし、なかには日常生活の発想に強く拘泥しているためにいつまでたってもこの矛盾を払拭できず、学校に不適応ないしは反学校的態度をとる者もいる。伝統的な教育社会学はこうした学校への態度の違いによって生徒文化を「向学校的文化」と「反学校的文化」とに分け、前者の特徴を日常生活における欲望の充足をあえて延期する傾向に見る一方で、後者の特徴を即時的な欲望充足傾向に見てきた。反学校的文化のなかに生きる生徒たちは、友だちと遊びたい、バイクに乗りたい、夜遊びしたい、流行のファッションに身を包みたい、カラオケしたい、化粧したい、デートしたい、お金欲しいといった日常生活における欲望を何よりも優先する。調査はこのような傾向を明らかにしてきた。

しかし、反学校的文化の傾向としてはそのように言えるとしても、向学校的文化の生徒たちが欲望の充足を「延期している」という証拠はかならずしも明らかではない。可能性としては、日常生活レベルでの欲望自体が希薄化している、あるいは抽象化しているという見方もできる。向学校的文化の生徒たちの場合、学校生活を長く続け、学校的価値観に染まってゆくにしたがって充足すべき欲望自体が具体性を喪失する方向に変質してしまっているかもしれないのである（山本雄二「教育の病理学から教育の現象学へ」『現代の社会病理　六』一九九一年、六七—九二頁）。

現に高校三年生を対象に、小学校低学年、高学年、中学三年、現在と四時期において「将来何になりたいと思っていたか」を遡及的に尋ねた調査を見ると、小学校では低学年でも高学年でも、保母・教師・花屋さん・警察官・運転手・スポーツ選手など日常で目にすることのできる職業を挙げる生徒がほとんどである。それに対し、中学三年以降になると成績上位層に公務員という回答が上がってくるのに加えて、特筆すべきは成績にかかわらず第一位にくるのが「とりあえず上の学校へ」という回答だったことである（『高校生にきく将来像の変遷』関西大学社会学部社会調査室、一九九一年）。そもそも公務員などは地位の総称であって、仕事の中身を何も表していない。そういうものを将来像に挙げること自体が夢の具体性を失いつつあることの傍証となろうが、「とりあえず上の学校へ」が中学三年・高校三年の回答の第一位に上がってくるような傾向からは、自分の将来像を学校社会以外の世界で想像することさえむずかしくなっているようすが垣間見える。将来社会に出たとき自分は何をしたいのか、この基本的な欲望が学校生活の継続によって具体性を失い、どんどん抽象化してゆく。これなどは、個人の欲望が学校知という神話世界に取り込まれたときにどのような姿に変化するのかを示しているようで興味深い。

5　学校の力と教育の危機

儀礼という装置

このように見てくると、学校がなぜ儀礼に覆われていなければならないのかを改めて理解することができる。学校知という日常生活上の利害や関心に根拠を持たない知識を中心に価値観が形成されている学校空間は、それ自身を正統かつ個人にとっても不可欠の空間として維持するために、とにかく理屈抜きに受け入れられる必要がある。そのための重要な装置が儀礼である。学校は種々の儀礼によって学校知を包囲し、学校教育全体を壮大な儀礼となすことによってこの目的を果たそうとしているのである。

ではどのようにしてそのようなことが可能になるのだろうか。その鍵は儀礼を支えている権威にある。儀礼は個人的な行いではないし、また特定の個人が命令して行わせる種類の行いでもない。儀礼に参加する人びとは一般のメンバーはもちろん、リーダーですら儀礼をつつがなく遂行するための要員でしかない。そして、それぞれが与えられた役割を忠実に果たすことが期待されている。入学式や卒業式はもちろん、授業の開始や終了の挨拶でも生徒が頭を下げるのは教師に何かをお願いするためではないし、校長や教師が生徒に向かって頭を下げるのもおとなしくしているようお願いしているわけではない。この身体的儀式は式や授業という儀礼の開始を表していると同時に、教師も生徒もみんなが儀礼の担い手として儀礼の要求する規則への服従を誓っているのであり、さらには儀礼の背後にあるはずの権威に対して敬意を表しているのである。

では、「儀礼の背後にあるはずの権威」とは何か。それは儀礼であることを学校に要求する何ものかの権威であり、校長はじめ、教師も生徒もただ従うよりほかにないような権威である。そのような権威を持つもの、それは「社会」をおいてほかにない。「社会」というのはきわめて抽象的な概念である。その抽象的なものを、リアルなものとして生徒に繰り返し体感させるための仕組みが儀礼である。儀礼論の観点からすれば、教師が生徒を叱ったり、注意したりするときでさえ、それは教師への服従を求めてのことではなく、すべての成員が与えられた役割を果たすことによって、儀礼がきちんと遂行されることを求めてのことであるとみなすことができる。つまり、この観点からすれば教師は学校教育の主人などではなく、学校教育という儀礼に仕える下僕である。こうして教師が儀礼に服することの背後に生徒は社会を垣間見るのであるし、またみずから儀礼に服する体験を通して社会を感受するのである。学校が社会を代表するとともに、個人を社会に仲介するものであると言われるのはこの意味においてである。

別の日常へ

もちろん、儀礼＝神話空間としての学校の働きはこれだけではない。学校知＝神話の働きに注目すれば、学校の働きのまた別の側面も浮かび上がってくる。

前節で述べたように、学校知は個人をローカルな日常から切り離す傾向を持っているが、それはまた別の日常に着地する可能性を準備するものでもある。個人の出自や属性にかかわらず、学校における成績による社会移動が可能になるという業績原理の促進役として学校が語られるのも、学校知の持つ「日常からの切り離し」機能があるからこその話である。

また、学校知が説明知であることから、学校ではおのずと説明にふさわしい言語が用いられることが多くなる。個人の体験や思索は基本的に私的なものであるが、それを言語に置き換えることで私的な体験や思索に社会性を与えることができるし、体験を共有しないもの同士が言語を通してそれぞれの体験を共有することもできるようになる。B・バーンスティンはこうした説明向きの言語運用法を精密コード（elaborated code）と名づけ、日常生活において体験共有者同士で語られる会話の言語運用法である制限コード（limited code）と区別し、その上で、労働者階級に較べて中産階級の家庭では親子間の会話において精密コードにもとづく会話が比較的多いために、学校での子どもの成績にもそれが反映されるのだと主張した（B・バーンスティン、萩原元昭編訳『言語社会化論』明治図書出版、一九八一年）。説明向きの言語運用法は個人を出自とは異なる日常に着地させるための必要条件なのである。

日本人へ

さらに学校は「日本人」を用意する。人類学者たちが注目した通過儀礼が単に成人への関門を用意するだけでなく、その集団に特有の性質を持った成人を用意するように、学校という儀礼もまた、その社会に特有の人間を用意する。わが国の場合、それは端的に「日本人」ということになるだろう。これを奇妙に感じる人がいるかもしれない。何も学校を経由しなくても、日本人は日本人ではないかと。では、次のような例はどうだろう。

これまでに習ってきた学校の教科書を思い起こしてみてほしい。日本歴史の記述はそのほとんどが支配層の歴史であり、とりわけ直接的にも間接的にも天皇を中心とする支配層の文化と抗争の歴史である。また古典文学においても、扱われるのは源氏物語や枕草子など、多くは天皇家とその周辺領域での物語であった。いったい私たちのなかにそうした領域に生きた祖先を持つ人がどのくらいいるだろうか。私たちのほとんどにとって、その歴史に私たちの祖先の姿を見ることはできないし、その文学は私たちの祖先とは別の世界の文学だった。にもかかわらず、私たちはそれを〈私たち日本人〉の歴史として習い、〈私たち日本人〉が誇る古典文学として習う。このことは何を意味しているのだろうか。

学校知のなかに自分や自分の祖先の姿を見ることができないのは、学校知が私たちに固有の存在のあり方に関心がないことから当然のことと言えるが、それだけではない。重要なのは、学校知のなかに自分自身や自分の祖先の姿を見ることができないまま、日本とはどのような国であり、日本人はどのような歴史を背負っているのかについての説明（＝日本人神話）を、私たち自身についての説明として受け入れるように強要され、テストされ、評価されてきたという点である。そういうプロセスを繰り返し経験することによって、私たちは知らず知らずのうちに、学校知が教えるとおりの日本人として自分自身を見るようになってゆく。自分が日本人であり、日本人であるとはどういうことかを説明するよう求められたときに、多くの人が口にするのもまたこの日本人神話の一部を反復すること以上のものではないだろう。

行政的な意味での日本人であるだけでは、国家の求める日本人としては十分ではない。学校という儀礼空間を強制的に通過させることで国家が求めているのは、日本人神話を受け入れることによって、すべての子どもが正真正銘の「日本人」になることなのである。

儀礼のほころび

右にあげた例など、ふだんあまり意識されることはないが、学校はこんなすごいことを日々行っているのである。その学校の力が弱まっているとの認識が近年広まりつつある。もしそれが事実なら、学校が儀礼としての性格を失いつつあることと無縁ではないだろう。

「儀礼的」ということばは、形式だけがあって心がこもっていないというように否定的な意味で使われることが多い。より批判的な趣旨で、儀礼的であることによって子どもの自由や主体性を抑圧しているというように使われることもあるだろう。こうした語法の前提となっているのは、学校は本来儀礼ではないし、そうであってはならないという認識である。この認識にもとづいて、学校の態度や行いが形式ばかりで、子どものことを本気で考えてくれているのかどうか怪しいと批判することばとして「儀礼的」がある。まるで儀礼のようであると。つまり、この語法での「儀礼」は比喩である。しかし、これまでの考察でわかるのは、学校は比喩ではなく文字通り儀礼としての要素をそなえており、またそこに子どもたちが「社会」をリアルに感じ取ることのできる契機が含まれているという意味で、学校はその本質のところで儀礼でなければならないということである。にもかかわらず、「儀礼的」ということばが批判的なことばとして流通する現状は、学校の本質的な儀礼性がすでにかなりほころびてしまっていることを表していよう。

儀礼がほころび、衰退した学校は「社会」をリアルに感じ取る契機を失うばかりでなく、内部秩序の危機にもまた直面せざるをえない。儀礼の背後に控えるはずの社会の権威は儀礼内部の個人を守ってもいるのであるが、その権威が認められないところに、日常生活における利害関心を抱えた多くの子どもが集まれば、生徒と生徒あるいは生徒と教師はお互いに生身の人間として対面しなければならなくなる。そこでの主要な関心はいかに儀礼を遂行するかではなく、いかに個人の利害関心を満足させるかである。一九八〇年代以降の校内暴力、いじめ、不登校、あるいは近年問題視されている学級崩壊やモンスター・ペアレントなども、儀礼的な締めつけに対する反発というよりは、逆に儀礼の衰退によって教師も生徒も利害関心の異なる生身の個人としてお互いの前に現れなければならなくなったことの結果であると考えることができる。

教師が教育サービスの提供者として生徒の前に現れ、生徒は選択権を持った消費者として存在するのだとしたら、学校は儀礼であることによって社会を体感させる教育機関ではなく、個人に取引場を提供する単なる市場にすぎない。昨今、教育の自由化あるいは市場原理の導入を巡る議論が盛んになされており、その問題点のひとつとして特定の階層が有利になり、格差が広がるという点が強調されている。たしかにそれは重要な問題にちがいない。しかし、儀礼論の観点から言えば、より根本的な問題として、自由化や市場原理の導入が進めば学校の儀礼性はいよいよ衰弱し、ついには学校教育がその本質において教育ですらなくなる事態をこそ危惧すべきなのである。

キーワード　学校知、日常知、儀礼、神話、市場化

第2章　教育問題と教育言説

北澤　毅

1　「教育問題」の特質

教育状況は、常に問題に満ちているといってよい。受験戦争、校内暴力、いじめ、不登校、少年犯罪、学力低下、発達障害などなど、時代によって、取り上げられるテーマは変化するものの、常に何かが問題とされてきている。なぜなのか。答えの一つは、それだけ教育をめぐる状況は混迷の度合いが深いからであるというものだろう。しかし、まったく別次元からの解答もあるのではないか。

「教育」とは、良き状態をめざした営みを意味する、きわめて価値的かつ未来志向的概念である。また「教育目標」という言葉に象徴されるように、達成されるべき状態が未来に設定されており、そこに向かって社会（親や教師など）が子どもに働きかけていく営みこそが「教育」である、ということができるだろう。それゆえ「子ども期」とは、〈現在〉に自足することを許されず、常に目標（＝未来）に向かって成長発達することを期待される時期であり（＝プロセスとしての「子ども期」）、その意味で「子ども」とは、「〈現在〉から疎外された存在」と捉えることができるのではないか。

そして同時に、「教育目標」は子どもたちにのみ課せられるものではなく、教師に代表される社会にも共有されており、教師をはじめとした教育関係者も、子どもの現状に満足することを許されず、常に子どもの身辺に問題を見いだし、より良き状態をめざすことを強いる力に突き動かされているように思われる。それゆえ、「教育問題は永遠に不滅である」という、いささか滑稽な結論に帰着してしまいそうであるが、そのような皮肉な見方をしたところで何も解決したことにはならない。しかしいずれにせよ、「広汎性発達障害」「学力低下」といった近年の教育問題の成立過程を振り返ってみるならば、ここでいいたいことが理解できるのではないだろうか。

このように、時代とともに、あらたな「教育問題」が次々と発生してくるのであるが、まずは「いじめ（自殺）問題」を事例として、「教育問題とは何か」という問いに答えてみたい。とはいえ、「いじめ苦」を動機として自殺をする学齢期の子どもがどれほど存在するか、その正確な数字を把握することは不可能である。というのも、ある子どもの死が自殺かどうかを決定するプロセス自体が問題含みであり（「ある死」には、「自殺」「他殺」「事故死」「病死」など多様なカテゴリーが適用可能であり、どのカテゴリーが適用されるかは自動的に決まるわけではない）、もし自殺であることが確定したとしても、自殺の動機はいつも明確だというわけではなく、「いじめ苦」を動機とした自殺であるかどうかとなれば、その判断をめぐってはさらに複雑な事情がまとわりつくからである。それゆえ、私たちが「いじめ自殺」として知り得るのは、自殺の動機が「いじめ苦」であると明確に表明された遺書が存在し、誰が見ても「いじめ自殺」であると判断でき、しかもマスメディアによって報道された場合に限られるといってもよい。それ以外に、どれほどの「いじめ自殺」が存在しているかは誰にも分からない。とはいえ、以上のような条件のもとでも、「いじめ自殺」と判断してよい場合が、毎年一定数存在することは否定できない。そして、いうまでもなくこれは、解決が切望されている明らかな教育問題の一つである。それゆえ、「「いじめ苦」を動機とした自殺はいかにすれば防止できるか」という問いが立ちあがることなる。

こうした問いの立て方は、「何かが問題である」という時の定型化された思考法である。というよりも、「何かが解決を要する事態となっている」と認知されることが、その「何か」が問題であると定義される前提条件であるというべきだろう。それゆえ、少年犯罪問題、不登校問題、学力低下問題、発達障害問題等々、すべては、解決を必要とする問題として認知されているということになる。その場合、どうすれば解決できるのかということが最も重要な問いとなるが、解決策をめぐっては、大別して二つの立場が存在する。

一つは実体論（原因論）であり、問題となる事態がそこに存在しているのだから、その事態を軽減・解消するために、何らかの対策を講じるべきだとする立場である。この場合、解決されるべき問題は、まさに私たちの社会に深刻な事態として存在しており、その問題をもたらす原因を探求し、原因の除去をめざした何らかの対応策が必要であるということになる。

そして、実体論（原因論）の対極に位置づくのが構築主義の社会問題論である。この立場を代表するのは、一九七七年に『社会問題の構築』を刊行したJ・I・キツセとM・B・スペクターであるが、彼らは、ラベリング理論の批判的乗り越えをめざして、「社会問題は、なんらかの想定された状態について苦情を述べ、クレイムを申し立てる個人やグループの活動である」（J・I・キツセ&M・B・スペクター、村上直之ほか訳『社会問題の構築――ラベリング理論をこえて』マルジュ社、一九九〇年、一一九頁）という独特の社会問題定義を表明している。彼らの定義の要点はいくつか存在するが、まずは実体論（原因論）との相違を明確にするために強調しておきたいことがある。それは、構築主義的研究においては、クレイム・メイキング活動の対象となる「社会問題」は、実在するかどうかが問われないということである。それゆえ、ネス湖のネッシー騒動なども立派な社会問題ということになる。なぜなら、ネッシーについての話題をマスメディアが提供し、目撃証言が収集され、ネッシーの存在を示唆する写真が公開され、ついにはネス湖でネッシー捜索がなされるといった一連の活動の存在それ自体が、まさに社会問題を構築するのであって、本当にネッシーが存在するかどうかは社会問題の構築にとって本質的な構成要素ではないということである。そして、ネッシー捜索活動の結果、存在が確認できなかったということでネッシー騒動が急速に冷却していったとすれば、その時こそ、一つの社会問題が終息したと見なされることになる。しかしこのようにいうと、「問題の実在性を問わない社会問題論に一体どのような意味があるのか」と訝しげに思う読者がいるかもしれない。そうした疑問については第3節で答えることにして、まずは、実体論に依拠した原因論的アプローチの特徴を確認することにしたい。この作業を経由することで、構築主義的社会問題論の意義と特徴を鮮明に浮かびあがらせることができるはずである。

2　実体論（原因論）的アプローチの特徴――「解決」という名の「擬解決」

社会問題の社会学の長い歴史において、「社会問題とは、解決を必要としている状態である」と理解されてきたし、私たちもまた、日常的にそのように考えているはずだ。そして多くの場合、自然科学の因果的思考法に手がかりを求めて、社会現象を因果関係の論理のなかで扱おうとしてきた。例えば、長く読まれ続けている社会科学方法論の入門書である高根正昭の『創造の方法学』（講談社現代新書、一九七九年）でも、酸素がなくなれば蝋燭の火が消えるという自然現象における因果関係を事例として、社会現象についても因果関係を特定していくことが社会科学の目的であると述べられている。こうした考え方の原点がÉ・デュルケムの『自殺論』にあることはよく知られたことであり、『創造の方法学』のなかでも、『自殺論』からの引用がしばしばなされている。それゆえここでは、因果論的思考の特徴を明らかにするという目的にそって『自殺論』の要点を紹介することにしたい。

デュルケムは、自殺というきわめて個人的な出来事と思われる現象について、「もしも自殺を、個々別々に考察されるべき、たがいに孤立した個々の出来事というふうにみないで、特定の時間単位内に特定の社会の内部に起こる自殺を全体的に考察してみるならば、こうして得られた全体は、たんなる個々の総和、すなわち寄せ集められた自殺の和ではなく、それ自体が一種独特の新しい事実を構成していることがみとめられる。それは、統一性と個性をもち、それゆえ固有の性格をそなえている。さらにいえば、その性格はすぐれて社会的なものなのだ」（宮島喬訳『自殺論』中公文庫、一九八五年、二五頁）と述べることで、社会的事実としての自殺率を、国家、地域（都市と農村）、婚姻状態（既婚、未婚、離別、死別など）、性別、社会状況（平和時と戦争時）などで比較し、そこに明らかな規則性が現れることに注目した。つまり、自殺の少ない国家はいつも少なく、女性より男性の方が自殺率が高く、未婚者の方が既婚者より自殺率が高いといったように、自殺を集合的社会現象（＝社会的事実）として見た場合、明らかな規則性が見て取れることを示してみせたのであるが（こうした自殺率の規則性は、現代日本でも同様に見られる）、これは驚くべき統計的事実といってよい。それぞれ個人的な事情や動機を抱えて自殺をしているはずなのに、その自殺を集合的に眺めてみると、ただ単に個々バラバラの寄せ集めではなく、明らかにある規則性が見えてくる。とすれば、なぜこうした規則性が存在するのか、何がこうした規則性をもたらしているのかと問いたくなるのも自然な成り行きといえるだろう。こうして、実証科学としての社会学がスタートすることになる。そしてデュルケムは、自殺率の高低に影響を与えるものとして、社会の凝集性という独特の概念を導入することで説明していくのであるが、こうしたデータの扱い方と説明スタイルは、その後の社会学の主流を形成していくことになる。

なかでも社会問題（犯罪や少年非行）の社会学の分野では、問題解決に向けた因果関係の特定化作業に関心が焦点化されることになり、多様な逸脱理論が生み出されてきた。貧困が犯罪をもたらすと考えたR・K・マートンの緊張理論や、愛着の欠如が逸脱をもたらすと考えたT・ハーシィのボンドセオリーなどに代表されるが、特にボンドセオリーの因果論的説明原理は、現在の矯正教育に対しても一定の影響力を持ち続けている。そしてここで注目したいのは、マートンとハーシィとでは問題関心も理論的立場もまったく異なるものの、両者に共通しているのは、犯罪や非行を実体と捉えていたこと、そして、犯罪や非行という逸脱行為をするには何か原因があるはずだと考えていたことである（ただし、緊張理論では、何が犯罪をもたらすかということが問題関心だったのに対して、ボンドセオリーでは、何が非行の抑止力となるのかという、まったく逆の問題設定をしていたことに特徴がある）。こうした考え方にはきわめて根強いものがあり、社会学理論の世界にとどまらず、私たちの日常世界においても、最も影響力が大きいといってよいだろう。

事例には事欠かないが、例えば、一九九七年の神戸児童連続殺傷事件を思い出してほしい。あまりに猟奇的かつ不可解な殺人を一四歳の少年が実行した事件として大きな社会問題となったが、その時のマスメディアに代表される社会の反応の仕方はきわめて定型化されたものであり、犯行動機と原因探求とに躍起となり、少年犯罪が発生すると必ずといってよいほどに登場する家庭原因説と、加害者の親に対する責任追及が執拗に繰り返されたことを思い出すことができるだろう。なかでも家庭原因説ほど根強いものはなく、少年犯罪が発生するたびに絶えず繰り返され続けてきている語り口である。しかし一方、こうした家庭原因説には明確な反論も存在している（徳岡秀雄『社会病理の分析視角――ラベリング論・再考』東京大学出版会、一九八七年：北澤毅「少年非行の研究法――原因論的実証研究から構築主義的実証研究へ」北澤毅・古賀正義編『質的調査法を学ぶ人のために』世界思想社、二〇〇八年、一三〇―一五二頁）。その詳細には言及しないが、ここで確認しておきたいことは、家庭原因説に象徴される原因論的思考にはどのような特徴があるかということである。

すでに述べたように、原因論的思考は自然科学を比喩として浸透してきたが、自然科学では、明らかに原因が時間的に先行し、その原因の働きの結果としてある事象が帰結するという論理構成となっている（→酸素がなくなると火が消える）。しかし、社会現象についても同じ論理が成立するのだろうかということが、ここでの問題である。もちろん「家庭原因説」を唱える人々は、原因としての家庭環境、結果としての少年犯罪と考えているわけだが、「いつどのような時に原因探求がなされるか」ということを考えてみるなら、事態はずいぶんと異なった様相を見せるのではないだろうか。つまり、私たちが原因探求に躍起となるのは、何か問題状況が発生した事後であるということだ。それゆえ、出来事の時間経過を考えるならば、問題現象の発生が先行し、その現象を説明可能とするために行為者の動機や行為の原因が過去に遡って探し当てられるのであり（＝遡及的解釈）、決してその逆ではないということである。その意味で原因探求とは、「問題現象」を解釈する営為であるということになる。これはC・W・ミルズの「動機の語彙論」（青井和夫・本間康平監訳『権力・政治・民衆』みすず書房、一九七一年、三四四―三五五頁）と同じ論理構造を持つ説明の仕方であり「原因の語彙論」といってもよい（北澤毅「逸脱論の視角――原因論から過程論へ」『教育社会学研究』第四七集、一九九〇年、三七―五三頁）。つまり「原因」とは、「問題現象」の生起を出発点として、その現象を説明可能とするために探し当てられる「原因についての語彙」（ここで「語彙」とは、私たちが持っている社会的知識である）のことであり、自然現象の因果律に準じて社会現象の因果関係を捉えることはできないということである。

こうした認識は、一定の広がりを持って理解されているように思われるが、しかし一方、原因論的な思考法には根強いものがある。それは、少年犯罪が生起した後のマスメディアの報道内容を思い出してみるなら誰にでも納得できることだろう。ではなぜ、これほどまでに私たちは原因論的思考に縛られているのだろうか。この問いに答えるのは容易ではないが、いくつか考えるヒントを提供できればと思う。

一つには、デュルケムの流れに位置づく社会決定論ともいうべき人間観があるだろう。人間は社会的存在であるということは紛れもない事実であり、そうであるからこそ、何らかの社会的要因によって私たちの行為が制約を受けていると考えるのは自然な流れである。しかし同時に注意しなければならないことは、社会構造によって私たちの思考や行動のすべてが決定される（その意味で自由がない）と捉えるとすれば、論理的には、「変化」や「進歩」といった社会変動が一切説明できないことになる。

こうした考え方に無理があることは人間の歴史を振り返れば明らかであり、それゆえ、自由意思や解釈行為という人間の営みを組み込んだ形で社会的行為を捉えようとする社会学理論が、これまで多様なレベルで展開されてきている。その詳細について言及する余裕はないが、いずれにせよ、社会決定論的思考が基底にあって原因論は支えられているということだけは確認しておきたい。

そして第二に、それ以上に日常的レベルで重要なことは、「行為は予測可能である」という考え方である。この思考法は多様なレベルで出現する。例えば、いじめ自殺事件が発生した時に、「なぜ自殺のＳＯＳに気づかなかったのか」という常套句が繰り返されるが、こうした語りを支えているのは、「行為は予測可能である」とする行為観であることは明らかだろう。

ここには考えてみるべき重要な問題が存在するが、その前にまず確認しておきたいことは、ここにも、原因を探求する時と同じメカニズムが作動しているということである。つまり、「なぜ自殺のＳＯＳに気づかなかったのか」という語りは、常に事件が起きた事後に発せられるものであり、事件発生を起点として、過去に遡及する形で「自殺のＳＯＳ」と解釈可能なエピソードが探し出されるということである。さて、このことを理解した上で、行為の予測可能性という問題について論じることにしよう。

私たちの行為の特性を考えるならば、一方では、他者の次の行為が容易に予測できる場合があり、そしてもう一方では、予測不能で不透明な場合があるという両側面を持っていることに気づく必要がある。予測可能な場合としては、例えば、「店員と客」「通行人と通行人」「医者と患者」といった「類型的役割」の遂行者として互いに出会う場合が一つの典型例である。この場合、類型的な役割には類型的な動機が想定されており（その意味で他者は透明であり予測可能である）、相互に類型的な役割を遂行している限りスムーズな相互行為が達成されていく（Ａ・シュッツ、渡部光ほか訳『アルフレッド・シュッツ著作集　第一巻　社会的現実の問題二』マルジュ社、一九八三年、六四—六八頁）。以上は、もっぱら匿名的な人間関係における相互行為であるとすれば、まったく対極にある夫婦や親子や親友などの濃密な人間関係においても、相手の行為や意図が容易に予測できる場合がある。「ちょっと、あれ取ってくれないか」といった夫婦の会話に典型的に見られるように、長い年月をかけて形成されてきた人間関係のなかで、ある一定の状況があれば、相手の行為の意図が容易に理解できてしまうということは経験的にも充分納得できるだろう。

しかし反対に、子どもに「いじめ自殺」をされてしまった親などは、自分の子どもでさえいかに不透明な存在であったかを思い知らされることになる。これは極端な事例であるが、自分の子どもが何を考えているか分からないといった不安を覚えることは、親ならば誰でも経験することであるだろうし、恋愛関係にある男女なら、「相手が何を考えているか知りたい」という思いが強くなり、だからこそ「相手のことが分からない」という他者の不透明さに突き当たることがあるのではないか。つまり、いかに濃密な人間関係であろうと、というよりもむしろ、濃密な関係であり類型的役割にとどまることができないからこそ、相手の行為に予測できない不透明さを感じることがしばしばあるということである。こうした行為観の一つの源泉を、Ｇ・Ｈ・ミードの、「「Ｉ」の反応が多少とも不確定だ、という事実にとくに注意してほしい」（Ｇ・Ｈ・ミード、稲葉三千男ほか訳『精神・自我・社会』青木書店、一九七三年、一八八頁）という、「Ｉ」（＝社会的行為）の偶有性（不確定性）への言及に求めることができるだろう。このように私たちの行為は、透明性と不透明性という両極を内包したものとして複雑な様相を呈していると考えられるのであり、「行為は予測可能である」といった行為観は、一面的な見方に過ぎないのである。

人間行為の特性について以上のような考え方に立つならば、何か衝撃的な事件が起きた時にほぼ必然的に繰り返される原因特定化作業にはどのような意味があるといえるだろうか。例えば、二〇〇八年六月八日に発生した秋葉原無差別殺傷事件などは、人間（＝行為）の持っている不透明さが突出した形で表現されたケースであると同時に、匿名空間における他者への信頼を根底から揺さぶる事件であったと考えることができるが、その時社会は、犯人の人間性を理解しようとし、さらにはそうした行為をもたらした原因がどこにあるかを執拗に探求しようとする。とはいえ、様々に原因が語られたとしても、そうした営為が次の突発的な事件を阻止するうえで何の効果も持たないだろうことを、私たちも充分了解しているのではないか。しかし、それにもかかわらず執拗に原因探求が繰り返されるとすれば、そこには何か別の理由（あるいは社会的機能）があるのではないか。つまり、原因特定化作業とは、予測不能な突発的な事件が発生し社会が恐怖と不安を募らせている時に、その社会不安を鎮め、訳の分からない事態を理解可能なものとするための儀式として執り行われているのではないかということである。自然現象の探求方法を比喩的に使用しながら、実は、社会現象の原因特定化作業は、有効な対策をもたらすかどうかには関係なく、まったく別次元での社会的機能を果たしていると理解すべきなのである。そして、そうした理解の方法によって犯人や犯罪行為がうまく捕捉できない時の最終着地点として、「心の闇」や「精神異常」といったカテゴリーが用意されているのである。

3　構築主義的アプローチの特徴——オルタナティブな「解決策」の提案

構築主義の「社会問題観＝現実観」

ここまで、原因探求という営みの持つ社会的意義について考察してきたわけであるが、こうした思考法とはまったく異なった社会問題に対するアプローチとして、キツセとスペクターが提唱した構築主義について述べていくことにしたい。キツセとスペクターの定義についてはすでに紹介したが、彼らの社会問題定義の最大の特徴は、「社会問題」とは社会のメンバーによる定義活動の産物である、という端的な言い切り方にある。実体論が、「社会問題」とは、まさに「問題になる状態が存在するから問題になる」という認識論的立場をとるのに対し、構築主義は、「問題である」という定義が問題をつくりだすという認識論的立場をとるということであった。このように、定義活動の対象が実在しているかどうかを問わないという「反実在論」の立場をとることに最大の特徴があるわけだが、そうであるからこそ誤解や反発も根強く存在している。

さらにもう一点、定義上の重要な特徴を紹介しておきたい。それは、「社会問題とされている状態」の「状態性」について判断を控えるという態度である。例えば、「いじめ」が「増加しているかどうか」や「陰湿であるか否か」といった「状態性」についての判断を控えるということ、さらにはそこから論理的に導かれることであるが、メンバーによる「状態性」についての判断（定義活動）の正誤・真偽についての判断も控えるということ、この二重の意味での「判断留保」という態度が構築主義の基本である。

しかしもしそうだとすると、「いじめ自殺問題は解決を切望されている教育問題である」という本章の立場表明は、明らかに一つの価値判断の提示であり、構築主義の研究態度から逸脱していることになる。そもそも「解決」という言葉それ自体に価値的要素が含まれており、構築主義的研究からは「解決」を志向する態度は導き出せないというべきかもしれない。しかし本章では、あえてその禁を破ることをすすめようとしている。つまり、構築主義に依拠して社会問題の構築過程を記述分析することで、原因論的アプローチからでは決して見えてこない世界に出会うことができるのだが、今度は、そうして得られた知見を応用することで、原因論的思考に支えられた解決策とは別の次元での解決策を提案できるのではないかということである。その意味で「オルタナティブな解決策」の提案ではあるのだが、しかし「解決」を志向するという態度は構築主義からの逸脱であるという批判には「まさにその通り」と受け入れたいと思う。そうした批判を引き受けたうえで、それでも本章が主張するような「解決策」を志向することには積極的な意義があることを示してみたいと思う。そのための事例は何でもよいのだが、例えば、ドメスティック・バイオレンス（以下、ＤＶ）について考えてみよう。

ＤＶを正確に定義することは難しいが、通常は夫婦間暴力、なかでも夫の妻に対する暴力を指す場合が多いだろう（反対のケースもあり得るが、ここでは議論の趣旨を明確にするために「夫による妻への暴力」を事例として扱うことにする）。ＤＶ法が施行されたのは二〇〇一年であるが、ではそれ以前にはＤＶに値するような夫婦間暴力はなかったといえるだろうか。常識的に考えるならば、ＤＶという言葉の流通やＤＶ法の成立にかかわらず、夫婦間暴力は以前から存在していただろうし、ただ単に、ＤＶという言葉がなかっただけであるということになるだろう。いわば現実が先にあり、それに見合う言葉が後から成立したという考え方である。確かに、ＤＶという言葉ができたから、それに見合う現実が、その後、突如として出現するようになったと考えるのは不自然ともいえる。しかし、このような考え方をしている限り、どうしても見えなくなってしまう重要な問題がある。つまり「言葉が現実をつくる」という側面である。一般に考えられているように、ＤＶという言葉が誕生する以前から、その言葉を適用するに相応しいような夫婦間暴力はあったかもしれない。しかし、ＤＶという言葉が成立する以前は、夫婦間トラブルについて、基本的には「夫婦喧嘩」という言葉しか、私たちは持っていなかったのではないだろうか。さらには、この「喧嘩」という言葉も、殴られる側の妻にとって抑圧的な働きをしてきた恐れが充分考えられる。つまり、喧嘩という言葉には「対等な関係性」が想定されており、対等な関係が前提となっているからこそ「喧嘩」は生起し得るともいえるのであり、そうであるとすれば、実際には「殴る夫に殴られる妻」という非対称的な関係が存在していたとしても、「喧嘩」という言葉によってそうした関係性が隠蔽されてきたのかもしれない。そして結局は、「夫婦喧嘩は犬も食わず」という諺にもあるように、夫婦間トラブルは私的トラブルとして処理され、「殴られる妻」は、自分の窮状を訴える方法を持てなかったという長い歴史があったのではないか。

しかし、ＤＶという言葉の誕生は、事態を劇変させたというべきだろう。もはや夫婦間トラブルは私的な事柄ではなくなり、ＤＶという犯罪カテゴリーで認知され、警察が介入可能な公的な事態となったのである。このような考え方こそ、構築主義に特徴的なものである。なぜなら、ある場で何かが起きていたとしても、それが語られ（告発され）、社会的に認知されなければ、何も存在しないと同じことになるからである。例えば、「暗数」という概念がある。これは、犯罪を実行しても発見されないケースが存在することを意味する概念である。確かに、「万引きには暗数が多い」という語り方は経験的にも納得できるだろう。しかし、もしあなたが万引きをしたとして、発見されなかったり、発見されたとしても、スーパーの店長に説教されただけで警察に通報されなかったとすれば、その出来事は「犯罪白書」などの公式統計には反映されず社会的（公的）には存在しなかったということになる。それゆえ構築主義の立場からすれば、「暗数」概念は余剰であり否定されるべきものとなる。そして社会には、社会問題として認知された事柄と、そうは認知されていない事柄（定義上、認知されていない事柄は無限に存在する）の二通りしかないということになる。こうした考え方は、私たちの常識や経験則に照らしてみると、少々極端すぎるように思われるが（事実、「暗数」概念を否定する構築主義的立場には根強い批判が存在する）、しかし同時に、このような考え方をすることで初めて見えてくる「現実＝社会」もあるということをここでは強調したいのである。

構築主義にとって「問題解決」とは何か——「言説の再編」という戦略

構築主義にもとづく「社会問題」定義の意義について述べてきたが、このような定義が、「教育問題」を解決したいと考えている人々に何か有効な手だてを提供できるのかと疑問を抱くかもしれない。すでに述べたように、問題解決を志向すること自体、構築主義アプローチにとっての守備範囲外であると答えるのが模範解答である。なぜなら、構築主義は、メンバーが「問題である」とクレイム・メイキングした状態が社会問題として構築される過程を記述することがねらいであり、その社会問題が

「解決を必要としている問題であるかどうか」といった価値判断には関与しないことが基本姿勢であるからだ。つまり、構築主義に依拠して「問題」の構築過程を記述するところまでが構築主義研究者の仕事であり、記述によって得られた知見をどのように活用するかは「問題」に関わっているメンバーにゆだねられる事柄であり、構築主義研究者は関知しないというわけである。

構築主義のテーゼからすれば、これは当然ともいえる禁欲的態度であるが、しかし実は、構築主義的な社会問題定義、およびそれに依拠した構築過程の分析それ自体のなかに、問題解決への一つの方向性が自ずと示されていると考えることも可能である。つまり、「クレイム・メイキング活動（＝語り方）が社会問題を構築する」とするならば、「語り方を変更できれば現実を変更することも可能ではないか」ということは誰でも思いつくことだからであり、すでに述べてきたところから分かるように、そうした考え方こそ、可能な一つの「問題」解決方法を指し示すものなのである。

こうした考え方にもとづく解決策を志向する研究として、ここではあえて二つの事例を紹介してみたい。どちらも「言説再編」→「現実変更」という認識に根ざしてはいるものの、解決策という実践的な場面への応用にも多様な次元が想定できると思われるからであり、少なくもそうした可能性を示してみたいと思うからである。

まず、一定の研究蓄積がある「いじめ自殺問題」について紹介したい。一般に「いじめ自殺」とは、いじめに苦しんだ結果としての自殺と考えられており、だからこそ、自殺の原因である「いじめ」をなくすための対策が多様に論じられてきている。つまり、原因としての「いじめ」、結果としての「いじめ自殺」という結びつきのなかで「いじめ自殺」問題を理解しようとしてきたということである。

しかし、「いじめ」と「いじめ自殺」とは、本当に因果関係にあるのだろうか。「いじめ」をなくすことと「いじめ自殺」をなくすこととは別次元の問題ではないかという考え方が登場してくる。

例えば山本雄二は、「いじめ」は死と結びつくことによって教育問題となった、という重要な指摘をしている（山本雄二「言説的実践とアーティキュレイション——いじめ言説の編成を例に」『教育社会学研究』第五九集、一九九六年、六九—八八頁）。つまり、「いじめ苦」を動機とした自殺が生起するようになって初めて、「いじめ」は教育問題になったということである。実際、「いじめ苦」を動機とした遺書を残して自殺をするといった行為は、一九七〇年代になってから登場したということは、すでに先行研究のなかで明らかにされている（山村賢明「メディア社会と子ども論のジレンマ——なぜ子どもは見えないか」門脇厚司・宮台真司編『「異界」を生きる少年・少女』東洋館出版社、一九九五年、一四一—一五七頁；伊藤茂樹「「心の問題」としてのいじめ問題」『教育社会学研究』第五九集、一九九六年、二一—三七頁）。

これら先行研究の成果は重要な意味を持つ。確かに、現在「いじめ」といわれるような子ども間のトラブルは昔から存在していただろう。しかし、「いじめ苦」を動機とした自殺は、一九七〇年代以前には存在しなかったということであり、言い換えれば、「いじめ苦」を動機とした自殺は時代の産物であり、そうであるからこそ、「いじめ自殺」を無化することも原理的に可能であるという考え方が成り立つことになる。ここで重要なことは、「いじめ」がなくならないとしても、「いじめ」と「自殺」とを切り離し、「いじめ苦」を動機とした自殺が成立し得ない言説空間をつくりだすことが可能であるという見通しが表明されていることである（山本雄二、六九—八八頁；間山広朗「概念分析としての言説分析——「いじめ自殺」の〈根絶＝解消〉へ向けて」『教育社会学研究』第七〇集、二〇〇二年、一四五—一六二頁；

北澤毅「「いじめ自殺」物語の解体」『現代思想』第三六巻四号、二〇〇八年、二〇〇―二一三頁）。そしてもし、「いじめ自殺」が意味をなさなくなる言説空間が成立すれば、「いじめ」もまた教育問題ではなくなる可能性があるという認識が肝心である。

こうした考え方にもとづく解決法は応用範囲が広いということを理解していただくために、続いてナラティブ・セラピーの方法を教育実践に応用した佐山彰浩の事例を紹介しよう（佐山彰浩「怪獣ヤダッターをやっつけろ！――児童のトラブルをめぐるナラティヴ・アプローチ」『立教大学教育学科研究年報』第五一号、二〇〇八年、一三七―一四八頁）。佐山は、ある私立小学校の教員であるが、同級生への嫌がらせなど様々な問題行動を起こし、クラス内ばかりか保護者の間でも「問題児」として認知されるようになったS君（一年生）への対応をめぐる自らの教育実践について分析している。佐山は、ナラティブ・セラピーの「問題の外在化」（M・ホワイト＆D・エプストン、小森康永訳『物語としての家族』金剛出版、一九九二年）という方法にヒントを得て、周囲から問題児と見なされているS君に「問題」が内在していると考えるのをやめ、「怪獣ヤダッター」がとりつくことでS君は「皆のいやがることをするのだ」という物語を提示し、問題の外在化を試みようとした。言い換えれば、怪獣にとりつかれていない時のS君には良いところがあるはずだということで、クラスの児童達に、S君の良いところを探させようとする。そうすると、「問題児」というラベルを通しては見えてこなかったS君の別の側面が他の児童達にも見えてくるようになり、S君にも良い面があるという認識がクラスのなかで共有されていくようになったという。ここで何より重要なことは、S君の内部に「問題がある」のではなく、怪獣がとりつくことでS君は問題行動を起こしてしまうのである、という認識がクラス内で共有されたことであろう。いわば、「S君は問題児である」という実在論的な見方から解放されることで、クラスの児童達とS君との関係が変化したということである。そして実際、S君の問題行動が徐々に消滅していったという。これはできすぎた実践かもしれないが、しかし、オルタナティブな物語がクラス内で共有されることで児童間の関係性が変化し「問題」が解消したという意味で、問題解決の一つの可能な方策を示している事例として意義深いものであると思われる。

以上、構築主義にもとづく「問題解決」として二つの事例を紹介したが、ここで確認しておくべきことは、行為の不確定性について論じたように、ある解決策（「言説の再編」や「問題の外在化」）を試みれば、必ず問題が解決（消滅）するといいたいわけではなく、ましてや、「言説の再編」→「現実の変更」は因果関係にあるわけでもないということである。むしろここでいうところの解決策とは一つの可能性であり、言い換えれば「賭け」といってもよい。それゆえ私たちにとって重要なことは、因果物語の呪縛から自らを解き放しつつ「賭けとしての解決策」という名の多くの引き出しを持つことなのであり、それ以外に特効薬があるわけではないということである。

キーワード　デュルケム「自殺論」、実体論的（原因論的）アプローチ、遡及的解釈、ミード「自己論」、構築主義的アプローチ

第3章　教育イデオロギーとしてのアスレティシズム

デビッド・ノッター

1　教育・身体・国家主義

オリンピックの創設を実現に導いた人物として著名なP・クーベルタン（P. Coubertin）にとって、一九世紀当時のフランスの青年の身体の脆弱さは悩みの種であった。その背景には、一九世紀の国家主義とフランス―ドイツ間の長年の紛争があった。当時の戦場での闘い方と言えば、まだ一対一の兵士同士の接近戦が大きな部分を占めていたことを考えると、クーベルタンが青年の身体の強さに固執していたことは不思議なことではない。そして実際に、当時はフランスの青年よりもドイツの青年の方が一般的に頑丈な肉体をもっていたようである。その理由は、一九世紀半ば以降、ドイツの教育制度に組み込まれていった「トゥルネン」（Turnen）と呼ばれる体操運動にあった。一九世紀初頭、トゥルネンの創始者であるF・L・ヤーン（F. L. Jahn）は、ナポレオンが率いるフランス軍の支配からドイツの解放を使命にしていたということからもわかるように、トゥルネンと呼ばれる体操もまた国家主義の産物であった。そして一九世紀を通じて、トゥルネンのためのクラブ団体が数多く設立されただけでなく、トゥルネンは学校教育における体育の土台となった。それをみたクーベルタンはフランス国民にドイツ人に負けない強い身体を作ることの重要性を唱え続けた（Guttmann, A., *The Olympics: A History of the Modern Games*, University of Illinois Press, 1992）。

しかし、クーベルタンはフランスにトゥルネンやその他の体操の導入を奨励したわけではない。むしろ、クーベルタンが理想としたのは、イートン校やハロー校を頂点とする、英国のエリートを長く育成してきた「パブリック・スクール」と呼ばれる私立の全寮制学校の学生の身体であった。一九世紀のパブリック・スクールは多くの近代スポーツの発祥の地であった。クーベルタンにとって、英国で発明された「スポーツ」というものによって養成される身体は、ドイツの体育の中核をなしていた、苦行的でストイックなトゥルネンで養成される身体とは対極的なものであった。そこでクーベルタンはトゥルネンや体操ではなく、英国のパブリック・スクールで行われていた「スポーツ」とそれによって培われる身体に期待をかけたのである。

二つの身体

クーベルタンが着眼していた二つの身体の対比は、P・ブルデュー（P. Bourdieu）が指摘した「禁欲主義的／苦行的」（"ascetic"）対「自由放任主義的」（"laissez-faire"）という身体の正統な使用に関する対極的な理念に対応していると言える。ブルデューによると、前者は「反自然」的（"counter-natural"）、すなわち硬直的、正直、努力を強調する理念に基づいている身体であり、後者はありのままの自然体を優先する理念に基づいている（Bourdieu, P., "How Can One Be a Sportsman?", in P. Bourdieu, *Sociology in Question*, translated by R. Nice, Sage Publications, 1993, pp. 122–123）。

これらの理念は対立しながらも、その両方が近代教育に組み込まれている。一般的に、「禁欲主義的／苦行的」な身体を理想とする理念は大衆むけの教育の一環として体操や兵式体操という形で、身体調教を目的として導入された。日本の場合は、一八八五（明治一八）年に文部大臣となった森有礼が日本人の身体能力の改善を目指したことにより、兵式体操に基づいた身体訓練を目標とする体育が制度化されていった（吉見俊哉「運動会と学校空間」杉本厚夫編『体育教育を学ぶ人のために』世界思想社、二〇〇一年）。その目的は国家への同調を促すと思われた身体の均一・同質化であり、いわば、それはM・フーコー（M. Foucault）の言う「規律訓練」にあたる。

しかし、兵式体操によるこのような身体調教は、エリート教育にはほぼ無縁であった。むしろ、エリートの身体は「自由放任主義的」な理念に基づくものであり、その起源となる英国が発祥の近代スポーツは、長い間エリート教育の根幹をなし、エリートによって独占された営みとなった。特に英国の場合、そのエリートの身体はアスレティシズムというイデオロギーと表裏一体をなすものであった。強靭な身体に包まれた高き道徳の持ち主という一九世紀のパブリック・スクールの学生の紳士像――これがクーベルタンにとっての理想となった。やがて、この理想は国境を超えて、グローバルな規模で一九世紀のエリート教育に普及していったのである。

2　英国のパブリック・スクールにおけるスポーツとアスレティシズム

英国における近代スポーツの誕生

先に述べたように、苦行的・禁欲主義的な体操と比べた場合、英国のパブリック・スクールが発祥の近代スポーツの大きな特徴はその「自由放任主義的」な性格にある。はたして、このような「自由」

な動きを特徴とする近代スポーツが英国で生まれた背景には何があったのだろうか。E・ダニング（E. Dunning）とK・シャド（K. Sheard）によると、「柔軟で、硬直・因襲・様式化の程度の少ない現代スポーツの前身が育ったのは、宮廷という環境以外のところ、すなわち支配階級の農園や農村、パブリック・スクールにおいてであった」背景には、英国の支配階級は君主国家からの独立を保つことができたため、「形式化、因襲化、儀式化した宮廷活動に参加させられるという束縛」がフランスなどの大陸の支配階級と比べてはるかに少なかったことがあげられるという（E・ダニング＆K・シャド、大西鉄之祐・大沼賢治訳『ラグビーとイギリス人――ラグビーフットボール発達の社会学的研究』ベースボール・マガジン社、一九八三年、三一九―三二〇頁）。

一方、N・エリアス（N. Elias）は、英国の地主階級や貴族の行動様式がヨーロッパ諸国の上流階級のそれと異なっていた点は、陸軍の名誉コードの刻印が希薄であったことにあり、またそのことが近代スポーツが英国で誕生したということと密接な関係があると論じる。たとえば、古代ギリシャのパンクラチオンという格闘技でみられるように、武士的なエートスのなかでの戦いはストイックかつ苦行的なものであり、それは近代スポーツのエートスとは対照的なものである。つまり、パンクラチオンをボクシングというスポーツ化された格闘技と比べた場合、グローブの使用によって暴力の度合いを加減したり、あるいは軽いフットワークによって攻撃を避けるといった特徴、まして「フェア・プレー」といった要素が生じる余地はないという（Elias, N., “The Genesis of Sport in Antiquity”, in S. Mennell & J. Goudsblom eds., *Norbert Elias: On Civilization, Power, and Knowledge: Selected Writings*, University of Chicago Press, 1998）。近代スポーツにみられるこのような暴力の回避や緩和は「文明化過程」の結果とされる。

エリアスが論じる「文明化過程」は暴力の自己抑制をともなった歴史的過程であるが、エリアスは英国における近代スポーツの誕生の背景にその「文明化過程」の躍進をみいだしている。近代スポーツは一見すると暴力的な活動にみえるが、必然的に多少の間接的暴力や身体的被害をともなうものの、近代スポーツの大きな特徴の一つとしてあげられるのは、それが模擬的な戦いという形式をとりながらも、直接的な暴力を回避しているところにある。近代スポーツは「戦い」を演じつつ、かつ実戦にともなうような感情の高ぶりを維持しながらも、相手への直接的な攻撃は含まない。そこには少なからぬ度合いの自己抑制が要請されるのである。

ダニングとシャドが明らかにしたように、このような文明化過程はラグビーやサッカーの原型であった「フットボール」の進化にみることができる。民族ゲームとしての初期のフットボールは大きな暴力的な祭りのようなものであり、模擬的な戦いとしての側面が大きく、怪我も多く、さらに社会の秩序を乱すものとみなされていたため、禁止令がしばしば発令された。そのフットボールは一八〇〇年頃にようやく鎮圧され、公共の場からは消えていったが、英国のエリート教育の場であったパブリック・スクールで生き残ることとなった。そこで行われていた「フットボール」の形は学校によってそれぞれだったが、最初のうちは「ナビーズ」という鉄の爪先をもったブーツによる脛骨骨折の多発など、民族ゲームの暴力的な側面は残っていた。しかし、一九世紀の中頃から、このような「フットボール」という民族競技が近代スポーツとしてのラグビーやサッカーへと進化していった。その頃からはそれぞれの学校がルールを定め、ルールそのものも合理化が行われ、暴力の度合いが激減し、選手たちは「フェア・プレー」や「スポーツマンシップ」の精神でこれらの競技に参加するようになったという。

そしてこの時期から、パブリック・スクールの学校長は学生生活におけるスポーツの役割を重視し、それをフォーマルなカリキュラムに導入するようになったと同時に、スポーツの設備に莫大な費用を投資したのである。さらに、スポーツを礼賛し、その教育的機能を強調する「アスレティシズム」というイデオロギーがパブリック・スクールに普及していったのはこの頃である。アスレティシズムで特にスポーツで養われる特性とされていたのは、決断力、勇猛心、正義感、忠誠心、それからリーダーシップである。初期のアスレティシズムのイデオローグの多くは大英帝国主義の提唱者でもあったが、このイデオロギーは現役の学生や卒業生のＯＢにも広く受け入れられ、堅く信じられていたようである。Ｊ・マンガン（J. Mangan）はパブリック・スクールにおけるアスレティシズムの黄金時代を一八六〇年から一九一四年の期間と捉えている（Mangan, J. A., *Athleticism in the Victorian and Edwardian Public School: The Emergence and Consolidation of an Educational Ideology*, Cambridge University Press, 1981）。

階級ハビトゥスの融合

アスレティシズムをはじめて提唱したのは一八二七年から一八四二年にラグビー校のヘッドマスターとして活躍したＴ・アーノルド（T. Arnold）であるとしばしば言われる。しかし、アスレティシズムのイデオローグとしてあげられるのはその次の世代の学校長であり、アーノルドではない。アーノルド自身は特にスポーツに興味があったというわけではない。ただし、ラグビー校においてアーノルドの掲げた「キリスト教の紳士」という理想が多くの学生に影響を及ぼしたことが、そこで行われていたフットボールが逸早く洗練されたものに進化したことの原因でもあり、またそのために他のパブリック・スクールにとってのモデル校となったのは事実である。

アーノルドの「キリスト教の紳士」という理想が学生に浸透した背景には、ダニングとシャドが指摘するように、少なくとも二つの要因があったと思われる。一つめは、アーノルドは学生による自治制を認め、プリフェクト（監督生）という上級生の権限を公認した上で、彼らと定期的に面談を行っていたということにある。彼らに会って話をすることによって、直接的に彼らに影響を与えることができたのである。そして二つめの要因は社会構造の変化の結果であり、すなわち産業革命と「中産階級」の勃興にある。それまで貴族や上流階級に独占されていたパブリック・スクールに産業家などの中産階級の親は自分たちの息子を入学させ始めたのである。アーノルドの掲げる理想が学生に受け入れられたのは、その中産階級の「ハビトゥス」のあり方と関連していたようである。

「ハビトゥス」はエリアスも用いる言葉だが、ブルデューの理論のなかで洗練された概念として登場する。ブルデューの言うハビトゥスとは、「指向性のシステム」（system of dispositions）（Bourdieu, P., *The Logic of Practice*, translated by R. Nice, Polity Press, 1990, p. 59）のことであり、子どもの頃からの長い間の社会化の過程を通して身体化された慣習または実践感覚のことである。こうした持続する性向は知覚・思考・行為の基盤となり、人がどういう行動をとるかを規定するように働く。そして「階級ハビトゥス」など、同じ社会集団に属している成員同士の間にはハビトゥスを共有する側面がある。ブルデューによると同じ集団ハビトゥスを共有する者同士の場合、互いのコミュニケーション・パターンや考え方または価値観などが即座に相互に理解可能である。すなわち、「通じる」ということである。

アーノルドの「キリスト教の紳士」という理想が学生に「通じた」裏には、学生自身の出身による階級ハビトゥスの形成において学生らがその理想を理解し、受容する基盤が整っていたと言うことができる。

ヴィクトリア朝時代（一八三七—一九〇一年）の道徳的風潮は「リスペクタビリティ」という語に象徴されるが、G・L・モッセ（G. L. Mosse）が指摘するように、リスペクタビリティという道徳的規律を理想とする世界観は一八世紀の終わり頃から一九世紀のはじめ頃にかけて「中産階級」とも呼ばれるブルジョア階級のなかに形成され、以降、上へと貴族に、また下へと下層階級に普及していったのである（Mosse, G. L., *Nationalism and Sexuality: Middle-Class Morality and Sexual Norms in Modern Europe*, University of Wisconsin Press, 1985）。アーノルドが理想とした紳士像はこの道徳観と合致していたため、特に中産階級の学生に受け入れられやすかったことは想像に難くない。しかし、アーノルドの「キリスト教の紳士」という理想が「雄々しいキリスト教」（muscular Christianity）の脈絡のなかでスポーツに顕在したことは特に意義がある。帝国主義とアスレティシズムの影響を時代背景に、精神と肉体の分離という二元論とそれに基づいた肉体より精神の優位を特色としてきたキリスト教の思想はヴィクトリア朝時代に、肉体をも重視する「雄々しいキリスト教」または「筋肉的キリスト教」へと変化を遂げた。その脈絡のなかで、アーノルドの掲げる理想がスポーツに顕在した意義とは、身体を通しての階級ハビトゥスの融合がみられたことにある。

一九世紀においては旧来の貴族と新興の中産階級の間で社会の主導権をめぐる争いが起こった際に、そこで互いが「妥協」しあい、融和状態が生まれたことが近代英国の特徴として浮き彫りになったが、このことは歴史家によって「ヴィクトリア朝中期の妥協」と呼ばれる。そしてヴィクトリア朝時代のパブリック・スクールではこの階級間の融和・融合が身体のレベルにおいて起こったと考えられる。ダニングとシャドによると、パブリック・スクールにおける競技が一方的に貴族によって行われていた頃は暴力的な行為または勇気を顕示する危険なプレーが中心だったが、中産階級の数が多くなるにつれて怪力をともなう個人技ではなく、パスやスキルといった技能的な側面を楽しむことが中心的になったという。「フェア・プレー」や「スポーツマンシップ」など、道徳性や精神性に重きをおいたスポーツへの精進もこの時期からみられるようになった。亀山佳明が指摘するように、この時期のパブリック・スクールにおいて「貴族的身体とブルジョア的身体とが互いに影響し合って、新しい身体が制度化された」（亀山佳明「スポーツの現代化と身体性の社会学」井上俊ほか編『身体と間身体の社会学』岩波書店、一九九六年、一七五頁）のである。その「新しい身体」は「アスレティシズム」という教育的イデオロギーと表裏一体であった。

3　アスレティシズムの世界的普及と地域的バリエーション

ヴィクトリア朝時代は英国の帝国主義の時代にあたり、大英帝国の影響下で、英国で誕生したスポーツがグローバルな範囲へと普及していった。英国の植民地においてはアスレティシズムのイデオロギーに基づいた英国本国のエリート教育のモデルが採用され、現在でも、英国の旧植民地ではクリケットなどの英国のスポーツが人気である。アメリカにおいても一九世紀から英国のパブリック・スクールをモデルとしたエリート寄宿学校が創立され、そこでもスポーツの重要性が強調された。さらに日本でも、戦前の旧制高校というエリート寄宿学校の学生生活においてスポーツが大きな役割を果たし、特に明治時代においてはキャンパス・カルチャーに決定的な影響を与えていたのである。

一九世紀においてアスレティシズムは、エリートにとっていくつかの意味で時代に適応性をもった教育的イデオロギーであった。第一に、帝国主義の時代においては戦争が多かっただけでなく、エリート層はしばしば「未開地」で駐屯していたこともあり、体力やストイシズムがリーダー層には不可欠な属性であったと言える。第二に、当時でもスポーツは学生相互に連帯と団結を生み出すものだと信じられていたのだが、たしかにそういう一面もあったに違いない。学生寮や母校に対して養われた忠誠心や連帯感は身体化されたものとなり、卒業後に所属することになった他の集団に対してもそれは容易に適応可能なものであると考えられ、また帝国時代の国家主義に対しても適応性をもつと言える。しかも、卒業しても学生時代の身体のぶつかり合いを通して形成された深い絆は残り、さまざまな分野で活躍するエリート層の成員が身体的・情緒的絆でつながっているということは国家を統一するのに効果があったと考えられる。そして第三に、エリート教育におけるスポーツが果たした役割の一つとして、先にみた通り、階級ハビトゥスの融合をあげることができる。たとえば、日本の明治時代も英国のヴィクトリア朝時代も、伝統的な支配階級が国のリーダーとしての座を占有できなくなった時代にあたる。そのなかで、英国では中産階級の富の増大を、日本の場合は業績主義の原理に基づいた入試制度の実施を起因として、それまではエリート文化とは無縁な中産階級の子弟がパブリック・スクールや旧制高校に入学することになった。一方では彼らにエリート意識を養成するためにも、もう一方では身体のレベルにおいて階級間のハビトゥス上の乖離を無くし、階級ハビトゥスの融合を引き起こすためにも、スポーツはきわめて有効であったと考えられる。

しかし、スポーツがグローバルに普及していったものの、スポーツ実践そのものは地域によってその特徴を異にするものとなった。このような差異点や地域的バリエーションもハビトゥスのあり方と関連しており、エリート教育におけるスポーツや体育を比較の観点から考察する際に、注目に値する点の一つである。

「ラグビー・フットボール（＝ラグビー）がアソシエーション・フットボール（＝サッカー）ほど広く普及しなかったのはなぜか。アメリカが英国のフットボールを部分的に取り入れながらも新しい種類のフットボールを発展させたのはなぜか」という自らの問いに対して、エリアスはそれぞれの種類のスポーツはある特定の「パーソナリティ」の特性をもった人間を引き付けると論じる（Elias, N. & Dunning, E., *Quest for Excitement: Sport and Leisure in the Civilizing Process*, Basil Blackwell, 1986, p. 39）。言いかえれば、特定のスポーツへの指向性はハビトゥスと密接に関係するのである。そのため、どのスポーツが人気があるかは社会によって異なり、また同じスポーツでも、その実践方法は社会によって異なるものである。このことは明治時代の日本と同時期のアメリカのエリート教育におけるスポーツをとりあげることによって明らかになろう。

一高野球と旧制高校におけるスポーツ

日本について考察する場合は、明治時代になぜ野球がもっとも尊ばれたスポーツになり得たのか、という疑問が浮上する。この問題はすでに歴史家によって議論されてきたことだが、そのなかに野球という スポーツは、野球の内在的特性によって、特に「武士道の精神」をもった明治時代の日本人に好まれたという説がある。その一方で、その説に対しA・グットマン（A. Guttmann）が反論し、野球というスポーツそのものに特に武士道に合致する要素はないと断言する。むしろ、武士道に連想されるような「伝統的な」特性というよりは、野球は「近代」の象徴だったからこそ流行したのではないかと論じる（Guttmann, A., *Games and Empires: Modern Sports and Cultural Imperialism*, Columbia University Press, 1994）。

たしかに、アメリカが「近代」の象徴だったとすれば、グットマンの説は一理あると言えよう。事実、日本は近代国家への仲間入りを渇望していたと思われるが、もっとも支配的な国にみえたところのスポーツを導入するということは、A・ホネス（A. Honneth）の「認識」（recognition）の重要性に対する考察を参考にして言えば、その国に「認識」してもらいたい、認められたいという欲求と深く結びついていると考えられる（Honneth, A., *The Struggle for Recognition: The Moral Grammar of Social Conflicts*, translated by J. Anderson, MIT Press, 1996）。あるいは、グットマンが鋭く指摘するように、スポーツの世界的普及は宗主国が従属国に自国のスポーツを強制する「文化的帝国主義」のプロセスの結果というより、A・グラムシ（A. Gramsci）のへゲモニー概念にならい、宗主国のスポーツに憧れ、自らそれをとり入れ追いつきたいというエミュレーション（emulation）というプロセスの結果の方が強いということを認めざるを得ない。さらに、それが宗主国への象徴的抵抗にもつながるということもあり得る（Guttmann, A., 1994）。日本での野球の試合で実際に、日本人のチームがはじめて外国人のチームを破った時は、そのことが新聞に大々的にとりあげられ、まだ高校生であった選手たちは国民的ヒーローとなった。そのヒーローたちは「一高生」という学歴貴族であり、すなわち、旧制高等学校という全寮制エリート高校のなかでトップにあった第一高等学校の生徒であった。

一高の野球チームは一八九六（明治二九）年に、それまでずっと「子どもらを相手にする」という理由で試合をすることを断り続けていた横浜アマチュアクラブの外国人チームとはじめて試合をし、得点二九対四で圧勝した。二週間後に再試合し、その際に外国人チームは当時来日していた元プロ野球選手を採用したにもかかわらず、またもや一高生が得点三二対九で圧勝し、この試合の結果は新聞でとりあげられ、「全国民はその快挙に狂喜した」という（嚶鳴会・一高応援団史編集委員会編『一高応援団史』一高同窓会、一九八四年、八二頁）。一高の野球部は、それによって学校の名誉のみならず、国家の名誉のためにも闘っているように感じ取ったに違いない。

このように、日本で野球が流行った理由は、グットマンが論じるように、それがもともとアメリカのスポーツであったことと関係しているようである。ベースボールそのものは気軽に楽しみながらできるスポーツであり、必ずしも「武士道の精神」に沿うものであるとは限らない。しかし、そうとは言え、旧制高校で野球が流行った背景には、ハビトゥスとの関係も考察すべきであろうし、それは、明治時代の旧制高校の場合、「武士道の精神」と無縁だったわけではない。何よりも、旧制高校生のハビトゥスが表れているのは、アメリカのベースボールを「武士道野球」に変化させたところにある。

明治時代の旧制高校において、スポーツや運動部は学生生活のなかで支配的な位置にあったが、その背後には「武士的エートス」の存在があった。竹内洋が言うように、「国家主義と武士的エートスを後ろ楯にして運動部や自治を担当する中堅会が一高の学校文化のなかで覇権をにぎり、闊歩していた」（竹内洋『日本の近代一二　学歴貴族の栄光と挫折』中央公論新社、一九九九年、二二六頁）のである。当時の「武士的エートス」がもっとも表れているのは、運動部の「猛練習」や「寒稽古」であった。特に一高の野球部の有名な猛練習に対して、多くのエピソードが残っている。たとえば、一九〇八年から一九一〇年（明治四一―四三年）の間、早稲田大学の選手として活躍した飛田穂洲は一高野球の稽古またはー高生のストイシズムの光景を次のように語る。「一高の練習には痛いといふ言葉が禁制になってゐた。空脛、素足の選手の向脛が鉄球に襲はれる。普通の人間なら悲鳴を挙げながら痛みを訴へるに相違ないのであるが、彼等は多くの場合一語も発しない。凍てた寒風の中を切る球、時々指間を裂いて鮮血に染まるも顧みるものがない。（中略）これが彼等の修業であった」（嚶鳴会・一高応援団史編集委員会編、七七頁）。

第1節で「禁欲主義的／苦行的」対「自由放任主義的」という身体の使用に対する対極的な理念をとりあげたが、これらのカテゴリーを近代スポーツに当てはめると、努力やストイシズム、または苦痛を強調する「苦行的な」スポーツと、「遊戯性」や感情または身体の自由を強調する「自由放任主義」の理念に基づいた「流れのあるスポーツ」の二つに区別することができる。旧制高校生のハビトゥスの性向から、そこでは「苦行的スポーツ」が尊ばれたと思われる。それから一八九〇年代には、旧制高等学校の生徒は士族出身のものが多数を占めていたことを考えると、「修養の野球」や「苦痛の野球」または「武士道野球」の実践の元には、旧制高校生の階級ハビトゥスのあり方があったと考えられる。そのハビトゥスは試合の相手チームを「敵」とみなすことや、試合を真剣勝負とみなすことに由来する勝利主義、また練習に「修養」や「苦痛」を求める精神主義やストイシズムに表れている。

　それほど苦痛でない、楽しみながらできるスポーツとしてテニスがあげられるが、一高では「體を絞る」ことを目的とした一高交友会組織ができた一八九〇（明治二三）年に庭球部として「ロンテニス部」があったものの、その三年後に「女々しい」や「婦女子の遊戯」という批判を受けて廃部させられた。残りの運動部――撃剣部、端艇部、柔道部、弓術部、野球部、陸上運動部、水泳部――はすべて苦行的なエートスに基づく運動実践であった。より「自由放任主義的」な身体に基づく、英国で誕生した「フットボール」は一高では一九二一（大正一〇）年まで開始されない。後々、日本でラグビーなどの「流れのあるスポーツ」が流行したのは、大正時代に大都市に新中産階級が登場した頃にできた、中産階級以上の子弟を生徒とした新興の私立高校においてであった（D・ノッター&竹内洋「スポーツ・エリート・ハビトゥス」杉本厚夫編『体育教育を学ぶ人のために』世界思想社、二〇〇一年）。

アメリカの勝利主義

アメリカにおいても、一九世紀においてエリート教育とスポーツとが密接な関係にあったことは、一八九六年に開催された最初のオリンピックのアメリカの代表メンバーをみると明らかである。ハーバード大学在学中の学生が一人、ハーバード大学の卒業生が五人、そして残りの四人はプリンストン大学在学中の学生であった（Guttmann, A., 1992）。

　しかし、アメリカのエリート大学で行われていたスポーツは英国のパブリック・スクールまたは日本の旧制高校のそれとはまた異なる特性をもつものであった。一九〇〇年頃に書かれた書物によると、一九世紀の英国の学生は練習もほどほどで、スポーツを「楽しみながら」していたのに対して、アメリカの学生はより勝ち負けに囚われ、激しい練習をしていたという（Sheldon, H. D., *Student Life and Customs*, 2nd ed., Arno Press, 1969）。アメリカではハーバードやイェールのエリート大学は早々とサッカーもラグビーも試みたが、結局、英国の「フットボール」の新しいバリエーションとしてのアメリカン・フットボール（Gridiron Football）が発明され、エリートにふさわしいと思われていた「男らしさ」を象徴するスポーツとしてエリート大学に定着し、もっとも尊ばれるスポーツとなった。

アメリカの場合は、「勝利」が何よりも強調されるようになった。だがそれは、日本でみられたような「学校の名誉」のために闘う、あるいは試合を零和ゲームとみなすことからくる勝利主義とは異なる。むしろアメリカでは試合に勝利するということはアメリカ型アスレティシズムというイデオロギーのなかで解釈された。つまり、勝利することこそが自分の高潔さや人格や道徳の面において競争相手よりも優れているという証となるという考えが普及した（Rees, C. R. & Miracle, A. W., "Education and Sports", in J. Coakley & E. Dunning eds., *Handbook of Sports Studies*, Sage Publications, 2000）。このように、アメリカの勝利主義は日本の勝利主義とも異なり、英国でみられる「優雅」なアマチュア精神や「フェア・プレー」の精神ともまた違ったスポーツ実践のスタイルを生んだのである。

4　アスレティシズムのゆくえ

アスレティシズムの黄金時代はすでに過去のものとなったが、今でもスポーツは学校教育に深く浸透している。その例として運動会、マラソン大会、甲子園野球、早慶戦などがあげられる。はたして、アスレティシズムというイデオロギーの正当性をどのように評価すべきだろうか。今なおアスレティシズムの信条を耳にすることはしばしばあるものの、スポーツへの参加が「高き道徳」の涵養につながるという考えはすでに実証的データによって否定されてきた（Rees, C. R. & Miracle, A.W., 2000）。一九世紀の英国のパブリック・スクールの学生のように、ある種の道徳観をスポーツ実践に織り込むことが可能であるとは言え、スポーツ実践そのものは必ずしも「高き道徳」を特徴とする人格形成につながるとは限らない。したがって、そのイデオロギーの信条を丸呑みにするのは、間違いであると言わざるを得ない。とは言え、教育における「身体」というものの適切な位置づけや役割を追求することは今なお有意義なことである。

英米のエリート教育において、今でも「スポーツ」というものに付与されている教育的価値は高い。英国のパブリック・スクールは今や知識指向になっているものの、スポーツは学生生活の大きな位置を占めている。また、アメリカではハーバード大学やその他のアイビー・リーグへの大学入学にあたって、高校生活でスポーツに専心した経験は、特にチーム・キャプテンを務めた場合、有利な条件となっていることは一般的に知られている。それは、その学生がハーバードなどのアイビー・リーグ大学でのスポーツ・チームに貢献できると考えられているからではない。むしろそれは、いわばアスレティシズムの残存の結果である。

一方で、日本では旧制高校が戦後に廃校となってから、スポーツはエリート・コースを目指す高校生の学生生活で重視されなくなった。日本ではスポーツ・クラブに所属することは大学の学生生活のなかで比較的に重要な位置を占めているものの、エリート大学を目指し受験勉強に励む高校生にとって、多くの場合、犠牲にしなければならないものとなった。そういう意味で、受験競争に勝ち抜くことを唯一の選抜基準にしている日本型メリトクラシーは「勉強おたく型エリート」を生み出しているとも言える（D・ノッター&竹内洋、二〇〇一年）。そしてそのエリート層は、大量生産・大量消費型工業社会の先進工業国のなかで勝ち抜いた「日本的経営」と長時間労働に耐え得るサラリーマンを土台とする戦後日本の「企業社会」に見事に適応性をもつものであったと言えよう。

しかし、近年において、「近代社会」の時代が終わりを告げ、「ポスト近代型社会」とでも呼ぶべき時代の到来にあたって、「ガリ勉」を中核とする日本のメリトクラシーが不能化してきているという声があがりつつある（本田由紀『多元化する「能力」と日本社会――ハイパー・メリトクラシー化のなかで』NTT出版、二〇〇五年）。同時に、「ガリ勉」を得意とするエリート層は今や「ポスト近代型社会」で求められている能力をもちあわせていないという声もあがっている。「決断力」「コミュニケーション能力」「想像力・創造力」「視野の広さ」「柔軟性」「意欲」――これらは長年の「ガリ勉」生活で養われ得るものでもないことが疑問の余地のない事実となった時に、これらの能力は「身体」といかなる関係にあるのかという問いが浮上するだろう。

「知能をめぐる学説でしばしば見逃される理解の仕方」があるとブルデューは言う。それは、「身体で理解すること」（Bourdieu, P., *In Other Words: Essays Towards a Reflexive Sociology*, translated by M. Adamson, Polity Press, 1990, p. 166）である。面白いことに、一九世紀の英国のリーダーに必要であった能力は、「ポスト近代型社会」に要請される能力と重なる部分が少なくない。そして彼らは、スポーツを核とする教育こそがそのような能力を養うためにきわめて有効なトレーニングであると一様に信じていたようである。もちろん、そのことはアスレティシズムというイデオロギーの影響の強さを物語っていることはたしかである。しかし、イデオロギーの効果とは別に、現在の学校教育ではほぼ盲点である「身体的理解」という類いの「知能」へ、彼らは彼らなりにアクセスできていたということも考えられないだろうか。「身体で理解すること」という類いの「知能」とはいかなるものなのか、「ポスト近代型社会」に要請される能力はその「知能」といかなる関係にあるのかという問いは、新しい時代に適した教育制度の編成が模索されていくに従って、新たな意義をもつのであろう。

参考文献（引用文献以外）
Roden, D., *Schooldays in Imperial Japan : A Study in the Culture of a Student Elite*, University of California Press, 1980
杉本厚夫「体育教育によってつくられた近代的感情」杉本厚夫編『体育教育を学ぶ人のために』世界思想社、二〇〇一年
山田昌弘『新平等社会――「希望格差」を超えて』文藝春秋、二〇〇六年

キーワード　アスレティシズム、ハビトゥス、旧制高校、パブリック・スクール、フェア・プレー

■ティータイム

大学教授職《アカポス》にバブル時代が三回もあった

竹内 洋

いまアカデミック・ポスト（以下、アカポスと略称）を得るのが史上最大に困難な時代になっている。ひとつのアカポスに五〇人以上の応募は普通である。ときには、二、三〇〇人の応募もある。アカポス初職の助教就任平均年齢も一九七一年には二八歳だったのが、いまでは三三歳以上になっている。ＯＤ（オーバー・ドクター）は、五万人ともいわれている。

たしかに、アカポスを得るのは、昔から困難だった。哲学者で、戦後文部大臣や学習院院長もした安倍能成（一八八三―一九六六年）が定職（慶應義塾大学予科講師）についたのは大学卒業後七年もたってのことだった。しかし、仔細に見ると、アカポスがきわめて容易に得られる大学教授職バブルの時代があったのである。

ひとつは、一九六一―六八年あたりである。このころの語学系のアカポスは、博士修了をまたず修士課程修了者にまでまわってくるほどだった。高度成長によって大学進学率があがり、大学数や学部数が急速に増えた。しかし、当時は大学院定員充足率が平均五〇％。「遊休施設」とさえいわれた大学院もあったほど。こうしてアカポスは、有名国立大学大学院生にとっては売り手市場となった。一九六六年は、大学教員ポスト増加数は七四〇〇人。前年度（一九六五年）のアカポス予備軍（博士課程修了者）は四〇〇〇人だったことから容易に想像がつくだろう。

しかし、大学院の新設などにより大学院生が急増していく。一九五九―六九年の一〇年間で修士が三倍、博士が二倍に増える。大学教員の新規需要よりも、大学院生の伸びが大きくなりはじめた。一九七七年はＯＤ四〇〇〇人が問題になる。とくに大学院重点化によって大量の博士修了生（満期退学生）が出始める一九九〇年代半ば以降がアカポス超氷河期となる。

大学が急成長したときに大学教授職バブルがあったとしたら、戦前期にもそんなことがあったのではないか……。

戦前期の高等教育の大衆化は一九三〇年前後である。大学は一九二〇―三〇年の間に一六校から四六校に、専門学校は、一〇一校から一六二校に、旧制高校は一五校から三二校に急増している。同期間の高等教育在学者も七万五〇〇〇人から一八万人に急増している。高等教育教員（大学・専門学校・旧制高校）数を一九二五—三〇年の五年間でみると、一万六〇〇〇人（一九二五年）から一万四五〇〇人（一九三〇年）と三六％も増えている。

はたして、そんな時代の論文のなかにこんなくだりをみつけた。大学を卒業して、中学教師か会社員・銀行員かになれればとおもっていた学士が高等学校、専門学校の増設、大学の拡張で教授や助教授となることが出来る「予期しなかつた幸運」がおこったというのである（香原一勢「大学の清算期」『祖国』一九三〇年九月号）。

大学教授職バブルは、さらにもう一回あった。新制大学発足当時の一九五〇年代半ばである。一九四六年には、四八校だった大学は、新制大学がはじまる一九五〇年に四年制二〇一校、短大一四九校にもなった。専任大学教員は一九四九年には七一〇〇人が、一九五三年にはその四・六倍の三万三〇〇〇人にもなっている。大学以外の専門学校や師範学校教員が大学教員に格上げされた。それでも人が足りず、外地帰りで無職だった者、企業に勤めていた者、新制高等学校の教諭だった者が大学教授や助教授に流れ込んだ。

教授バブルは、第一回目が一九三〇年代の高等教育の第一次大衆化のとき、二回目が戦後直後の新制大学創設ラッシュのとき、三回目が一九六〇年代の高等教育の第二次大衆化のときということになる。

こうみてくると、全共闘の教授団交のとき、随分とんちんかんな応答をしたり、挙句には学問的業績がないことが露見して他大学へ転職を余儀なくされた教授がいたこともなんとなく腑に落ちてくる。ここでいう第二回目の大学教授職バブル時代の人たちが教授や管理職になっていたことにも関係しているとおもえるからである。さらに全共闘の時代の大学生調査をみると大学への不満で多いのが「講義がつまらない」だった。マスプロ授業のせいだけではなく、資質の劣るバブル教授のせいもあっただろう。

このような角度から、大学の今後を占えば、つぎのようにもなろうか。これからは、厳しい選別によってアカポスを獲得した若い世代にとっては、相対的にゆるい選別でアカポスを獲得した高齢大学教員世代は、バブル教授にしかみえない。大学紛争ではなく、大学教員の世代間紛争が待ち受けている……と。

第Ⅲ部

社会化と超社会化

第1章　家族と子どもの社会化

清矢良崇

1　家族の社会化機能

教育社会学において、子どもの発達や人間形成が研究される場合、社会化（socialization）という言葉が用いられ、その代表的な理論として、T・パーソンズ（T. Parsons）の業績に言及されることが多い。R・F・ベールズ（R. F. Bales）との共著である『家族』（T・パーソンズ＆R・F・ベールズ、橋爪貞雄ほか訳、黎明書房、一九八一年）の第一章「アメリカの家族」において、パーソンズは、当時のアメリカ社会における家族の実態を、統計的なデータをもとに考察し、家族の崩壊がいわれるほどには離婚率は上昇しておらず、むしろ盛んに結婚が行われていること、また、家族の機能は以前よりも専門化しており、子どもの社会化と大人のパーソナリティの安定化という二つの機能として理解すべきであると指摘している。ここでいう社会化とは、子どもが自己の生まれついた社会の文化を内面化（internalization）することであるが、家族は、人間のパーソナリティを作り出す「集団」として、重要な役割を担っていると考えられる。さらに、現代社会における家族の規模の縮小に伴い、成長過程における子どもの経験が、自分が属する小さな家族との人間関係に比較的限定されるため、子どもの社会化の一つ一つの段階を、以前よりも丁寧に、長い時間をかけてたどる必要がある。特にその初期の段階では、子どもが情動的資源のすべてを「投資」し、寄りかかることができる唯一の集団として、家族という存在は大きな意義をもっている。一方で、現代社会において、夫婦を中心とする核家族は、互いに寄りかかって生きる以外に、支援を得ることが難しい構造になっており、親たちの情動のバランスを維持するためにも、家族という存在は大きい。というのは、大人のパーソナリティの安定のためには、その「子ども的な」部分を表出することが肝要だが、家族として子どもと生活し、子どもの感情や思考に合わせて大人が相互作用することが、もっともよい方法だからである。

以上のような認識は、当時のアメリカ社会を念頭に考察されたとはいえ、家族と子どもの社会化に関する基本的な前提として、その重要性は現在でも変わってはいない。しかし、パーソンズの理論で、もっとも批判の対象になった論点の一つは、家族と性別役割の分化に関する考察である。彼は、アメリカの家族において、性別役割の分化は、その重要性が低下しているどころか、むしろますます重要なものになりつつあると指摘した。こういった分化は、家族以外の同じような規模の小集団に普遍的に見られる役割分化の一つの見本であり、特に社会化の過程において、父親が道具的役割に、母親が表出的役割に「専門化」することが、子どものパーソナリティ形成にとって決定的に重要な意義をもつと考えたのである。

周知のように、現代日本における家族のありようは、パーソンズが考察した当時のアメリカ社会とは、時代的にも文化的にも大きく異なっている。しかし、子どもの社会化過程に関するパーソンズの理論体系そのものは、時代や文化、地域による違いを、違いとして記述できる普遍的な概念構造体として理解することが可能であり、その基礎には、行為理論の準拠枠、パターン変数、小集団における役割分化、ＡＧＩＬ図式といった、重要な概念装置が横たわっているのである。本章の関心は、まさにこの点にあり、教育社会学における、ほとんど唯一の社会化理論としての、パーソンズの理論的枠組みを再考しつつ、そこから普遍的に使用可能な理論的要素を抽出してみたいのである。そこで本章では、行為の一般理論における「行為理論の準拠枠」まで立ち戻り、そもそもパーソナリティとはどのように考えられているのか、家族集団とパーソナリティの形成過程との関係は、どのような概念装置で記述が試みられているのか、といった点に着目しつつ、改めてパーソンズの理論を読み解き、その現代的意義を考察したいと思う。

2　行為理論の準拠枠

まず、パーソンズとE・A・シルス（E. A. Shils）の共編による『行為の総合理論をめざして』（T・パーソンズ&E・A・シルス、永井道雄ほか訳、日本評論社、一九六〇年）に依拠しつつ、パーソンズの理論の基礎にある、「行為理論の準拠枠」（frame of reference of the theory of action）を構成する概念から整理してみよう。まず「行為」（action）とは、ある行動（behavior）が、ある目的に向かって、ある状況内で、ある規範に従ってエネルギーを消費していると分析される時に用いられる概念である。それぞれの行為は、自然物や文化的資源などの「非社会的客体」や、自分自身を含む他者や集合体などの「社会的客体」によって構成される状況内で起こるが、それぞれの行為者の、これら客体に対する関係の体系が、彼のいう「志向の体系」（system of orientations）である。志向の対象としては、目標とされている対象、資源、手段、条件、障害、記号といったものが含まれ、行為の志向とは、彼が何を欲しているか、何を見ているのか、欲するものをどのように得ようと意図しているかという観点から、行為者が状況に対してもつところの概念である。有機体としての行為のエネルギーは、こういった志向によって、特定の目的や客体に結びつけられ、消費される。

さて、行為者にとって、志向される目的や、それを達成する手段には、通常、いくつかの選択肢がある。その選択が可能であるために、行為者は、状況の中に、どのようなものが、どのような特徴をもって存在しているのか、あるいは自分が選択可能などのような選択肢が与えられているのかについて、認識的（cognitive）に識別する必要がある。さらに、行為者は、自らの欲求との関係で、状況の中に識別した客体を、自らに満足を与えるか、逆に有害であるかという観点で位置づける。これが、カセクシス的様式の志向（cathectic mode of orientation）と呼ばれるものである。また行為者は、複数ある客体、またそれが与える満足から一つを選択する場合、そこには、それぞれの客体や満足について、将来、その選択が自分にどのような結果をもたらすかを吟味し、評価するという過程がある。評価の過程があるということは、意識的であれ無意識的であれ、そこには何らかの評価基準（evaluative criteria）があるはずである。その基準には、真理という認識的基準、適正という鑑賞的基準、正しさという道徳的基準の三つがある。こうして、行為者の欲求充足への志向として、認識的、カセクシス的、評価的という三つが動機志向（motivational orientation）として設定され、評価的志向に必然的に関連性をもつ、三つの評価基準への関与が価値志向（value-orientation）として設定される。

3　パーソナリティの概念

以上のように、行為者の行う選択と、それに伴う評価の基準に注目する視点から見るなら、状況における行為者は、常に一連の志向のジレンマに直面していることが分かる。第一に、行為者は、直接に認識されカセクシスを注がれた客体から充足を受けるべきか、その結果を考慮してそれを評価すべきかのどちらかを選ぶ必要がある。第二に、評価を行う場合、社会の道徳的基準に優位を与えるべきかどうかを選ぶ必要がある。第三に、道徳的基準に優位を与えるかどうかにかかわらず、認識的基準と鑑賞的基準のどちらに優位を与えるかを選ぶ必要がある。以上が、行為の準拠枠に内在するジレンマである。これに加えて、特に社会的客体に関わる場合に、その人物の所属によって評価するか業績によって評価するかを選ぶ必要があり、またその人物の限定された側面に関心を向けるかそのような限定なしに関心を向けるかを選ぶ必要がある。以上の五つのジレンマは、行為者が状況の意味を確定する前に行わなければならない一連の基本的な選択であり、それぞれ、感情性（affectivity）―感情中立性（affective neutrality）、集合体志向（collectivity-orientation）―自己志向（self-orientation）、普遍主義（universalism）―個別主義（particularism）、業績本位（achievement）―所属本位（ascription）、限定性（specificity）―無限定性（diffuseness）という、五つのパターン変数（pattern variable）として定義される。このうち、業績本位―所属本位は、後に、遂行（performance）―資質（quality）に改称される。

重要なことは、これらのパターン変数が、四つの異なるレベルの記述に適用できるという点である。

第一に、具体的な行為のレベルで、ある行為者が、意識的であれ無意識的であれ、行為する前に行う五つの選択として記述される。第二に、これらのパターン変数の選択の習慣（habits of choice）として、パーソナリティが記述される。第三に、社会体系を構成する役割期待の特性が、第四に、行為者の選択の習慣を導くところの、文化レベルにおける価値基準の特性が、パターン変数によって記述されるのである。

一方、パターン変数の選択の習慣として記述されるパーソナリティ（personality）そのものは、「一人の個人としての行為者（actor）の行為の志向と動機づけの組織化された体系」（T・パーソンズ&E・A・シルス、九頁）〔強調は原文、訳文を一部修正、以下同様〕と定義される。ここで使われている「動機づけ」（motivation）という言葉は、行為を可能にするエネルギーとしての「原動力」（drive）、特定の客体とのカセクシス的関係を志向し行為する生得的な傾向を意味する「動因」（drives）、そのような傾向が行為の過程を通して獲得されたものである場合に使用される「欲求性向」（need-disposition）という三つの現象を指す一般的な用語である。そこで行為は、「原動力」「動因」「欲求性向」のどれかによって「動機づけられる」といわれ、それがどれであるかは、関連するパーソナリティの発達段階や、論じられる行為のタイプによって違ってくることになる。しかし、社会学的な視点からパーソナリティ形成を考える場合にもっとも重要な概念は、いうまでもなく「欲求性向」であり、「生得的なものではなく、行為の中で形成され、あるいはそれを通して学習され、たちどころの充足をめざすだけでなく未来の充足をめざして、志向と選択を行う傾向である」（T・パーソンズ&E・A・シルス、一八二頁）と定義される。こういった意味での複数の欲求性向が、相互に組織化された体系として、パーソナリティを構成するのである。

　個々の具体的な欲求性向に対しては、例えば社会化過程との関連でいえば、後述するように、「依存」「自律」といった名前が付けられるが、それらをより普遍的なレベルで分類し、相互の関連性を記述するために、前述した五つのパターン変数が利用される。例えば、感情性は「ある状況においてたちどころの欲求充足の機会を利用して、評価的な理由でその充足を断念しないことを行為者自らに許す欲求性向」として、感情中立性は「ある状況においてたちどころの欲求充足の機会が与えられても、それを利用することを禁ずる評価的な考慮によって導かれようとする行為者の欲求性向」として定義される（T・パーソンズ&E・A・シルス、一二八頁）。これは、社会化過程のある段階（エディプス位相）で、「依存」欲求「自律」欲求が、それぞれ二つに分化する契機となる変数である。このように、パーソナリティのレベルにおけるパターン変数の適用によって、一つ一つの欲求性向が特徴づけられ、相互に組織化された体系として記述される。

　このように、社会学におけるパーソナリティとは、パターン変数によって記述可能な欲求性向の組織化された体系として、パーソナリティ形成の過程とは、パターン変数の選択の習慣として特徴づけられる複数の欲求性向の、相互に組織化された形成の過程として考えられる。注意すべきは、欲求性向の一つ一つは、具体的にイメージすることが可能なだけでなく、（少なくとも高度に分化した）社会の秩序維持のための機能的要件として位置づけられているので、あくまで普遍的に使用可能な枠組みとして考えられているということである。当該社会の、時代や文化による違いは、その維持のために必要となるパーソナリティを構成する欲求性向の要素それ自体よりは、個々の欲求性向の相対的な強さの違いとして記述される。行為理論の準拠枠からパーソナリティ、そしてパーソナリティ形成を考える時、こういった普遍性と個別性の両方を意識しておく必要がある。

4　家族と社会化の過程

核家族と役割構造

パーソンズは、家族と子どもの社会化について、前述したベールズとの共著『家族』の第二章以下で、本格的な議論を展開しており、以下では、その内容を紹介しつつ論を進めたいと思う。前述したように、パーソンズの理論の出発点には、当時のアメリカ社会における「孤立した核家族」という事実認識があり、これを分析の単位として理論的考察を行っているが、そこで想定されるのが、力（power）と、道具的（instrumental）機能―表出的（expressive）機能という、二つの軸から構成される、核家族における四つの基本的な地位―役割（status-role）類型である。それを示したのが、図3―1―1である。

ここで、道具的―表出的という区別は、集団の「外的」機能と「内的」機能の分化に対応したものであり、道具的機能とは、家族の外部の状況、家族の維持のための適応的条件の充足、外的な目標客体

力		道具的優位性	表出的優位性
	優位	道具的優位	表出的優位
	劣位	道具的劣位	表出的劣位

(出典)T・パーソンズ＆R・F・ベールズ、77 頁より作成。

図3–1–1　核家族の基礎的役割構造

に対する望ましい関係の確立といった機能を意味し、表出的機能とは、家族の「内的な」事柄、家族成員間の統合的な関係の維持、家族成員間の緊張の調整といった機能を意味する。

この図式に関して、パーソンズ自身は、それぞれの単位に、例えば道具的役割優位に「父」、表出的役割優位に「母」といった想定をしていることから、現在の社会状況や理論的水準から、さまざまな問題点が指摘されると思うが、ここではあえて以下の諸点を強調したい。第一に、この役割構造は、核家族に限らず、どのような集団であっても、その適応存続と内的な統合維持のためには、何らかの形で必要とされるものである。第二に、この構造は、個々の家族における、夫婦の関係性、子どもたちの年齢、子どもの数、あるいは、父や母のどちらかが不在の場合など、さまざまな要因によって変形されうる。第三に、子どもが家族集団に参加する場合、最初からこの四役割構造に遭遇するのではなく、後述する「愛着期」における母と子の関係性は、家族の一つの下位集団として、二単位の役割構造からなる体系として捉えられ、しかも、そこでの母親の役割はおもに「道具的役割」を担う者とされている。さらには、家族をこえたより広い役割構造への、二分割（binary division）の原理による展開として、八単位さらには十六単位からなる役割構造が考えられ、先の二単位構造の想定とともに、役割構造の単位が増減する。この図式には、さまざまな変化に応用可能な、普遍的で柔軟な理論構造の側面があることにも注目しておきたい。

家族集団と社会化の過程

さて、家族における社会化の過程を記述するためには、ベールズの小集団研究、S・フロイト（S.

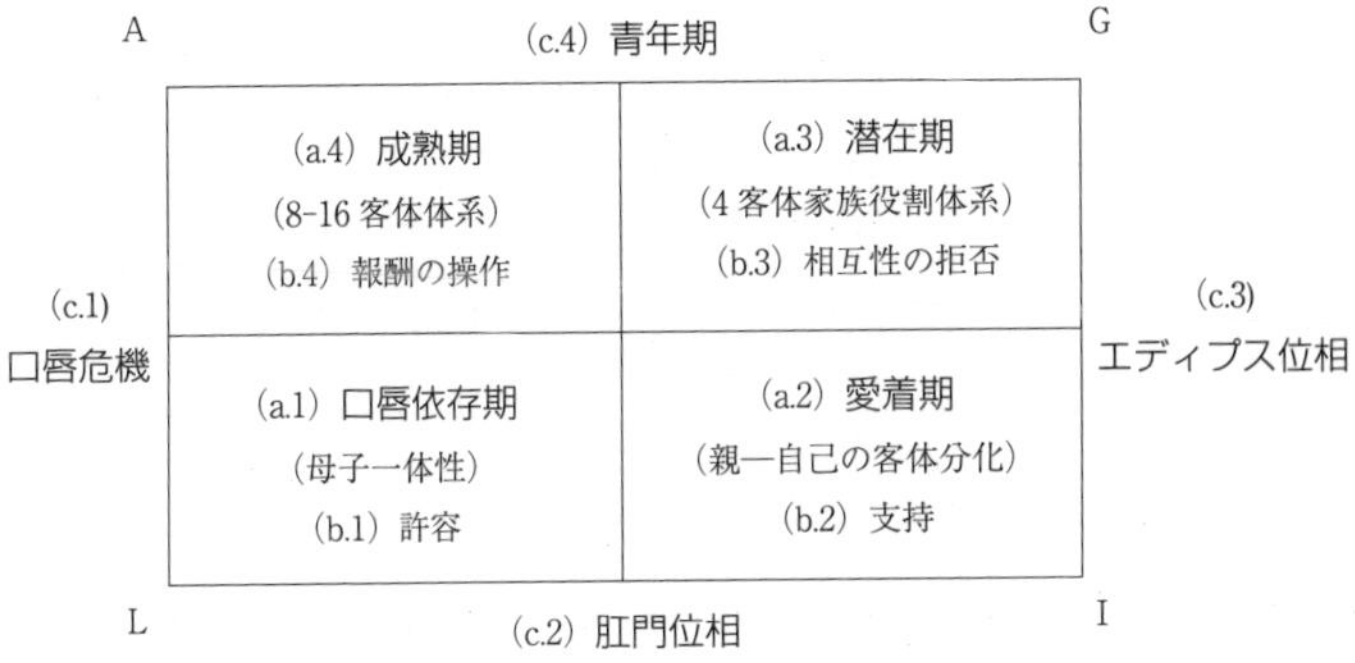

(出典)T・パーソンズ&R・F・ベールズ、69頁より作成。

図3-1-2　社会化の位相パターン

Freud）の心理—性的発達に関する知見、社会統制（social control）と逸脱行動の類型に関する理論図式などが使用される。まず、ベールズの小集団研究からは、課題遂行集団（task-oriented group）において観察される、「適応的‐道具的」（adaptive-instrumental）、「目標充足的」（goal-gratificatory）、「統合的」（integrative）という三つの位相に、その集団が会合していない時に見られる「潜在性」（latency）の位相を加えた四つの位相パターンを利用している。これが、AGIL図式に対応するものである。また、心理療法の過程に関連した社会統制の位相として、「許容」（permissiveness）、「支持」（support）、「相互性の拒否」（denial of reciprocity）、「報酬の操作」（manipulation of rewards）を抽出し、前述の課題遂行の四つの位相と対応させている。これを想定しつつ、パーソンズは、社会化の過程を位相パターンとして捉えるのだが、それを内容的に記述する際に用いられるのが、フロイトの心理—性的発達に関する考察である。こうして、図3‐1‐2に示すような、社会化過程の四つの位相パターンの図式が構成される。

　この図式で特徴的なことは、子どもの社会化を、口唇依存期（oral-dependency）、愛着期（love attachment）、潜在期（latency）、成熟期（maturity）という安定期と、口唇危機（oral crisis）、肛門位相（anal phase）、エディプス位相（oedipal phase）、青年期（adolescence）というかく乱期とが交互に訪れる過程と考えていることである。まず、「口唇危機」は、「純粋な有機体」としての胎児が、出産によって、呼吸や栄養摂取や排泄のための環境との、まったく新しい関係を、行動的な意味での学習によって構築する必要に迫られる時期である。これを経て、母親の庇護のもとで、口唇を通じた母親との安定的な関係が構築される時期を「口唇依存期」というが、ここでは、子どもによる、母親を原型とする「社会的客体」への「愛着」の達成が重要であり、またそれが言語学習が成功する条件であるとも考えられている。口唇依存期が、今度は、排泄訓練という最初の自律的行為が要求される「肛門位相」によって乱され、これを経て、母親からの愛情に依存しつつ自律的要素を強めてゆく子どもと母親との間の安定的な関係が構築される「愛着期」が訪れる。この母親への愛着と依存が乱されるのが「エディプス位相」であり、それまでもっぱら母親に対して向けられていた自律的行為が、父親や兄弟姉妹に対しても演じられるようになる。こうして、家族成員間の愛着表出が抑えられ、家族外の人間関係にだんだんと向けられる時期が「潜在期」と呼ばれ、その圧力が強まるのが、「青年期」という危機である。こうして、家族集団への適切な参加と、家族外の成員との愛着的関係形成とのバランスがはかられる「成熟期」へと移行してゆく。

以上のように、社会化の過程は、安定期とかく乱期とが交互にやってくるため、ある安定期に学習した親との関係のもち方は、次の位相では、むしろ打破の対象となるために、子どもにとっては、フラストレーションに満ちた過程となる。そこで、社会化担当者としての親は、子どもが慣れ親しんだ位相での役割と、これから経験されるべき位相での役割という、いわば二重の役割を演じながら、子どものフラストレーションを処理しつつ、「同調的」役割へと導く必要がある。そこで関連してくるのが、前述した社会統制の四つの位相である。「許容」とは、フラストレーションから、慣れ親しんだ位相での関係さえ乱すような欲求表現をしてしまう子どもを許すことであり、「支持」とは、慣れ親しんだ位相やこれから迎える位相で期待される行動に対して、子どもが失敗しても与えられるものであり、「相互性の拒否」とは、フラストレーションゆえに、慣れ親しんだ位相に逆戻りして関係性をもとうとする子どものペースに引き込まれないということであり、「報酬の操作」とは、これから経験されるべき位相において期待される行動に対してのみ、報酬を与えることである。これら四つは、子どもの社会化のどの位相においてであっても、常に適当なバランスと順序で適用されるべきものだが、一方で、図3-1-2に示されているように、位相の大きな流れの中では、先に示した四つの安定期それぞれにおいて、社会化担当者が優位とすべき態度としても考えられている。このように、社会統制の視点から見るなら、社会化の過程とは、螺旋状（spiral）の軌跡を描いて進行するものなのである。

5　社会化の過程と子どものパーソナリティ形成

社会化におけるパーソナリティ形成

先に、パーソナリティを、複数の欲求性向の組織化された体系として言及したが、前述したように、「欲求性向」は「行為の中で形成され、あるいはそれを通して学習されるもの」である。そこで起こっているのは、G・H・ミード（G. H. Mead）のいう「他者の役割をとる」という過程である。子どもが学習するのは、自己にとって有意義な他者の役割と、その役割と相補的な関係にある自己の役割の両方であり、その組み合わせである。この組み合わせは、子どもが参加する社会構造の「鏡像」（mirror-image）ともいえるものだが、社会構造そのものというよりは、そこに知覚された役割単位の「意味のパターン」であり、それは、認識的な意味での社会的客体であるとともに、「欲求性向」によって動機づけられた客体でもある。それは、自己との関係でいえば、「もし自分がこうするなら、他者はああする」「もし他者がああするなら、自分はこうする」といった、相補的な役割期待のパターンを構成する客体である。こうして自己は、社会化の過程で、ある状況の中で「かくかくしかじかのことをする（したがる）彼・彼女」という社会的客体を学習し、その彼・彼女との関係で、「かくかくしかじかのことをする（したがる）自分」になってゆく。これが社会化におけるパーソナリティ形成なのである。この意味で、子どものパーソナリティ形成にとって、他者としての「社会化担当者」の振る舞いが、どう子どもに知覚され、どういう欲求性向をもった社会的客体として内面化されるかが、決定的に重要となる。このような意味で、パーソナリティは、行為者が参加する集団を構成する役割単位（role-units）に起源があり、その形成過程は、社会的相互行為への参加と不可分なのである。

欲求性向の分化

役割単位を起源にもつ、このようなパーソナリティ形成の過程を考える場合、社会化の各位相で、子どもがどういった役割構造に遭遇するかを簡単に理解しておく必要がある。まず、口唇依存期においては、「世話をしてくれる者としての母親」という単一の役割関係の中で学習が行われる。次に、愛着期においては、力と道具性において圧倒的に優位に立つ母親と、表出性に専門化しつつ自律性を発達させる子どもという、二単位の役割関係の中で、社会化が進行する。そこでは「わたしの世話をしてくれる人」という道具的役割を行いつつ「わたしを愛してくれる人」としての母親と、「母親を愛する人」という表出的役割を行いつつ、自己と母に気を配る（副次的な道具的役割を行う）自分という、二つのパーソナリティ体系が内面化される。パーソンズは、この二つのパーソナリティがもつ欲求性向を、それぞれ「依存」（Dependency）および「自律」（Autonomy）と名付けている。

次のエディプス位相においては、規範への「同調」と「自律」を強要する新しい源泉としての父親が「登場」し、母親は、「安定感」や愛情関係における「受容」の主な源泉となる。こうして、社会統制における「許容」と「支持」は、養育の継続と愛情表出という形で、母親の役割に集中し、「相互性の拒否」と「報酬の操作」というしつけの厳しい側面は、父親の役割に集中すると考えられる。こうして、図3-1-1に示した、家族における四つの役割構造が出現するが、これに伴い、子どもに内面化されるパーソナリティ体系も、二つから四つに分化する。愛着期における母親の役割に対応していた「依存」欲求は、「養育」（Nurturance）欲求と「同調」（Conformity）欲求に分化し、同じく「自律」欲求は、「安定感」（Security）欲求と「適切さ」（Adequacy）欲求とに分化することになる。ここで「安定感」とは、愛着期における子どもの表出性の「女性的」側面であり、「適切さ」とは、そこから道具性が分化した「男性的」側面である。

これ以降の、パーソナリティ体系のさらなる分化は、「同輩集団」や「学校集団」といった家族以

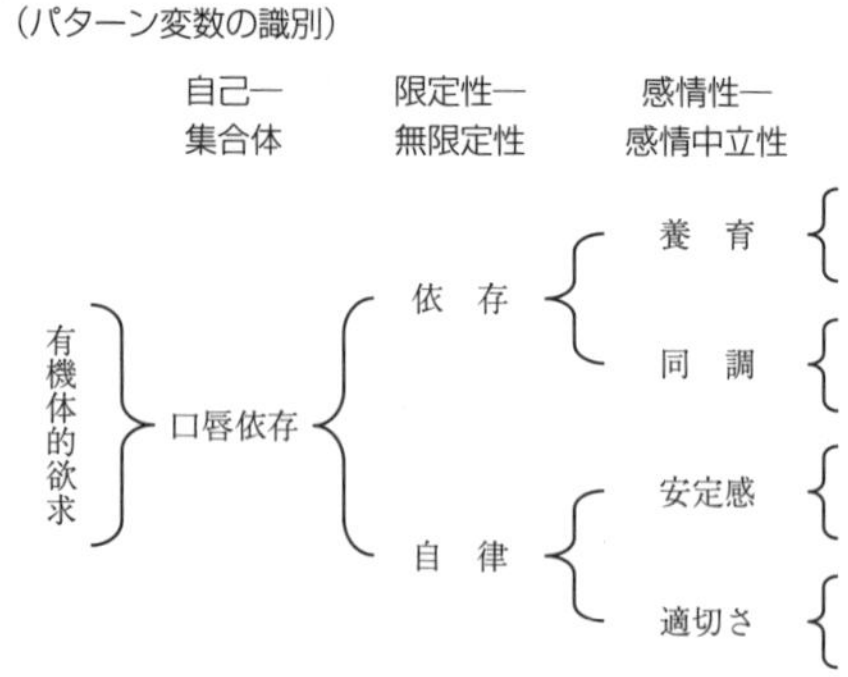

（出典）T・パーソンズ＆R・F・ベールズ、205頁より作成（一部省略）。

図3-1-3　欲求性向の系統図

外の集団への参加が関連しているため、本章では述べない。ここで少なくとも注目しておきたいのは、社会化過程における子どものパーソナリティ形成というものが、欲求性向（つまり集団の中の役割の機能）に焦点化した役割構造の内面化が、単純な体系から、より複雑な体系へと分化してゆく過程として捉えられているということである。

欲求性向の系統図

以上のことから、形成されるパーソナリティの構造を、欲求性向の系統図として表現することが可能となる。図3−1−3は、口唇依存期から潜在期にかけての系統図を示したものである。本章では詳しく述べないが、パーソンズは、それぞれの段階で、パターン変数の識別が行われ、それが欲求性向の分化と緊密に関連していると論じている。口唇依存期においては「自己—集合体」の識別が、愛着期においては「限定性—無限定性」の識別が、エディプス位相においては「感情性—感情中立性」の識別が行われると考えられる。こうして、行為理論の準拠枠から導き出された諸概念が、社会化過程を記述する枠組みとして、統合されるのである。

もちろん、前述したような、例えばエディプス位相における性別役割の分化の考え方には、強い批判があるかもしれない。しかし、パーソンズ自身が「男性パーソナリティと女性パーソナリティとは、それらを構成する欲求性向単位の種類においては異ならないが、それらのパーソナリティを構成するいろいろな下位体系間の相対的強さにおいて異なっているのである」（T・パーソンズ＆R・F・ベールズ、二〇四頁）〔強調は原文〕と指摘しているように、男性性と女性性に関連する欲求性向の要素は、男性も女性も共通であると考えていることに注目する必要がある。実際パーソンズは、エディプス位相以降のパーソナリティの構造を、フロイトの理論との関連から、「同調」欲求を「超自我」に、「養育」欲求を「イド」に、「安定感」と「適切さ」欲求の両方を「自我」に対応させて考察している。このような考え方を基礎に「性別役割」の分化が考察されるとすれば、当然その変化も視野に入ってくることになる。

パーソンズ自身の比喩を借りるなら、ここで提示されている系統図（つまり高度に分化した欲求性向の表）は、一種の「鍵盤」の配列にたとえられ、一定の役割志向は、その鍵盤で演奏される「曲」にたとえられるのである（T・パーソンズ＆R・F・ベールズ、二三八頁）。このように、この図式の考え方自体は、高度に分化した社会の秩序維持のために必要なパーソナリティを構成する「鍵盤」としての普遍性をもちつつも、特定の性に特定の役割を固定して割り当てるものではなく、時代や文化によるその変化を考察することにも利用可能な構造になっているのである。

パーソナリティ形成の変化

パーソンズ自身、社会の価値体系の変化が、核家族におけるパーソナリティ形成に影響すること、同じ社会の中での家族の差異が社会階層と関係していること等々は、当然自覚している。ここでは、アメリカ社会の価値体系が、子どものパーソナリティ形成にどう影響するかを述べた彼の文章を紹介したい。

> アメリカ的価値体系においては、それは普遍主義的—遂行パターンという特徴を広くもっていると考えられるので、核家族における世代間の力の差が縮小される傾向にあるし、また、妻—母の役割は、夫の役割に比べれば表出性が強いけれども、「道具性化」し、道具性の極に「片寄せ」られる傾向が強くなってきている。かくてこの均衡は、子どもに内在化した四つの客体体系の間の均衡に反映されることになるであろう。すなわち、男の子は、別の類型の家族で社会化された子どもよりも、適切さという点において、より「成功志向的」になり、超自我の支配が弱くなるであろう。女の子は、別の類型の家族体系で社会化された子どもより、いっそう「独立的」になり、「養育者性」(nurturant)を失うようになる。(T・パーソンズ&R・F・ベールズ、二一七—二一八頁)

この文章において彼は、本章で紹介した概念装置を総動員しつつ、アメリカ社会の変化を指摘している。現代の日本において、アメリカ的価値体系の影響が、仮に強まっているとするなら、一九五五年に書かれた、パーソンズのこの文章は、きわめて予言的な意味合いをもっていたことになる。これは一つの例であるが、パーソンズの基本的な視点は、社会は絶えず変化するし、それによってパーソナリティ形成も当然影響を受けるが、分化の程度と方向の違いはあれ、社会構造およびパーソナリティの構成要素に関して相違は見られないと考える点に、その核心がある。そういう共通の構成要素によって、当該社会のパーソナリティ形成を記述する、いわば座標軸として、パーソンズの理論は、現在でもその意義を失っていないと思われる。本章において、パーソンズによる社会化過程そのものの記述よりも、彼の理論を構成する「概念装置」の構造を重点的に論じたのは、家族と子どもの社会化を記述する「座標軸」としてのパーソンズの理論の現代的意義を強調したかったからである。

キーワード　社会化、パーソナリティ、T・パーソンズ

第2章　引退論序説――「降りること」の困難さについて

亀山佳明

アスリートのこだわり

アスリートの引退について言うと、二〇〇八年は忘れられない年になった。というのも、この年、いろいろなスポーツ領域で、著名選手の数多くが引退を表明したからである。なかでも、七月一七日、大リーグへの道を切り拓いた野茂英雄投手が引退表明したことは特筆に価する。独特な投球フォームから繰り出される、あのフォークボールはわれわれには忘れられないものであった。日本プロ野球界に五年間、米国大リーグ界に一三年間在籍し、日米通算二〇一勝を挙げた。それにしてもわれわれを驚かせたのは、引退に際しての彼の声明の一部に、「まだ悔いが残っている」という一言のあったことである。彼ほどのキャリアと実績を有する大投手にあっても、いまだ成し遂げえていないものがあるのか、という素朴な感慨を抱かせられた。しかしながら翻って言えば、一流のアスリートであればあるほど、引退に際して「悔いが残る」ものなのかもしれない。とすれば、それは一体なぜなのであろうか。

このような疑問がここでの問題意識である。この疑問を、われわれは、社会学の用語である「社会化」（および「超社会化」）という概念を用いて解いていくことにする。ついでに言うと、引退に際して問題に遭遇するのは、何も野茂投手のような一流選手にのみ限られるわけではない。たとえば、次のような事例も広く知られた同様なケースと考えられる。サッカー界におけるJリーグ一部・二部の領域では、あわせて毎年一三〇人ほどの選手が新しく入ってくるが、それと同時に、ほぼ同数の選手が解雇されていっている。実を言うと、この解雇される若者たちの処遇をめぐって、Jリーグでは頭を痛めている。この問題は、業界では通常セカンド・キャリアの問題として取り扱われているが、その際に、「悔い」を残す者が多数いるために引退をめぐるトラブルが絶えない、と伝えられている。

1　社会化とは何か?

スポーツに見る社会化

社会学の領域で使用される専門用語には、日常生活での自然言語と意味の重なる場合が比較的多い。そのために、両者における意味の混同から、しばしば誤解が生じやすくなる。「社会化」(socialization)という用語もその例外ではない。自然言語では、個人的なもの、あるいは私的なものが社会に広がる、という意味でこの語が用いられている。これに対して、社会学では、いまだ社会的でない存在が当該の社会において通用する存在になること、を意味している。さらに言えば、当該の社会に生まれ落ちた子ども、つまり非社会的成員が、その社会で要求される行動様式を身につけて、一人前の成員として認められるようになる作用をさしている。どのような社会においても、その社会が存続していくためには、社会を構成する成員を新たに補充していかなければならず、それを欠くなら、社会は消滅する恐れがでてくる。新しい成員となるには、当該の社会で要求される、知識・技術・価値観などを学習し、構成員にふさわしい行動様式を身につけなければならない。

このプロセスを分かりやすくするために、いま当該の社会をスポーツ領域にとってみよう。たとえば、野球界という領域では、その領域に携わって活動する人たちを欠いては成り立たない。また、その世界を成立させる規則や法があるとともに、野球に関する基本的な知識や技術も存在している。このような規則・法・知識・技術を保有する人たちにとって、野球人として何を尊重すべきか、という価値観もまた重要な意味をもつ。フェア・プレーはなぜ大切であるのか、野球人として如何に振舞うべきなのか、このような価値観が野球界のあり方を左右している。それゆえに、この世界に新たに参入しようとする人は、そこで通用している行動様式を身につけない限り、一人前の成員として認知されないのは当たり前と言えるだろう。

ところで、イチロー選手と言えば、野球界に詳しくない人でも、その大リーグでの活躍を聞いたことがあるはずだ。その彼の、野球界への参入の過程には興味深いものがある（以下の記述は、R・ホワイティング、松井みどり訳『イチロー革命――日本人メジャー・リーガーとベースボール新時代』早川書房、二〇〇四年に拠る）。広く知られていることだが、彼を野球界に導いたのは父親であった。この意味で、父親は社会化の重要な媒介者《エージェント》であった。イチローが三歳になったとき、父親は初めて彼にグローブをプレゼントした。それは、町きってのスポーツショップで販売する、一番高価なものであった。父親はイチローに「物の価値を教える道具」として、身分不相応なグローブを買い与えたのである。その日から、両者の間でキャッチボールが始められた。連日、家の裏庭でキャッチボールを行ったのち、父親は息子にグローブの手入れの仕方を教えた。その際に、「けっして物を粗末にしてはならない、物は敬意と感謝の気持ちをもって扱うべきである」と教えることを忘れなかった。イチロー少年は儀式のようにして丁寧に汚れを落とし、オイルを塗ることを習慣づけられた。以後三〇年間、イチローはこの習慣を守り続けている。野球に対する価値観が彼に態度として染みついた所以である。

技術についてはどうか。七歳になったとき、地元の少年野球チームに所属して野球に励んだが、それとともに、父親に「野球の正しいやり方を教えてほしい」とせがむ。それに対して父親は交換条件を出して応じた。「教える代わりに、おまえは毎日一生懸命練習をするか？　よそ見をしたり、気を抜かずに努力をするか？　最初から最後までだぞ、約束できるか？」と問いかけ、両者の間で「男と男の約束」が結ばれる。毎日午後三時になると、父親は経営する小さな電気部品の工場を引き上げ、リトルリーグ球場で息子と合流する。一日の練習メニューは、軽いジョギングとキャッチボールから始められ、その後、投げ込み五〇回、トスバッティング二〇〇回、締めくくりは、内野と外野の守備練習をそれぞれ五〇回行った。夕食後、宿題を終えると、父と子は再び外出し、近所のバッティングセンターに出かける。ピッチングマシンに向かって二五〇回から三〇〇回くらいの打ち込みをする。その際に、父親はバックネットの後ろに立ち、ストライクゾーンを逸れたボールに息子が手を出したときには、すぐさま叱責を飛ばした。この練習はバッティングセンターの閉まる午後一一時まで行われた。驚くべきことに、こうした一連の作業が年間三六〇日（残りの五日のみが休日）行われたのである。また、イチローは生来右利きであったが、打者に有利になるからと左利きに転向させられた。その方が二、三歩早く一塁ベースに着くという。これも父親の判断からなされたものであった。

夢と選択

以上のような社会化の過程とその内容から推測できるように、イチローを野球という〈世界〉――以下、特定の秩序を成した世界をこのように呼ぶことにする――に導き、そこで要求される知識や技能、さらにはその〈世界〉で要求される価値観を教授したのは父親宣之であった。イチローという人材は、父親という社会化の強力な媒介者を通して野球界へと社会化されていった。父親が主にこの役割を担ったのはイチローが三歳から中学を卒業するまでであったが、イチローは小学六年生のとき作文に次のように記す。「ぼくの夢は、一流のプロ野球の選手になることです」と。文面には、彼の将来に対する方向性が示されている。この目標に向けて、いまの訓練＝社会化が意味づけられているが、われわれはこれを「予期的な社会化」と呼んでもよいであろう。

この「夢」の形成に当たっては、社会化の担い手たる父親宣之の影響の大きいことは、誰にも否定できない。三歳のときから指導してきた父親は、イチローが小学校の低学年の段階で、すでに彼の非凡な才能に気づいていた。「〝ストライキ〟を起こしたこともある。早めに練習をきりあげて友だちと遊びに行きたい、と言ったら、父親に拒否されたからだ。少年は抗議のつもりで、グラウンドの真ん中に座り込んだ。」「怒った父親は、息子にボールを投げつけた。何度も何度も。ところが少年の反射神経はすばらしく、球をひらり、ひらりとかわしてしまう。ときには（中略）、片手を顔の前にさっと上げて捕るしまつ。宣之はのちにこんな趣旨のことを書いている。――私の息子は、とても頑固で、きかん気だった。ときには無性に腹が立った。しかしそんなときにこそ、彼に特別なものが備わっていることを思い知らされた。あの子には、生まれつき大変な才能がある、と――」（同書、三〇頁）。

とはいえ、イチローが描いた「夢」に全面的な父親の影響をみることには賛同できない。先の作文に現れていたように、早い時期からイチローには固い意志が出来上がっていたからだ。リトルリーグを終えて高校への進学を決めるとき、父親とイチローとは相談して、高校野球の名門、愛知工業大学名電高等学校に決定するが、そこに至る場合においても、イチローの選択の意志が働いていたと思われる。この進路決定について言えば、二つの道があった。一つは受験高校をへて、有名大学に進学する道であった。中学時代のイチローは、学業成績も抜群であった。「学問に集中すれば東大に入るのも夢ではない、と教師たちから太鼓判を押されたほど」であった。このコースは勉学をしながら、野球に励むという、いわば「二兎を追う道」であった。もう一つは、野球の名門校に進学し、プロ野球をめざす道であった。「イチローはさほど悩むことなく、後者を選んだ。そして入学した途端、勉強をぴたりとやめ、本人の言葉を借りれば、「授業中は寝ていた」のである」（同書、三六頁）。

のちに、イチローはこの選択を述懐して次のように述べている。自分の選択は正解であった。というのも、前者を選んでおれば、二兎とも逃してしまう恐れがあったからだ。自分は迷うことなく、後者を選んだからこそ現在の自分が在ると言える。「自分はすべてを野球から学んだ。だから全身全霊で野球に向き合いたい」と（朝日新聞　二〇〇八年七月二八日朝刊「ＴＶレビュー」）。このイチローの言から、われわれは、人生の分岐点に差し掛かった際には、彼は自身で選択の決定をしたはずである、と思わざるをえない。なるほど、父親の影響力には大いなるものがあった。それは否定できない。しかし、その父親が認めていたように、イチローは頑固であり、もの心がついてからの選択ではイチロー自身が決断していた。日本のプロ野球に入るとき、また大リーグに行く際にも、そこに迷いがみられなかったのも、彼が常に自分の「好きな道」を選択していたからであろう。彼には、選択する自分こそが、「本当の自分」であるという確信があったのである。この確信は一体どこに由来していたのであろうか。それを考えるには、われわれには社会化とは別な「超社会化」の概念が必要であると思われる。

2　超社会化とは何か?

超社会化

ところで、「超社会化」（trans-socialization）という用語は、社会学の初学者にはむろんのこと、社会学を専攻している人にとってさえ耳慣れない言葉かもしれない。この用語を理解してもらうために、社会化という用語と対比させながら説明しておこう。もう一度繰り返しておくなら、社会化とは当該の社会に要求される行動様式――知識・技能・価値観など――を新成員に習得させる作用であった。野球の領域に限って言えば、宣之がやったように息子にグローブを買い与え、キャッチボールの仕方をはじめ、野球の技術やルール、さらにはそこで尊重される価値観までも教え込むことであった。いわば野球の〈世界〉を構成するさまざまなことを、その〈世界〉に所属している担い手が後進に伝承していく過程であった。この意味で、宣之は世間の野球指導者が行うべきことをなしていたと言ってよい。

ところが彼は、そうした社会化の媒介者に要求される役割を超えてしまう指導者でもあった。それは彼の異常とも言える指導のあり方からも推測できるであろう。自身の少ない収入の中から三歳の幼児に高価なグローブを買い与え、年間三六〇日に渡って野球を教え、しかもその作業を一二年間以上も継続したのである。高校入学後も、毎日午後三時には愛工大名電の野球場に現れ、ネット裏からイチローの練習振りを観察し続けた。雨の日も風の日も、寒さ厳しい日々も。われわれは、宣之のとった一連の行動を知れば知るほど、そこに鬼気迫るものを感じずにはおれない。そこに〈世界〉をはみ出してしまうものを感じるからだ。彼は息子の中に非凡なものを見出していた。それを伸ばしていくためには、自分自身もまた非凡であらねばならないと決意していたのであろう。イチローの「本当の自己」は、社会化媒介者に宿った非凡なものを介して養われたに違いない。とはいえ、父親自身はあくまでも〈世界〉内の存在であるから、イチローは彼を通して〈世界〉の向こう側を見ていた、と言うべきかもしれない。後に述べるように、〈世界〉外の存在や体験こそが、主体に「本当の自己」を見出す機会を与えるのであるから。このような意味から、父親は社会化だけでなく、それを超える超社会化の媒介者でもあったのである。

ところで、われわれは、社会化とは集団が新しい成員を補給することによって、当の集団を維持していく作用である、と述べてきた。逆に言うと、集団の存続は当該集団に所属する成員の存続・安全を保障する作用を果たしている。つまり社会化は個人と集団の両方を外部の圧力から防衛する働きを有している。このために、集団にとってそのウチとソトとを区分ける境界を欠かすわけにはいかない。極論すれば、ウチは味方であり、ソトは敵なのである。これが「閉じた社会」である。これと対応する人びとの行動様式にも「閉じた行動」と呼ぶべきものがある。その場合、ヒトであれ、モノであれ、行為の対象は主体にとって目的のための手段として扱われざるをえない。たとえば、野球のボールはあくまで打って飛ばすための道具でしかない。対象は目的へ至る手段として把握され、主体（打者）

と対象（ボール）とのあいだには両者を区画する境界が厳然として存在している。

これに対して、「超社会化」とは〈世界〉の外部の経験である。それはどのようなものなのか。集団の次元で言うと、ウチとソトとを区分ける「境界の存在しない集団」への社会化ということになる。〈世界〉は言語によって分節されて一定の秩序を成しており、また法によって行動の範域を限定された領域を成している。「開いた社会」とは、この〈世界〉領域の外部に位置することになる。しかし、このような集団は実際には存在することはできない。言い換えると、境界を有さない集団とは自己防衛をしない集団ということになるが、自己防衛を欠いた集団は現実には存続しえないからである。しかし、特定の神秘家が呼びかける宗教集団にはこのような傾向が読み取れる。原始キリスト教団では、信者たちは神の前ではすべて平等であり、〈愛〉という連帯の力によって、境界をもたない集団を形成していた。このような集団にはそれに対応する個人の経験——「開いた経験」とも呼ぶべきものだが——が想定できる。それは、行為において主体と対象とを区分ける境界が消失してしまい、両者が相互に浸透してしまう経験のことである。スポーツの領域では、このような経験の生じることはめずらしいことではない。次にみるように、そこでは、対象（ボール）と主体（打者）とが境界を消失して相互に浸透しあうことがあるからである（「超社会化」については、拙稿「社会化と超社会化——社会化論を超えて」亀山佳明・麻生武・矢野智司編『野性の教育をめざして』新曜社、二〇〇〇年）。

超社会化の具体例

次に、そのような体験の具体的な事例を紹介することによって「超社会化」についての理解をさらに深めることにしよう。榎本喜八という選手はイチローとは一世代前の、これまた日本プロ野球界を代表するバッターであった。プロ野球界で初めて「安打製造機」と称されたバッターであり、彼の「火を噴くような弾丸ライナー」は人びとの目を釘付けにしたものである。バッターとしての彼の卓越性を知ってもらうには、次の表現で充分である。「昭和を代表するバッターを三人挙げてほしいといえば、「川上哲治、大下弘、榎本喜八」と応える人もいれば、「王貞治、長嶋茂雄、榎本喜八」という人もいる」（松井浩『打撃の神髄　榎本喜八伝』講談社、二〇〇五年、七頁）。彼が千本安打を達成したのは、二四歳九ヶ月という年齢であり、現在でも日本人最年少記録となっており、プロ生活七年目に達成している。この記録は、「平成の安打製造機といわれるイチローでも八ヶ月及ばなかった大記録である」（同書、八頁）。

この、イチローにも比較される榎本喜八という野球人が体験した、究極とも言える野球経験が知られている。その体験は、一九六三（昭和三八）年七月七日、阪急ブレーブス（現オリックス）とのダブルヘッダーの二試合目に生じた。この試合で榎本は大毎オリオンズ（現ロッテ）の四番に座っていた。第二試合の初回、ヒットで出た葛城を一塁において、榎本はバッターボックスに入った。ピッチャーは阪急ブレーブスのエース、米田であった。

マウンド上の米田がゆっくりとセットポジションに入る。（中略）米田のモーションに合わせて、息をフーッと吐き出す。すると、肩の力もフッと抜けて、右肩が自然と内側に絞り込まれていった。キャッチャー寄りの左足に体重がかかる。この時、左足は、ユニフォームの内側の縫い目に合った一本のラインで体重を支えるようにする。そうすると、脱力したままトップの位置がピタッと決まった。（中略）米田の指先からボールが離れる瞬間も、榎本には鮮明に見えた。そして、それがストレート系のボールであることがわかった。（中略）米田の指先を離れたボールが、糸を引くように入ってくる。その球筋ばかりか、ボールの縫い目や芯まではっきりとわかるようだった。その瞬後、ボールがスッと沈んでいくのがわかった。榎本はボールの変化に合わせて、バットの軌道をわずかに修正する。両肘が伸びきってしまう前に、バットの芯が、ボールの芯の少し下を捉えるのがわかった。その衝撃がバットから指、手の平、腕を伝わって臍下丹田を振動させる。（中略）臍下丹田には心地よい衝撃が残っていた。（同書、二五二—二五三頁）

この体験について、榎本は次のように語っている。「自分の身体の動きが、それこそ五体のスミズミまではっきりわかったんです。言葉でいうと難しいんだけど、毎日毎日バカ正直に稽古していた臍下丹田に、自分のバッティングフォームが映ったとでもいうのか、脳裏のスクリーンに映ったというのか。本当に自分の身体がどんなふうに動いているか、寸分の狂いもなく、実によくわかったんです。夢を見ているようでしたね。（中略）タライに張った水に、お月さんが映るでしょう。あれと同じ。タライに張った静かな水に自分のバッティングフォームが、はっきり映ったような感じだったですねえ」（同書、二五四頁）。この予期もしなかった出来事に榎本は驚く。ダイヤモンドを一周してベンチに帰った後も、榎本はまだ夢を見ているような気分だった。しかし、この試合であと三度回ってきた打席でも、すべて同じ現象が起こった。さらに、その翌八日からの近鉄バッファローズ三連戦でも、合わせて一二度打席に立ったが、その全てでやはり夢を見ているような境地を味わった。榎本はこの状態になると、「どんなボールに対しても、自分の思い通りに打てるようになった」と証言している。

スポーツと神秘的体験

このような体験談を耳にすると、通常、われわれは「本当だろうか？」という疑問にとらわれずにはいられない。こうした疑問を予期して、著者は次のような注釈を忘れてはいない。

昔からスポーツの世界では、こうした特異な現象を経験した選手が少なくない。たとえば、（中略）堀内恒夫は、現役時代、絶好調のときに右手の指先からキャッチャーのミットまで二本の光のラインが届いたと告白したことがある。ボールは、その光のライン上を滑るようにミットに吸い込まれていったという。また競馬の天才騎手といわれる武豊も、最後の直線コースで馬群の中に進むべき一本の光のラインを見たと話したことがあるし、吉井妙子著『神の肉体　清水宏保』（新潮社、二〇〇二年）によれば、スピードスケートの清水宏保が世界記録をマークしたときにも、自分の滑るべき理想の光のラインが見えたという。（中略）「光のライン」というと、初めて聞く人にとってオカルトのように聞こえるかもしれないが、スポーツの世界では、それほど珍しいことではない。（中略）また、榎本が語ったように周りがゆっくりと見えたという体験者も、スポーツの世界では決して珍しくない。たとえば、川上哲治が「ボールが止まってみえた」と話したのも榎本の体験に近かっただろうし、王や長嶋も同じような体験をしたことがあると、雑誌のインタヴューで語っていた。

（同書、二五六―二五七頁）

このような神秘的とも言える体験については、松井浩も言うように、「なぜ、このような特異な現象が起こるかについては、まだ科学的にははっきり解明されていない」と言ってよい。しかし、神なき時代の神秘的体験として、G・バタイユが「非知の知」と呼んだように、このような体験はスポーツ経験者ならずとも、多くの人たちを惹きつけてきた。心理学者のM・チクセントミハイは別な文脈から、このような究極的な体験を「フロー体験」と名づけた。身体と外界とを区別する境界が溶解してしまって、ウチとソトとが相互に浸透しあうことによって、体験者にはあたかも「一体となって流れるような感覚」が生じるからである。こうした体験は〈世界〉を秩序づける言語や法のソトに位置する体験であり、その意味で〈世界〉外の体験であると言ってよい。その体験は体験者にこの上ない喜びを与える。多くの人たちがこの体験を忘れることが出来ず、その後、同じ体験を求めて何度も挑戦し続けるのである。これこそが体験者に「選択の基準」を与え、それを体験する自己を「本当の自己」と感じさせるのである。イチローは早くからこれに類した体験に恵まれていたのではないだろうか。

さて、以上みてきたように、われわれは社会化と超社会化とを対比させながら述べてきた。それではこれら両者は一体どのような関係にあるのであろうか。両者は相容れないわけではない。二つの事例について述べてきた内容からも明らかなように、社会化がまずあって、その上に超社会化が出現するという関係にある。野球という競技に必要とされる行動様式に習熟することを通して、その上に究極的な体験が出現するのである。そこで、この両者の関係を分かりやすくするために、図を使って説明してみることにしよう。図3-2-1を見ていただきたい。Oとは主体が位置する場所であるが、同時に社会化のゼロ地点と言える。Oを中心にして円を描くならば、その円周が社会化の作用範囲――つまり〈世界〉――を意味する。その円周の上の任意の一点Xをとり、Oと結ぶ。次にXを通る接線を引く。すると、OXの直線が社会化の作用を、また接線Xが超社会化の作用を表現する。つまり、接線Xは社会化OXが向かうべき方向を指示するのであり、それは円の外に位置している。社会化の向かうべき方向（選択の自由）は、超社会化（〈世界〉外の存在や体験）によって決定される、ということだ（作田啓一「真の自己と二人の大他者――ラカンとレヴィナスが交わる点」『生の欲動――神経症から倒錯へ』みすず書房、二〇〇三年）。

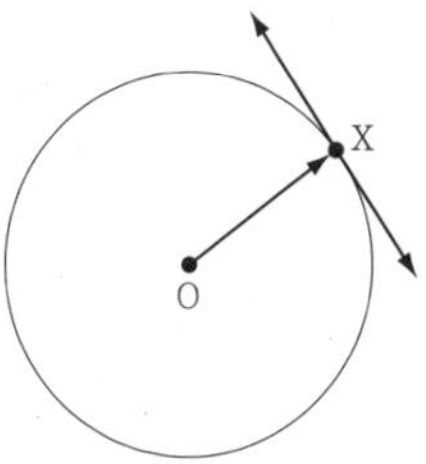

図3-2-1　社会化と超社会化の関係

3　なぜ引退は困難なのか？

セカンド・キャリアにみるアイデンティティ問題

本題に入ることにしよう。冒頭でもふれたように、近年、プロスポーツの領域では、セカンド・キャリアの問題が注目されている。Jリーグでは二〇〇二年から関係機関を立ち上げ、アスリートたちの引退と第二の職場の斡旋に対処し始めた。というのも、多くの若いアスリートたちが解雇され、それに付随するさまざまな問題に対応する必要がでてきたためである。彼らの多くは、少年時代からほとんどの時間をサッカーに捧げてきており、サッカー以外には生きがいを有さない者たちである。そのために、ほとんどの者たちが解雇ののちもサッカー界にとどまることを希望しているが、にもかかわらず、それを実現できるのはその内のごく少数に限られている。その結果として行き場を失った若者が多数生じることになる。

米国では、このような若いアスリートたちに対処するための研究や対策がかなり以前からなされてきている。それらは「キャリア・トランジション」（経歴変更）の問題と呼ばれ、あるマニュアル書によれば、スポーツに打ち込んできた一流選手ほど、トランジション（移行）に困難を覚える、と指摘している。たとえば、アイスホッケーの選手で、全米大学レベルの賞を二度までも受賞している二八歳のガイは、次のように自らの悩みを表明していた。「いつか引退しなければならないとわかっていたが、まさか二六歳でとは予想もしてなかった。」生まれて初めて、ガイはどうすればいいかと途方に暮れた。「ガイは心の中の羅針盤を失ったような感覚に陥った。」その後も友人の紹介でいくつかの仕事に就いたが、どれも数ヶ月と続かなかった。「スターから無職という生活の変化はあまりにも激しすぎた。二八歳になった今、ガイは自分が何もできないダメ人間だと考えている」（A・プティパほか、田中ウルヴェ京・重野弘三郎訳『スポーツ選手のためのキャリアプランニング』大修館書店、二〇〇五年、五―六頁）。

この書は、ガイのような人物たちに、いかに早くから引退にそなえてキャリア・プランを立てておくべきか、そのやり方をマニュアルの形で示している。その中で、著者たちが重視しているのは、本人のアイデンティティ問題である。それについて彼らは次のように言う。「自分をスポーツ選手としてだけ、あるいは学生としてだけ定義することは、自分が何者なのかではなく、何をしているか、だけを説明しているに過ぎない。ある一つの活動にエネルギーを集中してしまうことは、その活動ができきなくなったときに他の居場所がまったくない状況に陥るという側面がある。たとえば、スポーツ選手としての自分にしか自信をもたないまま、選手生命が終わるようなけがをしてしまった場合、アイデンティティが危機にさらされることは避けられないだろう」(同書、四八頁)。ここで言うアイデンティティとは具体的には何をさしているのか。同書の中でキャリア開発専門家の次の言葉は示唆的である。「人間の人生は、さまざまな役割(娘や息子、学生、スポーツ選手、友人、会社員、親、地域の一員など)で構成されており、その役割は時期によって重要度が変わる」(同書、一六一頁)。この指摘から、彼らはアイデンティティとは個人の価値観・興味・スキルを知り、それに合う役割を獲得することだ、と言う。

ここで言及されているアイデンティティの意味は、われわれが先に述べてきた社会化という概念に見合うものである。自分の所属する集団が要求する行動様式すなわち役割を取得することによって、集団における自らの価値が確認される、ということであるから。つまり、アイデンティティとは、集団に所属する他者から自分はどのように評価されているか、に関わっているわけである。この点から、マニュアル本の著者たちも、またJリーグの関係者も、引退の問題を社会化の次元でのみ捉えている。言い換えると、「アイデンティティ問題＝社会化の次元の問題」という図式で考えているために、選手の存在に関わる問題、すなわち「自分は一体何者なのか」(つまり「本当の自分」の問題)、「本当は何をしたいのか」(つまり「選択の自由」の問題)という超社会化次元の問題意識を欠いていると言ってよい。図3-2-1で示すと、アイデンティティを社会化の軸(OX)でのみ捉えていて、超社会化の軸(接線X)を考慮に入れていないということである。

そもそも自分は一体何者なのか、何に興味をもっているのか、などという、アイデンティティの存在論的な側面に関わる問題を抱えている場合には、人はどうしたらよいのか。マニュアル本からもう一歩踏み込んで、このような問いかけをするなら、対応の仕方が分からなくなってしまう。先のイチローのケースで言えば、彼は、リトルリーグ→高校野球→プロ野球→大リーグへと活躍の舞台を順調に駆け上っていった。次の段階に向かう選択では常に自分が納得できる選択を行ってきた。この「選択の自由」は彼の「本来の自己」によってなされた。また、榎本のケースにおいても、地域野球→高校野球→プロ野球という、一流選手の道を順調にたどっていき、前人未到とも言える領域に到達することができた。けれども、榎本の場合、後に述べるように、最終のステップへの移行は困難を極めることになった。いずれにせよ、彼らはともに〈世界〉外の体験と深く関わっていた。つまり、イチローの決断についても、また榎本の最終段階への移行についても、社会化を超える「超社会化」の議論を導入しなければ、彼らの行動の解釈が困難になるということである。

存在論の問題

先のアイスホッケー選手ガイは引退時における移行に失敗していた。それは社会化の次元における移行の困難さを示すものであった。少なくとも、このマニュアル本の著者たちはそのように捉えていた。しかし、ガイに限らず、一流アスリートの移行に付随する困難さは、実は超社会化と深く関係している。彼らの体験は〈世界〉外に関わっているからである。このことを理解してもらうために、われわれは再度榎本のフロー体験を取り上げ、それについて考察する必要がある。榎本はバッターとしては最高の境地――彼の言う「神の域」――に達した、数少ない選手であった。到達した境地で「神」を感じたのであって、最初から神を意識していたわけではない。これについて、彼の師匠であった荒川コーチは次のように解説している。「お客さんを喜ばせるプレーが初めて芸の域に達したプレーなんだね。芸とは人を楽しませるもんだよ。まず「技」があって、その上に「術」がある。だから「技術」というんだ。「芸」はその上なんだよ。「芸」の域に達したプロ野球選手には、川上さんや藤村（富美男）さん。長嶋、王、金田（正一）もそうだ。で、「芸」の上が「道」を極めるだ。野球で、それに挑戦したのが榎本なんだよ。僕の弟子では確かに残した記録では王が上だが、到達したバッティングの境地でいえば、榎本の方が上だったね」（松井浩、二五九―二六〇頁）。

「神の域」に達した榎本であるがゆえに、引退に至るプロセスは逆に過酷なものにならざるをえなかった。「夢から覚めちゃったどころか、断崖絶壁から落とされたようなもの」であったからだ。というのも、彼はあの体験以後、ずっと、「明鏡止水」の境地を追いかけずにはいられなくなっていた。「同じようにトレーニングし、同じようにバッターボックスに入っても、あの境地には達しない。」「二度とあの境地を味わうことはなかった」のである。「たった二週間の状態が忘れられず」、「理想のバッティングができないとバットマンとして満足できなく」なってしまった。「やがて意識と身体の間にズレが生じるように」なって、榎本は「意識と身体との微妙なバランスを崩して」いくことになる。一度「強烈なフロー状態」――これをマクロ・フローと呼ぼう――を体験したアスリートは、その体験が脳裏に焼き付いてしまい、その残像から逃れることが不可能になってしまう。常にその最高状態を追い求めながら、身体がそれに追いつかず、両者のズレがますます大きくなっていき、ついには暴走と破綻にまで追い詰められる、という悪循環に陥りやすい。

以後、榎本はこの悪循環にとらわれ、破滅の道をたどることになった。「消える直前のローソクの炎」と同様に、榎本はそれでもプロ入り一二年目のシーズンには見事にカムバックを果たして、六年ぶり二度目のタイトル（首位打者）を獲得する。しかし、「榎本の行動が怪しくなるのはこのシーズンの後のこと」であった。耳の中で「ジリジリという耳鳴りがしはじめた」だけでなく、ベンチでも人目を驚かす行動をとりだす。大リーグとのオフの試合のとき、ベンチの上で瞑想をして、監督の呼びかけにも答えなかったりする。さらに、チームの内部でも中心打者からはずされていくにつれて、あせりはますます彼を圧迫していく。「何より心に大きな影を落としたのはプロ野球選手として試合に出られない悔しさだった。」たまに起用されても不首尾に終わることが多く、その度に彼のイラ立ちはエスカレートしていき、「やっとの思いで自宅に帰りつくと、コーラの瓶やコップ、それにガラス窓などをバットで力一杯叩き壊して回った。車の中で涙を流しながらこみあげてきた悔しさや怒りで、頭が思考停止になり、（中略）カーと熱くなると何かを力一杯叩き壊したい。榎本はだんだんそんな衝動を止められなくなって」しまう（同書、三〇〇―三〇一頁）。挙句の果てが、あの有名な「猟銃立てこもり事件」となってしまった。実弾の入った猟銃を抱えて自宅の一室に閉じこもり、警察が出動するという事態を招いたのだった。

結局、暴走の結果、引退へ追い込まれていかざるをえなくなったが、引退してもなお、彼については現役復帰をねらっているという奇妙な噂が流された。「榎本が引退してから三年目となる一九七五（昭和五〇）年のことだった。そのころ黒いタイツ姿で黙々とトレーニングする榎本の姿が目撃されて

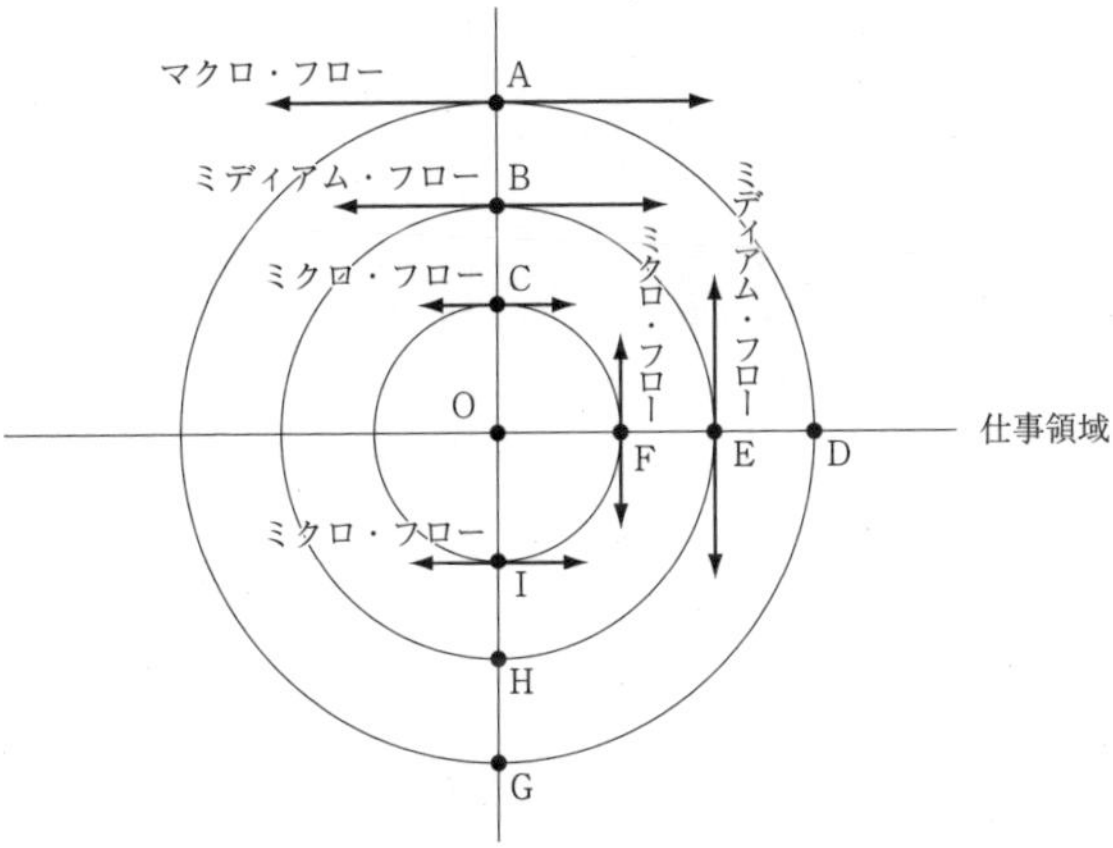

図3–2–2　スポーツ・仕事・日常生活にみる社会化と超社会化

いた。その姿は東京球場の近くでもしばしば見られ、まだ現役に未練を残しているのではないかというのが、その理由である」（同書、三一九頁）。結局のところ、この噂は真実ではなかったが、榎本の引退をめぐる逡巡をよく表現するエピソードであり、引退の困難さを示す格好の物語であったと言ってよい。ここから、われわれは一流のパフォーマーであればあるほど、超社会化の体験（マクロ・フロー）を有しているものが多く、その究極の体験に強く圧倒されているがために、榎本と同様に引退することが困難となる可能性が高くなるのだ、と言うことができる。

この点を、図3–2–1を修正・発展させた図3–2–2を使いながら整理してみよう。スポーツの領域では、その技能に習熟するにつれて、段階ごとに生じるフローは次第に深いものになっていく。すなわち、C→B→Aとスポーツ領域における社会化が進行するにつれて、接線C→接線B→接線

Aへと、超社会化の次元も上昇していく。したがって、引退ではこれと逆の方向に向かわなければならないことになる。すなわち、社会化の水準は、A↓O、B↓O、C↓Oへ（これを「脱社会化」という）、また超社会化の水準は、接線A↓O、接線B↓O、接線C↓Oへという、両者ともに下降線をたどる必要がある。ところでこの図からは、次の三つのケースが考えられる。つまり、社会化の軸の降下の場合、超社会化の軸の降下の場合、さらに両者が組み合わさる降下の場合であるが、われわれの当面の問題は超社会化の次元を強調することにあるので、これら三つの下降線のうち、ここでは超社会化の軸の下降を中心にして論じておきたい。

榎本のように超社会化の高みに昇ったアスリートが引退の道をたどるには、大きく二つの過程が考えられる。一つは社会化の水準を引き下げるとともに、超社会化の水準をも引き下げて「降りてゆく」道程である。これを先の図で示すなら、A↓O（社会化の水準）、接線A↓O（超社会化の水準）であろう。これは通常の道程と言ってよい。というのは、通常のアスリートの超社会化の水準は接線Bの水準にあると想定できるので、それゆえに、社会化の水準はB↓Oへ、超社会化水準は接線B↓Oへ、というのが通例と思われるからである。さらに言えば、Oにまで社会化の水準を降下させ、再度、別な仕事領域において、O↓F↓Eという具合に社会化していく作業が「再社会化」と呼ばれるものである。ちなみに、この仕事領域への再社会化に際しても、超社会化の水準を想定する必要がある。接線E、接線Fが、それを表しており、仕事における「生きがい」と呼ばれる。のちに、われわれは接線E（接線Bを含めて）を「ミディアム・フロー」、接線F（接線Iを含めて）を「ミクロ・フロー」と呼ぶことになるが、これらについては次節で述べることにしよう。

二つの喪の作業

次には、このような「降りる作業」の経験を理解するために、精神分析で言う「喪の作業」になぞらえてみよう。まず、S・フロイトの言う喪の作業とは、愛する対象を喪失した人が、時間をかけて行わなければならない心的作業のことである。もしこの作業に失敗すれば、当人は悲哀の代わりにメランコリーを中心とする精神的不調にとらわれてしまう。この心的作業は次の段階から成り立っている。まず、愛の対象が死などによって喪失した事実を認めること、次に、その対象に注がれていた性的エネルギーを対象から引き離して自己に向けなおし、性的エネルギーを自己内に回収すること、そして、新たに別な対象に向けて再度備給すること、である。このプロセスのうちで、われわれが注目したいのは、興味（愛）の対象が失われたという事実を、当人が時間をかけて自覚するという段階である。先のアイスホッケー選手ガイの例で言えば、彼にあっては恐らくこの段階が充分に達成されず、移行を決意するとすぐに別な領域へとエネルギーを移転させたと思われる。すなわち、喪の作業が完遂されていなかったのではないか。また、榎本の事例で言うと、そもそも彼にとっては喪の作業を受け入れる用意があったとは思えない。超社会化の水準であまりにも強烈な体験（マクロ・フロー）をしたがために、彼はその亡霊に取り憑かれてしまい、強迫的にその再現を追い求めるところとなった。これが彼に暴走と破綻をもたらした要因である。しかしながら、そのような彼といえども、結局のところ、ある出来事によってフロイト的な喪の作業を完遂することになる。というのは、件のトレーニングの途中、彼はかつてのホーム球場であった東京球場が取り壊されている現場に遭遇する。思わず球場内部に立ち寄った榎本はある感慨に襲われるが、この体験が彼に最終的な断念をもたらすことになったからである。そのとき引退させられて既に三年の月日が経過していた。

現役時代、このライトフェンスがどれだけ遠かったことか。（中略）なんとかフェンスを越えたいとバットを思い切り振り回しても、打球はフェンスの手前で失速した。悔しさに身体を震わせながらベンチへと帰ってきた。「このフェンスを越えたくて、越えたくて、いつもそればかりを考えていたなあ」と思うと、涙があふれてきた。（中略）榎本は手でフェンスに触れながら、ゆっくりとバックスクリーンの方へと歩いていった。このフェンスが永遠に消えてしまうと思うと、その感触をしっかりと自分の手に残しておきたかった。ひんやりとしたコンクリートの冷たさが、榎本の手の平に伝わり、体温を奪う。特に晩年はこのフェンスのために身を削り、命を削った。榎本にとっては、まさに〝戦場の壁〟だった。もう一度本塁の方を振り返ってみると、かつての戦場に伸びた雑草が夏の陽射しを浴びてキラキラと輝いていた。何もかもが夢の彼方の出来事のようだった。「あの時ね、夏草を見ながら、ああ「兵どもが夢の跡だなあ」って、涙を流しながらそう思ったんですよ。」それから二十年後、自宅のソファに坐った榎本は、そう言って微笑んだ。

（同書、三二四―三二五頁）

それでは、榎本があくまで追求しようとしていた方向での引退は果たして可能であろうか。われわれには、先のフロイトの言う喪の作業とは別な、もう一つの喪の作業――ラカン的解釈による喪の作業――が想定できる。それは常に欲動を「昇華」へと導く道である。一度昇華の高み（マクロ・フロー）

を体験した者は、その歓喜を忘れられないがゆえに、再び、別な昇華の道を探らずにはいられない。ここに言う昇華とは〈世界〉の外に出る体験、すなわち「フロー体験」にあくまで忠実に生きていこうとすることである。自分に野球への〈愛〉を与えてくれた、そのような体験を尊重し、それを放棄するのではなく、「フロー」実現の別な形態を探求し続けることである。たとえば、選手としてのスタイルを変更することで、あるいは選手からコーチや監督に役割を変えながら、それでも究極のフローを追い続けることは可能である。言い換えるなら、野球への〈愛〉を支え続けることである。図3-2-2で言えば、接線Aの上を左右に移動することである（喪の作業については、次の論文から示唆を受けた。新堂粧子「精神病・倒錯・神経症・昇華への序論」『Becoming』第三号、一九九九年）。

実を言えば、このもう一つの喪の作業（昇華の道）は榎本の前に既に示されていた。引退直前の一九七〇年に、榎本は阪急の足立光宏投手と対戦した。その足立はかつて豪腕投手として知られていたが、右肩の故障から今では変化球中心の技巧派投手へと変身していた。「どんなバッターに対しても丁寧にコーナーを突いて追い込み、最後に沈むシンカーで内野ゴロを打たせる」ピッチャーになっていたのだ。対戦した榎本はこの変身に大きなショックを受けており、技巧派に変身した足立を「完膚なきまでに叩きのめしてやりたいという強い気持ちを抱いて」打席に立っていた。それはなぜなのか。「不断のたゆまぬ努力によって一歩ずつ階段を昇り、ついに「神の域」をも垣間見た」榎本とは反対に、足立は「その階段を降りていこうとしていた」ように榎本には見えたからである。「若い頃から不器用な榎本は、自分のスタイルをひょいと切り替えることができなかった。」それゆえに榎本にしてみれば、足立の変身は悩める心をいっそうかきむしられるような衝撃、「器用に変身することのできない歯がゆさ」を彼に与えたからである。しかし、われわれの観点からすれば、足立の変身それ自体は、榎本に昇華の別なあり方を提示していたとも言える。

足立投手に覚えた「いら立ち」は、彼に対する嫉妬から生じたものであったことが、後に榎本自身にも自覚される。というのも、結局、引退を余儀なくされたのち、彼も新たな昇華の道を探求せざるをえなくなっていたからであった。引退の直後、彼は、人伝てに自分がコーチに呼ばれるかもしれないと知らされて、あわい期待を抱くことになった。引退した後にもトレーニングに励んでいたのはそのせいであった。噂にあったように、現役選手に固執していたわけではない。結局のところ、この道は彼には閉ざされてしまう。ところが皮肉なことに、われわれが先にみたように、この「期待の失墜」が前者の喪の作業（断念）への可能性をたどらせ、彼に、ラカン的な昇華の道ではなく、フロイト的な喪の作業を完遂させるところとなったのである。

4　通常人の場合はどうなのか？——結びにかえて

さて、以上述べてきたように、われわれは、究極的なフロー体験をした人物の引退を事例にあげて、引退することの困難さについてみてきた。より一般的な言い方をすると、「マクロ・フロー」を剥奪されるとき、人はどのような苦悩を経験するものなのか、という問題について論じた。その意味で、当初に掲げた疑問に答えてきたと言ってよいだろう。野茂投手の「悔い」にもこのような困難があったのかもしれない。しかしながら先の事例は、特別な能力に恵まれた特殊な人たちのケースに限られていた。これに対して、通常人の場合にはこの解釈は当てはまらないのではないか、という問いかけがなされたとしても不思議ではない。そこで、通常人の携わる仕事においても、程度の差こそあれフロー体験が含まれており、それゆえに引退に際しては、先の困難さと類似した困難さの生じることを示しておく必要がある。そこで以下において、仕事における「ミディアム・フロー」が剥奪されるケースについて簡単にふれておきたい。ただし、その場合においても、超社会化の次元に重点をおいた言及に限定しておきたい。

そこでまず、われわれは「仕事」にみられる超社会化の現象形態、つまりフロー体験とはどのようなものなのか、を確認しておかなければならない。チクセントミハイは、このような事例として、外科医の仕事を取り上げている。外科医の手術の過程にはフロー現象が顕著にみられる。たとえば体験者はこう述べている。「うまくいっている手術では、無駄なことは一切やりません。すべての動作がうまくいき、しかも必要なものばかりです。優雅さがあり、出血はほとんどなく、創傷も最小限ですみます。それは大変楽しいことです。特にグループが一緒になってスムースに効率的に動いたときには。」ここでは、他のフロー活動が有する超越感や環境との融合感のかわりに、「施術者は手術チームや、その活動の持つ美的リズムに同一化する」ことによって、自分の個人的な問題を消失させ、「流れるような感覚」を体験している。ここにはスポーツを中心とした「余暇活動にみられるフロー体験が、外科の仕事の中にも存在する」ことが示されている（M・チクセントミハイ、今村浩明訳『楽しむということ』思索社、一九九一年、二〇四頁）。

医者の仕事は特別だと反論される向きには、別なもうひとつの事例を示してみよう。それはスーパーマーケットのレジスター係のケースである。彼女はレジ係を、三〇年近くもやっている。彼女の日頃の仕事内容は、お客の顔を覚えたり、商品の値段を暗記したりして、一日中走りながら、レジを打つ、というものである。「レジの仕事なんて見る必要もない。秘書がタイプライターを打つみたいなもんよ。タッチでいけるわ。手だけで打つのよ。（中略）横から値段を聞かれても動きながら返事をする、ピアノと同じなの。」しかし、中には万引きする客もいるために、絶えず緊張しながら、業務に携わっている。彼女は「数多くのユニークな行為への挑戦の機会」を自分の仕事に見出しており、「自分の仕事への没入」を感じている。そのために、休みをとって二日なり三日なり職場を離れたりすると、気分が「そわそわしてきちゃうのよ」、「体が待ちどおしくなるの。（中略）私ってこわいくらいに仕事が好きなのね」と述べるにいたる（S・ターケル、中山容ほか訳『仕事《ワーキング》！』晶文社、一九八三年、三六三頁）。

　以上の事例から、外科医にしてもレジ係の女性にしても、自分の「仕事」にフロー体験を見出していることが分かる。われわれは、「仕事」がもつフローを、先の「マクロ・フロー」に対して「ミディアム・フロー」と呼ぶことにする。しかし、フロー体験が存在するからこそ、そこにはわれわれの指摘してきた引退の困難さも潜んでいると言うべきである。この点については、チクセントミハイも気付いていたとみえる。というのは、彼自身がフロー体験の有する「独特の危険性」について指摘しているからである。つまり、われわれがフロー剥奪の観点から述べていたのに対して、同じことを彼はフロー嗜癖の観点から論じていたのである。彼によれば、フロー体験は非常に楽しいものとなりうるために、それに依存しすぎるようになりがちである。これと比較すると、日常の生活はともすれば色あせて見える。それゆえに、楽しさは「麻薬を使用するようなもの」「ヘロインを吸うようなもの」になる恐れがある。したがって、仕事のもつ「ミディアム・フロー」の魅力から離れるには、常にある程度の困難さを伴わずにはいないことになる。

「仕事」から引退する場合においても、榎本のケースで述べてきたように、「喪の作業」を欠かすわけにはいかない。仕事からの引退とは「ミディアム・フロー」の剥奪を意味している。この場合にも、先と同様に二つの道が考えられる。ひとつは、仕事の面白さに注ぎ込んでいたエネルギーを、徐々に仕事から回収して自己に引き戻し、日常のありふれた事象に対して体験する「ミクロ・フロー」に置き換えること（日常の些細な行為にも微小なフローが存在している。たとえば喫煙や喫茶などの行為中にフローが生じやすい）。もうひとつは、榎本が足立投手に見出したように、別な昇華のあり方を探求することだ。この点を外科医について敷衍して言えば、自分の蓄積してきた知識や技能を、今までとは違った領域で生かす道を探す、ということ。たとえば、後進に教えること、あるいはパートタイム業務に替えること、などであろう。この点は、レジ係についても、ほぼ同じことが当てはまるのではないだろうか。

仕事からの引退については、主に社会化の観点から、教育社会学の領域において研究と蓄積がなされてきている。われわれとしては、その場合にも「超社会化」の次元に留意する必要のあることを指摘して、この論を閉じることにしたい。

キーワード　社会化、超社会化、フロー体験、アイデンティティ

■ティータイム

尊敬力と憧憬力

大村英昭

仏教を学び始めた頃、『法華経』に由来する「随喜《ずいき》の徳」という話を聞いたことがある。他人《ひと》さまが善行を修めるのを見て、それを喜び讃えるならば、その功徳《くどく》は、善行をなした当の人より以上のものがあるという趣旨なのだが……。なるほど、ともに悲しむ（→同情する）ことは容易だけれども、他人さまの喜びをともにすることは、はるかに難しい。いや、他人さまどころか、兄弟姉妹の間ですら、ライバル意識が邪魔をするのだろう、彼／彼女の成功は、僻《ひが》みや妬《ねた》みのもとになりこそすれ、素直に喜ぶ気持には、なかなかなれないのが実情だろう。

もとより仏教典に由来する話だから、他人さまの喜びと言っても、宗教的意味での善き行いにともなうものであって、世俗的な成功や勝利による喜びを直ちに指しているわけではない。しかし、考えようでは、世俗的生活世界の喜びだからこそ、それをともにするのは余計に難しいということは言えるだろう。第一、この世俗化した現代、仏教に言われる功徳を云々《うんぬん》しても、「普通の人々」にはピンとこないのではあるまいか。例えば、誰それが某教団にすごい寄進をしたと聞いても、教団に関係ない人たちにすれば、それって一体、どんな意味があるの、という程度にしか思われないだろう。難しげに言えば、だから、現代社会において「聖」の領域は、もはや、一般大衆に「随喜の徳」を積ませる力能をもたない、という風に言っていいわけだ。

ところが、どうだろう。「遊」の領域の芸術やスポーツとなれば――少なくとも素人《しろうと》からは――、エリート諸氏の成功や勝利が文句なしに賞讃される。ということは、ここでなら一般人も「随喜の徳」を十分に積むことができるということではないだろうか。ただし、芸術・芸能の分野では、いわゆる〝コネ〟や家柄のような〝実力〟以外の資源の有無が、しばしば噂の種になる分、僻みや妬みがまじり込んで、スポーツ選手を見るときほどには素直に賞讃することが難しかろう。さらに、もう一つ是非加えたい論点として、スポーツのほうが、より多くの大衆を巻き込んだ祭典（→随喜する場）を創り出せるということを指摘したい。

次の文は、大昔の、それも「聖」の領域の祭典に参加した一般大衆のことを語っているのだが、ここでは、つい先頃見られたワールドカップサッカーの競技場風景でも想い浮かべながら読んでみてほしい。É・デュルケムは「集合沸騰」状態にある人びとのことを「この時ひとは、自分自身をいつもとは違って思考させ働かせるような一種の外的力能に支配・指導されていると感じ、当然にもすでに彼自身ではなくなったという感じを受ける」（É・デュルケム、古野清人訳『宗教生活の原初形態上』岩波書店、一九七五年、三九三頁）と表現した。先の「随喜の徳」という論点と併《あわ》せて、デュルケムのこの説明を読めば、善行をなす当の人たち（プレーヤー）より以上に、そのプレーに随喜する人たちのほうが、常ならざる自分に高められているのだということが判られよう。もとより、宗教的祭礼は、この一般参加者全員を高めることを、むしろ第一目的として営まれるものである。だが、そこがそれ、ことに教団嫌いの〝宗教的無党派層〟が大勢となった現代の「世俗都市」。「随喜の徳」の調達力において、スポーツ競技にはとてもかなわないというのが筆者の判断である。

ところで、誰もがたがいをライバル視して、せめぎ合わざるを得ない「俗」の生活世界。しかも「末は博士か大臣か」はとうになく、超高額所得の経営者までがすっかり権威を失ってしまった現代。自分はたとえ一般大衆であっても、僻みや妬みを一切まじえず、エリートに心服する喜びを味わえるような場は一体どこにあるだろうか。現代人が「随喜の徳」を積める場は、「遊」の、それもスポーツ界の中にしかないと言ったのはこの意味なのだが、併せて我われは、心から敬服し、憧れる人を得て、はじめて自らをも高める（→真似《まね》び、倣《なら》う）ことができる点にも留意してほしい。

かつてT・ハーシが、非行少年というのは、そもそも「尊敬する能力がないのだ」（大村英昭『非行のリアリティ――「普通」の男子の生きづらさ』世界思想社、二〇〇二年、一七四―一七九頁）と主張しているのを読んで、なるほどと感心したものだが、いま〝モンスター・ペアレント〟の話を聞くにつけ、非行少年どころか、むしろ我われ普通のおとなにおいて、尊敬力ないし憧憬力が枯渇しつつあるのではないかと疑わざるを得ない。こんな折だからこそ、おたがい自らを高めるためにも、まずは「随喜の徳」を積めるような場をもちたいものだ。

第Ⅳ部

教養とアカデミズムの変容

第1章　教養の制度化と利害衝突

山口健二

1　教育にひそむ利害

制度化をめぐる衝突

教育に関心を抱かない社会は存在しない。しかし教育にむけられる視線は、つねに相反する感情——期待と敵意——の交錯するものであった。

まず教育に期待されるものを考えよう。それは大きく見て二つある。第一に教育によって何かを獲得できるという期待である。この〝何か〟は様々である。仕事や生活のための技能かもしれないし、事物を解明する知識や、人間性を深めることでもありうる。もう一つは、その教育経験がよりよい待遇を約束するとの期待である。就職、出世、名家への接近、蓄財など、こちらの内容も多様である。

この二つの期待は、社会学が伝統的に社会化と配分と呼んできた機能に対応するものである。社会化と配分は社会の存続にとって機能的必然である。次代を担う確かな力量を備えた人材を安定的に育成、補充できなければ、社会体制は維持されないからである。それゆえあらゆる社会で、社会化と配分を経常的に統制する試みが起こってくる。今日なら学校を設立するというのが典型的な動きだが、学校が一般化していない時代には、社会化と配分を宗教施設や職業団体などが担うこともあった。その形はどうあれ、その制度化＝経常化が進むと、教育が人々の人生設計をめぐる期待の受け皿となってゆく点では同じである。

他方で、社会化と配分が機能的必然ならば、その制度化への反発は経験的必然といえる。社会的に有利な待遇が何らかの教育経験で決まるということは、それを与えられない者の排除にほかならない。こうした仕組みが固定してゆけば、〝正規の教育〟を通過しない者を排斥する障壁は高くなり、彼らの敵意も先鋭化する。攻撃のほこ先は、さしあたっては、社会化と配分の機能不全にむけられ、教育の内容、人材の選抜方法などの妥当性が問題とされるだろう。しかし真の問題はもっと根深い。この反発は、あらゆる教育制度が抱える解消不能のディレンマに起因するものだからである。

教育をめぐる対立は結局、教育を通じた格差を正当と見るか不当と見るかの対立である。先進諸国ではここに人種問題、階級問題、移民問題などが重なって積年の対立軸となっている。教育は今日でもなお、いたるところで少数者に特権を許している。破格の高給をとってきた企業エリートが、未曾有の金融危機のなか集中的な攻撃を受けたことを思いだすとよい。当然ながらその批判は彼らの地位を保証、拡張してきたビジネス教育の体制にもむけられた。また、日本の場合は教育格差への反発は長らく学歴社会批判という形で繰りかえされてきた。心情的、短絡的な批判は後退したが、問題そのものが解消したわけではない。教育には〝格差社会〟を生産あるいは再生産するものとして、一層厳しい視線がむけられている。より深層の問題が顕在化しはじめたと見るべきだろう。

教育は〝よりよい人生〟をめぐる衝突の最前線に位置する。将来を約束される者はそれを守ろうとし、そうでない者は壊そうとする。ここには現行世代の人生ばかりか、子や孫の人生までが賭けられる。教育制度の設計に短期的な妥協はありえても、長期的な均衡点は存在しない。それゆえにこそ教育改革は、あらゆる時代に主要な政治課題とされてきたのだ。

身分集団と利害関心

本章ではM・ウェーバー（M. Weber）（一八六四―一九二〇年）の教育研究を取りあげてみたい。ウェーバーは身分集団とその利害関心という視角から社会の変動を捉えた歴史社会学者である。身分集団とは、何らかの社会的威信ないし〝名誉〟を共有する共同体である。彼らはその勢力の正当性をみずからの〝高貴さ〟に求める。そして彼らの利害関心は究極的には、その〝高貴さ〟にふさわしいものとして各種の特権を確立することにむかう。

ここでいう社会的威信ないし〝名誉〟の制度的基盤となるのは歴史的に見て、出自または職業、生活様式、教育のいずれかとされる。出自による威信は今日では容認されがたいが、職業、生活様式、教育は依然として、われわれが〝人物〟を判断する日常的な指標でありつづけている。また、職業、生活様式、教育のような指標は、威信の基準として単独で機能するよりも、しばしば重合した形で発展する（ときには出自さえここに重合する）。その制度的な根拠はどうあれ、みずからの威信を社会的に受容させることにひとたび成功すれば、身分集団は有利な待遇が与えられるのを〝当然の権利〟とみなすようになる。

こうした特権化の過程は無作為に進行するものではない。その背後には特権をめぐる集団間の闘争がある。闘争の帰結は歴史的、社会的な条件次第で変わってくるが、ウェーバーを読むうえで重要なのは、こうした闘争が文化全般の発展の方向性を決めるという彼の歴史認識である。教育制度の発展ももちろんその例外ではない。

　ウェーバーの教育論は今日なお重要な社会学的遺産である。欧米では体制へのプロテスト（異議申し立て・抗議）の時代である一九六〇年代以降、再び注目されるようになっている。教育が〝万人の幸福〟を約束するという楽観論が後退し、むしろ不平等を産みだすものとして学校への不信が世界規模で広がったのが一九六〇年代であった。不安と不穏の感覚が教育の領域で漫然と拡大してゆく今日の日本社会もまた、彼の業績を読んでみるのにいい状況であると思う。

　ウェーバーの研究はスケールが大きい。人類文明の四〇〇〇年の時間的スパンと、西洋はもちろん、オリエント、インド、中国におよぶ地理的レンジでその論考は展開される。にもかかわらずウェーバーは教育について包括的な論考を残さなかった。彼の教育論はあくまで断片である。しかし完結的でないだけにかえって、それは社会学的想像力を刺激する。社会はいかなる目的にむけて人間を教育し、いかなる社会関係のなかに送りだすのか。体制に養成された彼らが体制外とどんな関係を結ぶのか。それは体制の拡張なのか、破壊なのか。ウェーバーの研究にはこうした挑戦的な課題に取りくむヒントが随所にある。

　社会が教育を、そして教育が社会を動かすという命題は教育社会学のすべての研究が立脚する命題といってもいい。しかし正面からこの命題を扱う研究はじつはそう多くない。ウェーバーの教育研究はその少ない例の一つである。

2　ウェーバーの教育研究

『経済と社会』

第一次大戦による中断はあるものの、ウェーバーが晩年の一〇年間を費やして執筆したのが『経済と社会』である。彼の教育にかかわる論考は、多くがこの未完の大著でなされている。現在の基準でいえばウェーバーの研究は歴史社会学の領域にあるが、彼自身は学者としてのアイデンティティを経済学に置いていたようだ。ただしこの時期のドイツ経済学は歴史的、体制的側面を強調するもので、今日主流の分析的、計量的経済学と大きく異なる。ウェーバーもまた経済現象そのものを解剖するよりは、種々の経済行為を方向づけてきた社会機構の歴史的発展に関心を注いできた。この観点からすれば宗教、法、政治、都市など、およそ今日の社会科学が扱う領域のすべてが彼の考察の対象たりえた。

『経済と社会』はこの広範な探究活動の総括となるはずだった。集大成と呼ぶにふさわしくその草稿は膨大である。この『経済と社会』を読むうえでの問題となるのは、確定的な全体構成が残されなかったことである。実際、『経済と社会』は容易に手を出せるテキストではない。それには未定稿という性格に起因する部分も大きい。さらに悩ましいことには、未定稿ゆえに許される大胆なアイディアに満ちている。しかしここはウェーバーの業績の全体像を見る場ではない。彼の教育への問題関心を確認することに集中したい。

支配者と行政幹部

すでに見たように、歴史学者としてのウェーバーは社会変動を〝対立〟を機軸に読みとれると見た。例えば新たな権力者が旧来の覇権を破るとき、社会は根底から変動する。教育はもちろん文化全般が刷新されるだろう。しかしこれはしばしば起こらないという意味で、非常時の社会変動である。ウェーバーはもちろんその意義を軽んじないが、彼はより日常的な社会変動、つまり同じ体制内の社会変動にむしろ注目する。同じ権力基盤のなかの日常的な対立がここでの問題となる。なかでも文化と教育の方向性を左右するものとしてウェーバーが根源的な意味を見たのは、支配者と、支配を補佐、代行する配下――彼のいうところの行政幹部――との対立である。一足飛びに彼の教育論の核心部を見てみよう。それは『経済と社会』のなかの『支配の諸類型』と題される部分にある。

歴史的現実は、ヘル〔支配者のこと〕と行政幹部との間の――一方は専有しようとし、他方は専有を剥奪しようとする――不断の・多くは潜在的な闘争である。ほとんどの文化発展全体にとって決定的な意味をもっていたのは（中略）この闘争そのものの結末と、（中略）ヘルを助けて（中略）権力に対する闘争に勝利させたところの、ヘルに与した官吏層の性格、とである。すなわち、この官吏層が、典礼的な文人、聖職者、純粋に世俗的な被護民、ミニステリアーレ、法学的な訓練を受けた文人、専門的な財務官僚、私的な名望家（中略）のいずれであったかという問題である。行政史のかなりの部分だけでなく、文化史のかなりの部分が、これらの闘争と発展のあり方いかんに帰着したのであるが、それは、教育の方向がそれによって規定され、また身分形成のあり方がそれによって決定されたという理由によるものである。

（M・ウェーバー、世良晃志郎訳『支配の諸類型』創文社、一九七〇年、一三四頁）

これを読むには補足が必要だろう。まず〝支配者（ヘル）〟ないし〝支配〟である。ドイツ語の「支配＝Herrschaft」は日常語であるが、ウェーバーはそれを「命令に対する服従を見いだしうる可能性」とあらためて定義した。ただこの概念はウェーバー研究以外の文脈では定着していない。一般的には統治というほうが意味をとりやすいだろう。少数者（ときに単独者）による多数者の統治は歴史の必然である。それは政事はもとより宗教や経済などあらゆる領域で観察される現象である。この統治の類型を設定したうえで社会＝経済の体制の世界史的発展を系統的に展望する。これが『経済と社会』の基本戦略であった。そして支配＝統治の類型化の基点としてウェーバーが注目したのが、支配を補佐、代行する行政幹部であった。より正確にいうと、支配権力の正当性をめぐる行政幹部の信念——なぜ支配者を正当なものと受け入れ、その命に服すのか——の違いをもとに支配の様式を類型化したのである。最終的にはここから、有名な〝支配の三類型〟——合理的支配、伝統的支配、カリスマ的支配——が提示されるのだが、ここではそれに触れないでおこう。

行政幹部の教養資格

なぜウェーバーは、支配の世界史を読みとく基点を支配者そのものではなく、行政幹部のほうに置いたのか。ここには、統治の代行者である行政幹部に支配者ほど多様性がないという歴史的真理がある。統治の頂点としての支配者なるものは、技量、才能、資質の面で人間としてのあらゆる可能性を示すのにたいし、行政幹部には統治の装置として機能しなければならないという至上の要請がある。それゆえ行政幹部には、つねに規格化の作用が働く。

さらにウェーバーは、行政幹部を規格化するより重要な社会的な力学があるのを知っていた。それは行政幹部が支配者と被支配者の双方の攻撃に対抗し、その地位を守るという利害関心から生じる。ここで先述した身分集団の登場である。行政幹部ないし〝官職〟なるものは歴史が語るとおり、身分集団形成の重要な基盤であった。彼らは統治の補佐という〝名誉〟ある職務を担う資格を、職務の遂行能力などでなく、卓越した生活様式や教育経験を通じて獲得される〝高貴な人品〟に求めはじめる。統治能力に力点を置くかぎりは、つねに成果を問われるが、人間性の〝高貴さ〟が重視されれば失敗や無作為による解任を回避しやすくなる。〝官職〟の独占もさらに容易になるだろう。もちろんこの〝高貴〟の意味は歴史的、文化的に多様である。中国の文人的教養、ギリシャの体育的・音楽的教養、アングロ・サクソン的ジェントルマンの教養などウェーバーの例示は多岐にわたる。いずれの教育理念も、その卓越性、有為性を強く説いたのはその保持者たる行政幹部であった。

他方で支配者も行政幹部の助力なしに権力を維持しえないことを熟知している。ここに支配者と行政幹部による同盟と反目の錯綜した歴史過程が進行する。先の引用でウェーバーが示したのはこの「不断の・多くは潜在的な闘争」が文化と教育の方向性を決めるという歴史観である。

3　権力と教養の合理化

合理的支配とその教育

ウェーバーの教育史観を見てきた。支配の達成には、その勢力拡大にむけて支配者とともに闘う行政幹部が必要なこと。そして、この行政幹部の性格がその支配体制下の教育と文化の方向性を左右すること。これが『経済と社会』を貫く歴史認識である。教育が時の権力機構から刻印を受けるのは、行政幹部の確実な補充が支配の継続にとって根本的な問題だからである。支配の安定はその正当性の信奉者をいかに拡大できるかにかかっている。それゆえに教育は、支配をめぐる闘争の焦点となってきたのである。

支配の様式が異なれば当然、教育の目的や原理も異なる。ウェーバーは彼が設定したそれぞれの支配類型──合理的支配、伝統的支配、カリスマ的支配、そしてカリスマ的支配と伝統的支配の複合型である封建的支配──に固有の教育様式を描いている。ここでは現代のわれわれにとってもっとも重要な、合理的支配とその教育について見ていきたい。今日にいたるまで西洋社会を特徴づけてきた支配様式が合理的支配である。ウェーバーが西洋近代における教育をどう捉えていたかが、これによって明らかとなるだろう。

合理的支配とは〝理性〟による支配である。それはかつての支配──〝神聖不可侵の伝統〟に正当性の基盤を置く伝統的支配、〝支配者の卓越性〟にそれを置くカリスマ的支配──と決定的に異なり、一切の統治の背後に「合理的に論議しうるような「理由」の体系」（同書、九九頁）がある。そして、この合理性実現の道具となるのが〝法〟である。もちろん法は近代に固有のものではない。しかしウェーバーによれば過去の法には、一般的、系統的、合目的的な観点から社会関係全般を制御するという発想はない。それは近代法ではじめて徹底されたものである。つねに新たに創造される法体系の合理性こそが合理的支配の正当性の基盤である（そのため合法的支配とも呼ばれる）。

合理的支配は専門知識、専門訓練による支配でもある。法律学、行政学、経営学などの分野での専門教育がこの支配を担う行政幹部に不可欠だからである。ウェーバーは西洋近代の国家の誕生の本質的な部分を「法律家の事業」と見ているほどである（M・ヴェーバー、大塚久雄・生松敬三訳『宗教社会学論選』みすず書房、一九七二年、九二頁）。さらに、この熟練した専門行政幹部が〝官僚制〟として編成されるとき、合理的支配は最高度に貫徹されるという。〝官僚制〟とは、端的にまとめてしまえば、次の二つの原理からなる支配＝統治の様式である。行政幹部の職務権限（さらには支配者の権限までも）を合理的に分割すること、そして分割した職務を〝職階〟という一貫した命令系統のもとに再統合することである。権力者の独断や裁量はここでは大きく制約され、司法、行政、課税といった面での最高度の透明性（ウェーバーの用語では計算可能性）が約束される。ウェーバーは資本主義――収益にたいする投資効果の正確な計算にもとづく企業経営――が西洋近代においてのみ発展したとする論拠の一つをここに置いた。

そもそも西洋近代は、ウェーバーにとってつねに特殊な時代である。その膨大な論考はすべて西洋近代の特殊性の探究のためにあるといってもいい。西洋近代が特殊とされるのは、人類史上唯一、西洋近代だけが資本主義を十全に発展させえたと彼が見ているからである。そして、さらにもう一つの特殊性がこの合理的支配である。合理的支配もまた、西洋においてのみ十全に発達しえたとウェーバーはいう。彼の西洋至上主義的な視点は、多文化主義が隆盛する今日からすると、時代がかった印象は拭えない。しかしウェーバーが生きたのは一九世紀末から二〇世紀にかけてである。西洋の覇権は歴然とした社会的事実であった。

世界史上、合理的支配の体制に踏みきりその覇権を達成したのは、西洋の一群の支配者だけだったとウェーバーはいう。なぜそれがなしえたのか。複合する要因が列挙されるが、教育研究者にとって重要なのは、この様式の支配＝統治を補佐しうる行政幹部が西洋においてのみ広範に養成可能であったという点である。その萌芽をウェーバーは教会法やローマ法を扱う大学教育に認めた。彼らが職業官僚として体制に組みこまれる過程は、封建諸侯が〝臣下〟の地位から駆逐される過程でもある。

試験制度にひそむ利害

合理的支配の拡大は、資本主義の拡大とあいまって、西洋の文化全般に広範な影響を与えたとされるが、なかでも注目されるのが教育である。西洋の特殊性はここでも強調される。ウェーバーによれば、専門的な特殊訓練自体を目標に掲げる教育は世界史上、他に例がない。たしかに軍事、神学、法務などの領域で専門能力に秀でた行政幹部は過去にもいた。しかし、あくまでそれは副次的に獲得された技能にすぎない。「教育の目標と社会的評価の基礎とは「専門人」であったのではなく、「教養人」であった」とウェーバーはいう（M・ウェーバー、一九七〇年、一三九頁）。

ウェーバーの考察はさらに続く。この新たなタイプの行政幹部の専門訓練を要求する圧倒的な影響下に「綜合大学・工科大学・商科大学・高等学校およびその他の高等国民学校」が置かれている、と。ここで述べられているのは、教育が支配者の意のままにされるといった単純なことではない。支配の継続に利害関心をもつのは、支配者だけではないからである。なかでもとりわけ強い利害関心は、ほかならぬ行政幹部自身のものである。しかも彼らは支配の安定だけで満足しない。さらにねらうのは支配者の無能力化である。支配者の権限が制約され統治の実権が彼らに移れば、それだけその地位も安定するからである。今一度、引用しよう。支配者と行政幹部との「不断の・多くは潜在的な闘争」が教育の方向性を決めるのである。たとえ合理的支配でもこの歴史命題から自由でありえない。ウェーバーは現代においてさえ拡大を続けている、教育におけるある長期的な潮流のなかに行政幹部としての専門官僚の利害関心を読みとった。専門試験制度の発達という歴史的趨勢がそれである。

綜合大学・工科大学・商科大学の卒業証書の発達、およそあらゆる領域における教育免状創出の要求は、役所や事務所における特権層の形成を助長している。免状をもっているということは、名望家との通婚要求資格を基礎づけ、（中略）仕事量に応じた報酬ではなく「身分相応の」支払いを求め、確実な昇進と老後の保障とを求める要求（中略）を支持してくれる。われわれは、整然たる教育課程と専門試験の導入を求める声が、あらゆる分野で高まりつつあるのを聞くのであるが、これは（中略）教育免状の所持者のために地位の供給を制限し、これらの地位を彼らだけで独占しようとする努力が、その原因をなしているのである。ところでこの独占のための普遍的な手段は、今日では「試験」であり、それ故にこそ、試験が制しがたく進出を続けているのである。
（M・ウェーバー、一九七〇年、一三七頁）

通婚、報酬、昇進、老後保障などここでの言及は生々しいまでに現実的である。「教育免状」を「学歴」と読みかえれば、われわれにはなおさらだろう。さらに彼は専門教育の長期化、高額化という今なお続く趨勢のなかで、合理的官僚制の拡大が（財産が才能を押しのけるがゆえに）教育の金権制化をもたらすとも述べている。官僚制は「商人の事務所においても公務についても、過去の全く異質的な官職保持者と全く同様に、特殊「身分制的」な発展の担い手なのである」（M・ウェーバー、一九七〇年、一三八頁）。われわれは今なお、この潮流から抜けだせずにいる。ウェーバーが読みといた利害関心は、現代のホワイトカラーの利害関心でもある。

4　ウェーバーから見るドイツ近代社会史

ドイツ統一と法治思想

ウェーバーのいう合理的支配とその教育のあり方を見てきた。ただしその全般的な歴史認識にウェーバーのオリジナリティはない。封建勢力の衰退と絶対王制の確立、そしてその体制下での行政機構の近代化。合理的支配の発達とされるのは、つまりは西洋史の通説である。ウェーバーの卓越性は、この歴史動向の背後に行政幹部の身分集団化を読みとったこと、そして多様な利害関心が教育の領域でもっとも先鋭に対立するのを見ぬいたことに求めるべきだ。集団の威信なるものは、その優秀さ、賢明さ、見識の高さ、思慮深さ、つまりはウェーバーのいう〝高貴さ〟が社会的に受容されるかどうかで決まる。特権をめぐる闘争とは結局、この〝高貴〟の定義をめぐる闘争であり、その主戦場はつねに教育であった。教育は、当該社会が理想とする人格、求める技量とは何かを定着させる制度だからである。ウェーバーの議論はやはり、彼が生きたドイツにおいて最高度の切れ味を見せる。ここで近代ドイツの社会状況をいま少し見ておこう。教育の覇権争いの格好の例がそこにある。

神聖ローマ帝国の成立以降、有力な王権の発達しなかったドイツでは、封建諸侯の割拠する状況が長らく収拾されずにいた。このドイツが他の強国に遅れつつも一八世紀から一九世紀にかけて国民国家の形成にむかう。ようやく一八七一年、プロイセンを盟主とする第二帝政が成立する。このドイツ統一は、ひとえに封建貴族の実権を奪い駆逐する過程である。ここでの武器が〝法〟である。伝統的な貴族階級の勢力は多くが慣習法的特権にもとづく。制定法が整えばその基盤は崩れる。精力的な法典編纂プロジェクトがドイツ統一に並行したのはそれゆえである。プロイセンの支配者たちは、専門知識で武装した法制官僚を率いて新たな権力機構を築いたのである。その正当性は当然ながら〝神聖不可侵の伝統〟に代わるものとしての〝法への信頼〟にもとづく。まさに「法律家の事業」としての国家建設であり、合理的＝合法的支配の典型である。

法制官僚と教養市民層

プロイセンの王権の伸張とともに、支配者と行政幹部の関係も次第に緊張してゆく。彼らの利害対立がその後のドイツの教育と文化をどう方向づけたのか。このあたりはF・K・リンガー（F. K. Ringer）の『読書人の没落――世紀末から第三帝国までのドイツ知識人』（西村稔訳、名古屋大学出版会、一九九一年）でうまく描かれている。それは直接的には一八九〇年から一九三三年、つまり第二帝政からワイマール期にかけてのドイツの政治思想および学問の発展と危機、そして〝没落〟を追った研究である。ここでいう読書人とは「世襲の権利や富ではなく、主として教育上の資格証明によって身分を得た社会的、文化的エリート」（同書、三頁）であり、「官吏、知的専門職従事者、大学教師などの伝統的な非経済的上層中間階級」（同書、二九頁）をさす。一般にはドイツ教養市民層と呼ばれる社会集団である。

この教養市民層の発展を回顧するにあたり、リンガーはウェーバーの議論をかなり忠実に踏襲する。国家行政と結びついて勢力を伸ばした読書人は次第に交渉能力を増し「その力を君主に対してまで行使できる体制」（同書、五頁）を整える。この読書人が行政幹部として、君主ともっとも先鋭に対立した領域が教育である。それは教育に「有能で、できるだけつつましい行政補助者」の供給を求める君主と、「一種の精神的貴族として認められ、学識によって自分たちの出身階級よりうえにランクされる」ことを求める読書人の――不断の・多くは潜在的な――対立であった（同書、六頁）。そして、この争いを制した読書人がその後のドイツ教育思潮を方向づけたというのがリンガーの見解である。

フンボルトの新人文主義、カントの観念論にまで遡るドイツの学問的伝統がここで解剖される。読書人の哲学的、教育学的言説に隠れた利害関心を暴くリンガーの姿勢は、ときに残酷さすら感じさせる。当然そのほこ先は〝陶冶〟（Bildung）の思想にむかう。「読書人の伝統の唯一最重要の教養を含む」

（同書、五五頁）ものがここにあるからである。

新人文主義の隆盛によりギリシャ・ローマの古典の意義が再評価されはじめた一八世紀以降、〝陶冶〟は教育の究極の目的ないし理想として説かれるようになる。とはいえこの〝陶冶〟ほど容易な解説を許さない概念はない。さしあたりは人格の完全発達とでも定義できよう。しかし、〝完全〟が何を含意するのか、〝発達〟の方向性をどう捉えるか、そもそも〝人格〟とは何か。じつに多くの議論が積みかさなる。リンガーはここでその連綿たる思想系譜の詳説はしない。彼の関心はむしろ、読書人が〝陶冶〟を語りつづけた情熱がどこから生まれたかにあるからである。伝統に安住し教養もなく無能な貴族を追いおとすため、読書人は新たな〝高貴さ〟を探していたとリンガーは見る。彼らは〝陶冶された人格〟を強調することで、たんなる行政官を越えた地位、「能力ではなくて人物が問われるあの地位」（同書、一五頁）を夢みたわけだ。

リンガーの読書人思想の読解はウェーバー以上にウェーバー的である。それは何より、ドイツに議論を限定したモノグラフだからだろう。一九世紀のドイツ教養市民層ほど教育を通じた威信の卓越化に奏功した集団は同時期のヨーロッパに見られない。これには彼らが歴史的状況に利された部分も大きい。一つに彼らを引きたてた強権が存在したこと。そして今一つに、歴史的に見て通常は彼らのライバルとなる社会層、つまり元来の意味のブルジョワジー（新興産業市民層）の成長がドイツで大きく遅れていたことである。官僚絶対主義とも呼ばれる政治体制はこの歴史的空白状況で発展していった。

教養市民層の勢力展開はウェーバーの見たとおり、教育と試験の制度に基盤を置いた。ドイツの教育改革はヨーロッパでもっとも早いとリンガーはいう（Ringer, F. K., *Max Weber: An Intellectual Biography,*

University of Chicago Press, 2004, p.8)。それは高等教育の領域で、中世起源の大学の伝統と決別した新しい〝研究大学〟を生み、中等教育では大学の予科として機能し、教養市民層の供給を掌握したギムナジウムを生む。〝陶冶〟の思想の中核にある、知的活動を通じた精神の成長を強調する彼らの教育信条はこれらの学校で育まれた。さらにその学校改革を背景として、官吏やギムナジウム教員を手始めに国家試験制度が網の目状に拡張される。医療や法務はもちろん、最終的には近代的な職業領域のほとんどで細分化された資格試験が導入される。望田幸男の調査（『ドイツ・エリート養成の社会史——ギムナジウムとアビトゥーアの世界』ミネルヴァ書房、一九九八年）によれば、ギムナジウムの進学者は二〇世紀に入った段階でも同一年齢人口比で三—四％にすぎない。一九世紀ドイツにおける学校と試験の発達は、この少数集団に〝国家に奉仕する特権〟を独占させたのである。

読書人の没落

産業市民層が教養市民層の現実的な脅威となるのは一九世紀末である。ここからリンガーのいう〝読書人の没落〟が始まる。ドイツはその統一からごく短期間で世界有数の工業国に成長する。その発展は「スピードといい徹底ぶりといい未曾有」（F・K・リンガー、一九九一年、二八頁）のものであった。急激に力をつけた新興企業家の功利主義的、実用主義的な生活信条は、〝精神の貴族〟として文化的、政治的に社会を動かしてきた読書人には嫌悪の対象でしかない。彼らは急速に保守化しあらゆる社会改革、とくに教育改革を阻む抵抗勢力となってゆく。その反動的な姿勢にリンガーは容赦を見せない。

悲劇的であったのは、「理想主義」や「陶冶」の用語、あるいは道徳的問題や抽象的文化価値の昔ながらの強調が、しだいにあらゆる形の制度的、社会的変動に対する自動的防衛に流用されていったということであった。たいていの大学教授はもはや現代とのどんな妥協も考える気がなかった。（同書、五〇頁）

現代に生きるわれわれは、専門性に基盤を置く西洋近代の教育がその技術的優秀性ゆえに普及したと思いがちである。たしかに専門知識で武装した行政幹部による〝官僚制〟は、いったん動きだすと他の統治機構を駆逐するだけの優秀性をもつ。しかし忘れてならないのは〝優れた技術〟の内容が、それを武器とする集団の利害関心から自由でありえないことである。法制官僚としての技量により躍進した読書人が〝高貴〟の意味をどう組みかえたかを見れば、技術的優秀性の定義自体が歴史的な状況に左右されることが判るだろう。

５　現代に生きるウェーバーの遺産

アメリカ社会における身分集団

その死後九〇年、教育社会学はウェーバーを読みつづけている。それは彼がたんに近代の教育を論じたからではない。身分集団と利害関心という、先史より存在したはずの力学を近代にも見のがさなかったからである。支配、身分といった概念は言葉は古めかしくとも今日なお意味をもつ。またウェーバーの方法論は王権や国家官僚の研究に限定されない。公的、私的を問わず、少数者による多数者の支配が存在し、さらにその権力行使を担う部下が組織化されているならば、彼らの利害が文化や教育を動かす潜在的可能性はつねにある。何がしかの教育経験が社会的威信の根拠とされる状況を見つけたなら、ウェーバーの論考を思いかえすとよい。〝正規の教育〟を受けた者が一般から遊離した交友圏や特異な生活様式をもつかどうか。こうした視点で分析を開始すれば、新たな身分集団が見つかる可能性は今日でもある。

その成功例と評される業績を最後に一つ挙げておこう。アメリカ合衆国という「世界最大の資格社会」を扱ったR・コリンズ（R. Collins）の『資格社会――教育と階層の歴史社会学』である（新堀通也監訳、有信堂高文社、一九八四年、一二〇頁）。コリンズは精緻な専門職養成体系が発展した二〇世紀のアメリカ教育史を回顧し、こう問う。高威信の専門職はなぜ高学歴者（かつ〝名門大学〟の出身者）に独占されるようになったのか。ウェーバーを踏襲した研究であるからには、最終的な解答は身分集団の利害関心の発動ということになるのだが、いま少し彼の論考を追ってみよう。

『資格社会』の第一の検討課題は企業や官庁などの組織の構造がいかに形成されるかである。とくに就職要件、キャリア経路、そして地位それ自体が組織内部でどう体系化されるかという問題は、現代社会において権力や所得の配分に直結する問題である。組織の〝最適構造〟は生産性や効率性をめぐる綿密な計算により選択されるとするのが〝経営学的〟な見解だが、こうした技術決定論はもちろん退けられる。組織とは組織成員の思惑を受けて、その最適性を定義していくものだからである。

ここでコリンズは、組織内労働を生産労働と政治労働に区別する。生産労働とは文字どおり富の物質的生産にかかわる労働である。これにたいし政治労働は生産された富の配分をめぐる労働であり、「組織経営（organizational politics）を巧みに操作すること」（同書、六八頁）を目的とする。今日のアメリカでは生産技術の著しい発展の結果、万人が生産に従事する必要がない。この「非生産社会」では、生産労働よりむしろ政治労働が地位や所得への到達を左右するとコリンズはいう。そしてここから身分集団の共有する〝文化〟（culture）の検討が始まる。それこそ政治労働における武器ないし資源だからである（culture は「生活様式」「教養」「洗練」とも訳しうる）。

文化交流とは（中略）それによって社会階層のあらゆる組織化形態が設けられ、労働や物財をめぐる階級闘争が展開する手段なのである。文化は水平的と垂直的な両関係を生み出す。共通の文化資源をもつ人びとは、一集団の仲間・共同成員として平等な結合を形成しようとする。（中略）そういう集団は労働能率・入社基準・職務規程・職務特権・能力評価・個人的昇進のすべてで、組織支配の闘争に主役を演ずる。（同書、七九頁）

ここで支配的な身分集団としてコリンズの念頭にあるのはＷＡＳＰとよばれる集団である。つまり白人（Ｗ）のアングロ・サクソン系（ＡＳ）のプロテスタント信者（Ｐ）たちである。そして彼らの利害関心がもっとも先鋭的に現れたのが、ここでもまた教育の領域であった。ただドイツの場合と違ってアメリカでは、社会的威信をめぐる民族集団間の対立は学校の教育内容をめぐる対立ではなく、教育内容の異なる学校間の対立の形をとったとコリンズはいう。アメリカの分権主義的教育理念が、それぞれの文化的基盤にもとづく独自の学校設立を各民族集団に許したからである。もちろん今日のアメリカ教育は制度面での標準化が進行し、民族的、宗教的な内容の多くを消失している。しかし集団間の長期の闘争は、その所産として社会的威信面での学校の序列構造を残した。高威信の学校と支配集団のつながりも消失していない。名門プロフェッショナル・スクール出身のＷＡＳＰが企業組織内でつねに高い地位に配されるのは、「特定集団のもつ文化が、抽象的な資格へと変容した」（同書、一二三頁）からであるとコリンズは見ている。

歴史に伏流する身分集団

コリンズとリンガーを並べてみれば、一言で利害関心といってもその発展過程は多様だと判るだろう。歴史とは錯綜する集団の利害のなかで流動する。教育の進む方向も同様である。最終的な到達点が支配集団の望んだとおりとなる保証もない。そもそもこの〝望む〟という言葉自体を慎重に扱わなければならない。つねに教育の支配をもくろんで共謀するような身分集団像を抱くとすればウェーバーの含蓄は味わえない。彼らが利害関心の発揮に際し内密的、陰謀的意図から結集するのはむしろまれである。コリンズも指摘するようにその同盟形成は多くが偶発的な〝出会い〟のなかでなされる。彼らは日常的にはみずからの利害について明確な自己意識をもたない。それでも彼らが一致した利害にむけて広範囲の共同戦線をはれるのは、すでに〝生活世界にたいする現状認識〟を共有しているからである。これにより身分集団は、たとえ偶然の交流であっても瞬時に強力な合意に到達しうる。ウェーバーが共通の生活様式や教育経験の意義をつねに論じるのは、こうした〝文化〟（culture）の共有を通じた無意識的、半意識的な同盟形成が各所で力をもつのを経験的に熟知していたからであろう。身分集団とはたとえ実在するとしても、歴史の流れを振りかえってはじめて明確に抽出しうるものである。アメリカのように利益誘導団体を制度化するケースもあるが、世界史的には例外である。日常世界で身分集団を探そうにも多くの場合、そもそもどこまでがそのメンバーなのかすらはっきりしない。

ウェーバーの身分集団論は経験的検証が困難だという意見がある。この批判はたしかに正しい。身分集団がこうも不定型であるかぎり、ウェーバーの図式を応用しつつ挙証責任をどう果たすかは学術的には難しい問題である。これは歴史の客観性なるものをどう主張できるかという問題に最終的に帰着する。しかしこうした厄介な問題を引き受けてでもなお、ウェーバーに追随する研究者はあとを絶たない。それはなにより社会認識ツールとしての高い汎用性ゆえであろう。コリンズはアメリカ専門職社会とインドの部族社会に共通性を見たし、リンガーは中国歴代王朝に仕えた文人（mandarin）のアナロジーでドイツ読書人を語った。時間的、空間的にこうも隔たった歴史状況を瞬時に同じ視野に並べられる認識図式は社会学全体を見渡してもそう多くはない。ウェーバーの歴史社会学の魅力は今後も古びることはないだろう。

キーワード　M・ウェーバー、身分集団、支配者と行政幹部、教養資格、合理的＝合法的支配、専門人、ドイツ教養市民層、資格社会

第2章　立身出世主義にみる文学少年の近代

目黒　強

1　職業としての小説家

谷崎潤一郎の文壇デビュー

近代文学作家には帝国大学に進学した学歴エリートが少なくない。たとえば、『文章倶楽部』の特集「文壇諸家立志の動機」（一九一七年五月）に寄稿している二〇名の文士のうち一〇名が帝国大学に進学している（ちなみに、残りの一〇名のうち八名が早稲田進学者）。彼らは一九〇〇年代から一九一〇年代にかけて帝国大学に入学した学歴エリートであった。

それでは、学歴エリートにとって、文士――なかでも小説家――は立身出世の目標たりうるものであったのだろうか。まずは、上記の特集に寄稿している谷崎潤一郎を取り上げ、当時の学歴エリートが小説家を志望することのインプリケーションを明らかにしたい。

谷崎潤一郎は一八八六年に東京市日本橋区蠣殻町で生まれる。谷崎の家系は代々の町人で、下町の江戸っ子であった。後述するように、学問と文学趣味は、下町の町人のエートスになじまず、葛藤をもたらす。さらに、父親が商売に失敗したことも加わって、廃学の危機に見舞われるなど、苦学を余儀なくされた。

先の特集で谷崎は「いよいよ文筆で立とうと思い定めたのは、一高を出て大学へ入った時である」

（「少年世界」へ論文」）と述べている。補足すれば、東京府立第一高等学校の二年生のとき、学資の援助を仰ぎ寄宿していた北村家の女中と恋愛関係となり、北村家を追われたことが転機となったようだ。弟である精二宛の一九〇八年の手紙で、「予は去年の夏より非常なる煩悶と苦痛と不平との渦中に在り、予も断然政治をすてて文学に志すべし。或は高等学校を卒業すれば直ちに中学校の教師となるやも知れず」ともらしている。

苦学の末に東京帝国大学に入学したのは一九〇八年のことである。北村家を追われ、小説家を志す覚悟を決めた谷崎は、就職に有利な英法科から国文科に転科までしている。「将来生活の保証が得られない文学を専攻することは、親も篤志家も、共に不賛成だった」（「職業として見た文学について」『文藝春秋』一九三五年一月）と回想しているように、北村家を追われるまでは文学を専攻することは考えられなかったようだ。

在学中の一九一〇年から東大系の同人誌『新思潮』（第二次）に「刺青」などを発表、一九一一年には授業料未納により退学処分を受けるものの、永井荷風による高い評価を受け、文壇的地位を獲得する。竹内洋が明らかにしている通り、谷崎が退学処分を受けた一九一一年度は東大の法科大学卒業生ですら就職難に直面していた（『立身出世主義——近代日本のロマンと欲望〔増補版〕』世界思想社、二〇〇五年）。学士が就職難に直面するなかでの文壇デビューであった。

しかしながら、谷崎によれば、「明治の末期頃までは、文学と云うものが今日ほど理解されておらず、従って一般の家庭に於いても子弟が文学を志すことを喜ばない風があった」（一九三五年）。とりわけ、「小説家」は「親や妻子を養うだけの報酬が得られる」職業として考えられていなかったというのである（同前）。

小説家の社会的地位

当時、小説は立身出世にとって有害であるとされた。立身出世を鼓舞してベストセラーとなったS・スマイルズの『西国立志編』（中村正直訳、木平謙一郎蔵版、一八七〇―七一年）からして「稗官小説ノ害」を指摘している。野口武彦によれば、「稗官小説」は「稗官」と呼ばれた古代中国の小役人が収集した雑説を指し、「国史」のような正統性を持たない点で取るにたりない俗説として蔑視されたという（『一語の辞典　小説』三省堂、一九九六年）。さらに、江戸時代以来の儒学的伝統のもと、四書五経などを学ぶ「文学」とは差別化され、戯作などの「小説」は卑しいジャンルとみなされた。『西国立志編』にみられた「稗官小説ノ害」は、幕府の儒官などを歴任した中村の翻訳を通して（原書以上に小説を否定した訳文となっている）、伝統的な小説観のもとで理解されたものと思われる。

やがて、坪内逍遥が『小説神髄』（松月堂、一八八五―八六年）でnovelの訳語に「小説」を用い、「模写小説」としての意義が与えられたことは周知の通りだ。ところが、高橋一郎によれば、小説は明治期を通して有害なメディアとして社会問題化されていたという（「明治期における「小説」イメージの転換――俗悪メディアから教育的メディアへ」『思想』八一二号、一九九二年二月）。小説の社会的地位は依然として低かったのである。

谷崎と同世代の小説家である里見弴は、学習院時代を振り返って、「親友の志賀直哉と元箱根で一夏を送って、文学的趣味を養成した」が、「まだ自分が文学者になろうなどという決心は起らなかった」（「「思い出の記」から」『文章倶楽部』前掲号、五頁）と述べている。この時点では、文学者のパトロンになろうと考えていたようで、文学趣味は小説家志望に直結していない。東京帝国大学に入学した一九〇九年、養家の山内家の財産が「自分の生涯の生活を保証するに足るものであると知って、茲に私は断然作家として立とう」と決心している（同前、六頁）。小説家という職業で生計を立てることができるとは一貫して考えていないところに、当時の小説家の社会的地位がうかがえる。

そもそも、職業として小説家をとらえる考え方は、文士の間でさえ自明なものではなかった。たとえば、一九〇〇年には「緑雨氏の文壇保護説」（『新小説』一九〇〇年六月）などに端を発する文士保護論争が起きている。斎藤緑雨が右の講述で、文士の経済的窮乏を踏まえ、文壇の社会的保護を訴えたところ、『帝国文学』などに批判が寄せられる。緑雨のように文士の活動を職業とみなし、経済的営為としてとらえる発想が、清貧に甘んじながら刻苦勉励して修養につとめるという文士神聖観に抵触したからである。

飯田祐子によれば、「明治四十年代に自然主義を軸として〈職業〉としての小説家についての言説が大量に生産されていった」（『彼らの物語――日本近代文学とジェンダー』名古屋大学出版会、一九九八年、九三頁）という。谷崎が大学に入学した頃は、職業としての小説家観が言説の上で登場し始めた時期であったのである。

おそらく、明治期において、小説家は苦学の対価として釣り合う職業ではなかった。P・ブルデューによれば、小説家などの芸術家の職業的威信は、経済的利益ではなく、象徴的価値を源泉とする（石井洋二郎訳『芸術の規則 I』藤原書店、一九九五年）。文士神聖観は文士を一般の職業から差別化し自らを特権化することで象徴的価値の産出を試みる言説であるが、文士保護説の提起は当時の日本社会では文学という象徴資本に対する信用が形成されていなかったことを示唆している。文学場（作家、出版者、編集者、研究者、評論家、読者などからなる文学関係者によるネットワーク）の相対的自律とは、象徴資本が正統化されることで長期的には経済資本に転換されるシステムの確立を意味する。象徴資本として正統化されず、経済資本としての回収も覚束ない当時の文学場は形成途上にあったといわざるをえない。谷崎の回想は、小説家が金銭も尊敬も期待することができない職業として、世間一般では認識されていたことを伝えていよう。

「神童」というテクスト

一九〇〇年代の学歴エリートにとって、小説家は立身出世の目標に相当しない職業であった。文学趣味を有している者が小説家を志すとは限らなかった所以である。それでは、学歴エリートが小説家を志望する際、彼らのアスピレーションをドライブした立身出世主義は、文学趣味といかなる関係を結んでいたのであろうか。

そこで取り上げる作品が「神童」（『中央公論』一九一六年一月）である。「神童」は谷崎の少年時代をモチーフとした半自伝的小説で、谷崎が文学趣味に目覚め、廃学の危機に見舞われた時期を扱っている。谷崎の個人的体験を基盤としながら、明治三〇年代以降の立身出世主義を生きる文学少年を理念的に形象化した作品だ。とくに注目されるのは、「神童」にみられる立身出世主義において文学趣味が重要な役割を果たしている点である。本章では、「神童」を導きの糸に、立身出世主義における文学趣味の機能を明らかにし、文学少年に固有の立身出世主義体験の意味に迫りたい。

なお、「神童」のモチーフを踏まえ、理論的枠組みとして、竹内による立身出世主義の修復過程モデルを参照することにした（竹内洋『選抜社会――試験・昇進をめぐる「加熱」と「冷却」』リクルート出版、一九八八年）。竹内によれば、社会システムを維持するために、立身出世を達成できない人々の失意を修復する必要が生じるのは明治三〇年代以降である。立身出世主義の修復過程の類型としては、「縮小」「代替」「冷却」の三つが指摘されている。「縮小」（cooling-down）は「既成の文化目標の枠内に留まるが、アスピレーションを縮小する」こと、「代替」（substitution）は「アスピレーションそのものは維持するが、地位から金銭というようにアスピレーションの対象を変更すること」、「冷却」（cooling-out）は「既成の文化目標を変換し、アスピレーションそのものを低下させること」（同書、一六六頁）を指す。

2　立身出世主義の「縮小」

「高等小学校現象」の時代

「神童」の主人公の瀬川春之助は中学進学を希望している高等科一年生である。小学校で春之助の名を知らぬ者はいないほどの神童だ。商人に学問は不要であるという理由で、父親から進学を反対されていたが、父親の奉公先から学資の援助を受けることになり、書生兼家庭教師として住み込みながら中学校に通うことになる。

谷崎もまた学業成績は優秀であった。しかし、父親の事業の首尾は芳しくなく、学資を援助してくれそうな伯父は「町人の子は高級な学問をする必要はない」という思想の持ち主であった（『幼少時代』文藝春秋新社、一九五七年）。ところが、担任教師の勧めもあり、伯父の援助を受け、東京府立第一中学校への進学が叶う。父親の事業の失敗で廃学の危機に陥り、北村家に住み込むようになるのは、中学二年の一学期のことだ。春之助の設定が谷崎の境遇を圧縮したものであることがわかる。

そこで、谷崎の就学状況を春之助のそれに重ね、『文部省年報』各年度版を参照しながら、春之助が置かれていた社会的位置を明らかにすることにしたい。なお、谷崎の学校歴については、小学校入学が学齢前の変則入学であること、一年生を一回留年していること、中学二年生で飛び級をしていることに留意する必要がある。『文部省年報』のデータの限界については、土方苑子『東京の近代小学校――「国民」教育制度の成立過程』（東京大学出版会、二〇〇二年）を参照されたい。

まずは、小学校尋常科に入学した一八九二年度における就学率であるが、全国で五五・一％（小数点第二位以下は切り捨て、以下同じ）、東京府で五八・八％であった（ただし、一八九二年度は「本年度半途退学者」が就学児童数に含まれているため、就学率が高くなっている）。出席率を考慮した実質就学率（就学率×出席率）では、全国で四一・五％、東京府で五〇・八％となる。東京府でみても、二人に一人しか就学していない時代であったことがわかる。

次に、高等科に進学した一八九七年度における尋常科卒業者数に占める高等科入学者数の割合であるが、全国で五六・三％、東京府で四〇・三％であった。全国と比べ東京府では、高等科に進学しない学齢児童の割合が高いことがうかがえる。ちなみに、当時の義務教育は尋常小学校卒業までであった。

それでは、中学校に進学した一九〇一年度の就学状況はどうであろうか。男子の高等科卒業者数に占める中学校入学者数の割合は、全国で三三・六％であった。ただし、東京府では、高等科卒業者数が三六四五名しか存在しないのに、入学志願者数が八一二八名に上っている。入学志願者数が卒業者数を超えているのである。このことは、中学浪人が少なからず存在していることを示している。

中学校入学志願者数に占める入学者数の割合は、全国で五八・六％、東京府で四二・五％であった。全国の中学校入学志願者数が三万一六三三名であった一八九七年度に比べ、一九〇一年度は五万六一二名となり、二万人ほど増えている。進学熱の高まりがうかがえる。

春之助が中学校に進学した時代は、高等小学校卒業者の多くが上級学校に進学できない「高等小学校現象」（竹内洋、二〇〇五年）が起きていたのである。試みに、谷崎が小学校に入学した一八九二年度における男子の学齢児童数を分母にして、一九〇一年度の中学校入学者数の割合を算出したところ、全国では〇・七％、東京府では二・八％にすぎなかった。高等科を卒業する年次が二年次から四年次までの幅があったため、目安でしかないが、一〇〇人に一人から三人程度の男子しか中学校に進学しなかったことになる。

立身出世主義は「理念の普遍と機会の限定」（見田宗介『現代日本の心情と論理』筑摩書房、一九七一年、二一二頁）という矛盾を内包していた。立身出世という理念のもとで就学が奨励されたが、就学機会が限られていたため、「高等小学校現象」のように、就学意欲を有している者が就学できないという構造的矛盾が生じたのである。中学校に進学できた春之助は運がよかったといえよう。

立身と出世

中学進学をめぐって、春之助と父親の欽三郎は対立していた。ここでは、このような対立が生じた文化的要因についてみていくことにしたい。

木綿問屋の一番頭である欽三郎は、「到底子供を大学までやらせる程の資力がない」ため、「高等小学校を卒業したらば、適当な商店へ小僧に住み込ませ、年期奉公を勤めさせるのが、一番出世の捷径であり、身分相応な教育である」と考えている。「町人」に相応しい「出世」を望んでいたのである。

それでは、少年労働者の修学状況はどの程度であったのだろうか。一九二七年に実施された調査（東京地方職業紹介事務局編『少年就労事情調査』一九二八年）によれば、就労中の一八歳までの男子の修学程度として最も多いのが高等小学校卒業者で、四八・〇％を占めていた。後年の調査であることを勘案するならば、欽三郎が「身分相応な教育」として考えた高等小学校卒業程度は、小僧の修学程度としては低いものではなかったといえる。

しかしながら、春之助は「若しも許して下さらなければ牛乳配達でも何でもして、独りで苦学をいたします」と覚悟を決めている。谷崎が中学時代に書いた自伝「春風秋雨録」（『学友会雑誌』一九〇三年一二月）にも、「たとえ牛乳の配達をなし、新聞の売子となるとても、いかで商売の丁稚となりて店頭の客に頭を屈し、媚を呈することをなさんや」とある。春之助の悲愴な決意は谷崎の実感とみてよいだろう。

この一文にも垣間見えるが、少年時代の谷崎は商人を好ましく思っていなかったようだ。「春風秋雨録」に「われ幼きより、最も嫌いしは軍人にて、次は商人なりき」とある。春之助もまた「自分のような天才が、商人の小僧などになろう訳がない。自分は必ず、何とかして学問をやり通さねばならぬ」のように商人を見下している。

これまでみてきたように、春之助と欽三郎との対立は町人文化をめぐって生じていた。欽三郎によれば、春之助が町人文化から離反したのは「貧乏な町人の子にあるまじき趣味」を獲得したからだとされている。そこで次に、「貧乏な町人の子にあるまじき趣味」についてみていくことにする。

春之助は神童であることに増長していた。ところが、高等科二年の頃から「漢文学に熱中して、知らず識らず儒教の感化を受けた結果」、生活態度と文学趣味が一変する。生活態度については、食事や睡眠を制限するなどの禁欲的生活を送るようになる。文学趣味については、「詩や歌を作るのが嫌いになって、一生懸命に東洋の哲学や倫理学に関する書籍」を漁るようになる。「お前はそんなに勉強をして将来何になるつもりですか」と教師に問われ、「僕は聖人になりたいと思います」と応えるまでになっている。「貧乏な町人の子にあるまじき趣味」とは、儒教的禁欲主義を基盤とした文学趣味であったといえよう。

竹内によれば、「知行の加増が武士の立身の内容であり、家業をひろげ家産を増やすことが町人の、田地家産を増やすことが農民の出世であった」（二〇〇五年、一〇頁）。欽三郎が「出世」を望んだのに対して、春之助は「立身」を望んだといえる。朱子学が江戸幕府の官学とされて以降、漢学は武士の教養であり、儒教的禁欲主義は武士のエートスであった。士農工商の解体に伴い、「立身」と「出世」は立身出世主義として広く国民に内面化されるようになるが、明治になっても分限意識は人々の価値観に影響を及ぼしていたようだ。二人の対立は、江戸時代以来の分限意識を内面化した世代と明治以降の社会的上昇志向を内面化した世代との価値観の相違に由来するものであったのである。

儒教的文学趣味の両義性

それでは、士族ではない春之助は儒教的文学趣味をどこで身につけたのであろうか。作中では語られていないので、『幼少時代』を参考に、谷崎の小学生時代における文学趣味を確認することにしたい。尋常科時代の担任である野川誾栄は、「少年文学」叢書（博文館、一八九一―九四年）をクラスの子どもたちに読み聞かせていたという。「少年文学」叢書は子ども読者向けのシリーズ出版企画で、三二篇が刊行された。谷崎は、野川が話してくれた『近江聖人』に感銘を受け、自ら買い求めて愛読したようだ。

『近江聖人』は村井弦齋による伝記的創作で、一八九二年に「少年文学」叢書第一四篇として刊行された。江戸時代の儒学者（陽明学者）である中江藤樹について、脚色を加えながら、次のような少年時代のエピソードを伝えている。伊予国の叔父のもとに預けられていた藤太郎が故郷の近江でひとり暮らす母の苦労を知り、苦心惨憺して帰省するが、母親は約束を果たしていない藤太郎を伊予に帰す苦渋の決断を下す。その約束とは、一人前の士分になるまでは帰省してはならないというものであった。坪谷善四郎編『博文館五十年史』（博文館、一九三七年）によれば、「明治三十八年末までに二十九版、三万七千五百部を印刷した」（同書、五七頁）という。「立身」の物語として広く読まれたことがわかる。

高等科時代の担任である稲葉清吉は、儒学や禅学などの聖賢の教えに加え、定家の和歌や『雨月物語』などの「軟文学」も教えたという。谷崎によれば、「先生の思想は王陽明派の儒学と、禅学と、それにプラトンやショーペンハウエルの唯心哲学を加味したものであった」らしい。谷崎は中学入学以降もしばらくの間、稲葉を足繁く訪ねるほど、薫陶を受けていた。ちなみに、谷崎の中学進学を応援した教師が稲葉である。

「天才教育」を施す稲葉は規格外な教師として回想されているが、二人の教師との出会いは学校が儒教的文学趣味を養成し、「聖人」を志すような心性を醸成する場であったことを示唆している。なお、草双紙などの江戸時代以来の庶民文化は、谷崎の文学趣味のもう一つの源泉であるが、「神童」では捨象されていたため、本章では扱わないこととする。

ところが、町人文化からの離反を促した儒教的禁欲主義は中学進学を正当化する思想では必ずしもなかった。欽三郎から中学進学を諦めさせる説得を依頼された教師は、「聖人」になりたいという春之助の理想を逆手にとり、「先ず親孝行が出来なければ到底徳の高い聖人にはなれる筈がない。近い話が二宮尊徳を見るがいい。立派に亡父の家業を継いで、自分の家を再興してから世間の人々を救ったじゃないか」と諭す。二宮尊徳（金次郎）が取り上げられていることからもうかがえるように、儒教的禁欲主義は修養主義へと接合されている。この教師は、立身出世という支配的文化目標を「親孝行」へとスケール・ダウンし、春之助のアスピレーションの「縮小」を試みたのだといえる（ただし、竹内洋『選抜社会』では、金次郎主義について「縮小」と「冷却」の二つの側面が指摘されている）。

儒教的禁欲主義の論理的帰結として、「聖人」をめざす春之助は進学を断念せざるをえなくなる。春之助は「此れからきっと先生のお言葉通りに実行します。必ずえらい聖人になって見せます」と泣きながら宣言し、「学者になるよりも先ず町人の子にならなければならない。学問よりも先ず道徳を実行しなければならない」と改心するのである。

「神童」にみられた儒教的文学趣味については、勉強（学問）を促すことで立身出世主義を「加熱」すると同時に、修養を強調することで立身出世主義を「縮小」するというマッチ・ポンプ的な機能を指摘することができる。「高等小学校現象」のような現実が立身出世主義の「縮小」を要請したのだろう。

しかしながら、春之助の改心は半月ほどしか続かなかった。「善とは何ぞや」という懐疑によって道徳の実行を先延ばしする論理を見出したからである。この頃から、両親に対する態度が悪くなり、学校の先生なぞは眼中になくなる。こうして儒教的禁欲主義は、中学校入学前に綻びを見せ始め、井上家に奉公することでその綻びを拡大させていく。儒教的禁欲主義の失調に伴い、文学趣味は変質を余儀なくされるのである。

3　立身出世主義の「冷却」

神童の堕落

春之助は父親の奉公先である井上家に住み込みながら中学校に通うようになる。井上家は「下町」の商家で、日本橋界隈の小舟町にあった。ただし、主人の吉兵衛の妾で、元芸者のお町は「奥さん」と呼ばれており、「山の手」志向がうかがえる。「「おかみさん」は東京方言として「下町」に滲透していた用語」であったのに対して、「地方から上京してきて「山の手」に住みついた新興勢力の用語が「奥さん」であった」（磯田光一『思想としての東京――近代文学史論ノート』国文社、一九七八年、三八頁）からだ。

もちろん、井上家のモードは下町の町人文化であった。「先生に大人しいなんて褒められる子供は、世間へ出ると大概役に立たないもんだから御覧なさい」という女中の発言からもうかがえるように、「山の手」志向は借り物でしかない。吉兵衛とお町は「奉公人や子供の手前も憚らず酒色に溺れつつ馬鹿の限りを尽」くしており、士族のエートスである儒教的禁欲主義は認められない。春之助は、当初こそ母親が恋しくて生家に足繁く通っていたが、両親のことを「井上家の女中達にすら劣った階級の、ただ盲目的に生きて行く愚鈍な人種ではなかろうか」と考えるまでになる。

井上家の物質主義は春之助の欲望をひどく刺激したようだ。「無意識の間にお町夫人の容色を恋い慕い、令嬢鈴子の肉体に憧れた」とあるように、性欲は春之助を煩悶させた。「慣れれば慣れる程犯罪の度数は頻繁になって、殆んど毎日欠かさなかった」のは手淫とみて間違いない。

中学四年の頃から学問に対する意欲が減退し、春之助を悩ませる。「どうして自分は此れ程までに堕落してしまったのであろう。自分の頭脳は再び以前の活発な働きを快復することは出来ないのであろうか」と自らに問い、「お前には堕落した原因も快復の方法も立派に分って居る筈だ。お前が意志を強くして、あの浅ましい欲望を制し、あの忌まわしい悪習慣を捨てさえすれば、いくらでも昔の神童に帰れるではないか」と自答している。

手淫は「犯罪」のような罪悪感を伴うのみならず、「頭脳」に悪影響を及ぼす行為として捉えられていた。赤川学が「神童」などの小説に指摘したように、「オナニーにまつわる修養的不安は、学歴上昇と将来の社会的成功を夢見る立身出世主義とシンクロしていた」（『セクシュアリティの歴史社会学』勁草書房、一九九九年、二三三頁）のである。

立身出世主義には「欲望追求と欲望禁圧」の矛盾が内在しているとされる。「立身出世の目的ないし動機づけにおける、欲望肯定、幸福追求の肯定と、その手段ないし道程における、極端なまでの禁欲とのあいだの矛盾」（見田宗介、二〇九頁）である。春之助の「堕落」とは「欲望禁圧」を支えていた儒教的禁欲主義の破綻を意味する。その結果、前景化したのが「欲望追求」の論理としての天才主義であった。

小説趣味と天才主義

「堕落」を痛感した春之助は、次のように自らを捉え直し、「十一二歳の小児の頃の趣味に返って、詩と芸術とに没頭すべく決心」する。

己は決して自分の中に宗教家的、若しくは哲学者的の素質を持って居る人間ではない。（中略）己は禅僧のような枯淡な禁欲生活を送るにはあんまり意地が弱過ぎる。あんまり感性が鋭過ぎる。（中略）己はどうしても天才を持って居るような気がする。己が自分の本当の使命を自覚して、人間界の美を讃え、宴楽を歌えば、己の天才は真実の光を発揮するのだ。

谷崎もまた「自分の哲学や倫理宗教に対する興味は、（中略）先生からの借り物であるに過ぎず、自分の本領は純文学にある」（一九五七年）と悟ったという。「小児の頃の趣味」については、巌谷小波のお伽小説「新八犬伝」（『少年世界』一八九八年一―一二月）が「小説というものの楽しさ」として「空想の世界を仮定して、それに浸りそれに遊ぶことの喜び」を教えてくれたと回想している（一九五七年）。儒教的文学観のもとで抑圧されていた小説などの文学趣味が春之助のなかで解放されたということができよう。なお、儒教的文学趣味と対比して、このような文学趣味を「小説趣味」と呼ぶことにする。

ここでは、儒教的文学趣味から小説趣味への転向が天才主義に支えられていることに着目したい。春之助の天才主義は、「天才は凡べて片輪である。諸方面の能力が円満に発達して居たら、己は凡人になってしまうのだ」や「天才はあらゆる人間の心理を理解する。古えの暴君と云われた人々は、恐らく斯う云う種類の快感を強烈に要求する人間なのであろう」などに垣間見える。前者は運動ができない自らを肯定する論理、後者は家庭教師として教えている玄一を虐める快楽を肯定する論理として見出されていた。ただし、「神童」は春之助が天才主義を見出すところまでしか描いていない。天才主義の論理が十分に展開されていないのである。そこで、春之助の大学生時代を描いたとの見立てが可能な「饒太郎」（『中央公論』一九一四年九月）を取り上げ、天才主義の論理を明らかにする。

大学一年のときに饒太郎は、R・v・クラフト＝エビングの著書を紐解き、古今東西の文豪に「自分と同じ Masochism の煩悩に囚われた多くの天才者のある事」を知り、自身の傾向を受け入れることができるようになる。饒太郎は「文学者として世に立つのに、自分の性癖が少しも妨げにならないばかりか、自分は Masochism の芸術家として立つより外、此の世に生きる術のない事」を悟るのである。

クラフト＝エビングの著作については、法医学会訳『色情狂編』（法医学会、一八九四年）をはじめ、「饒太郎」発表の前年には黒沢良臣訳『変態性欲心理』（大日本文明協会、一九一三年）が刊行されていた。ちなみに、「変態」という概念は学術的な研究対象として注目されていたという（菅野聡美『〈変態〉の時代』講談社現代新書、二〇〇五年）。中村古峡が主宰した雑誌『変態心理』が刊行されたのは一九一七年、「神童」が発表された翌年のことである。

饒太郎は、マゾヒズムが「天才」の「文学者」の傾向であることを知り、自らの「変態性欲」を「文学者」の資質として再定位していた。以上の論理構成は、「聖人」を断念させた手淫のような「変態性欲」を「天才」の「感性」として見出し、「詩と芸術」の方面に進む決意をした春之助にも認められる。天才主義へと転向することで、春之助は儒教的禁欲主義の挫折を正当化したのである。小説家の社会的地位が低かった一九〇〇年代にあって、春之助の小説趣味は、顕官になるようなアスピレーションを「冷却」し、立身出世という支配的文化目標からの逸脱を結果したと考えられる。

ところで、「饒太郎」と「神童」はともに一九一〇年代に発表された作品であった。一九一〇年代の文芸思潮のもとで、天才主義を検討する必要が認められよう。そこで取り上げるのは、一九一〇年代の春之助とみなしうる川端康成である。

川端康成の文学少年時代

川端康成は、大阪府立茨木中学校時代の一九一六年の日記に「神童」についての感想を記している。

「自修時間は潤一郎さんの神童二時間あまりかかって読む　どうしても谷崎さんのは確乎とした心もないけれど興味を覚えて同じ章を二回以上づつ読む筈の読書法も廃して進んでしまった」（「大正五年当用日記」『川端康成全集』補巻一、新潮社、一九八四年、三二二頁）と「「神童」は怖しかった」（「大正五年生徒日誌」同全集、三七五頁）である。「神童」のどのような箇所に興味をおぼえ、怖ろしく思ったのかについては記されていないが、「神童」の天才主義に心を動かされたのだと思われる。

一九〇〇年代から一九一〇年代にかけて、「天才」を「異常」と捉え、「異常」を芸術家の資質とみなすことで芸術家を「天才」として卓越化する天才論が流行した。このような文芸思潮を支えたのがC・ロンブローゾやA・ショーペンハウアー、O・ヴァイニンガーらの著作で、谷崎作品に及ぼした影響がつとに指摘されている。

ロンブローゾは遺伝的要素を決定因とした生来性犯罪者説を唱えた精神科医で、天才と狂人とが変質的傾向を共有し、芸術家に「狂天才」が少なくないことを指摘した。ロンブローゾの著作については、明治時代から邦訳が試みられ、大正前半には辻潤訳『天才論』（植竹書院、一九一四年）などの邦訳が刊行されている。

ショーペンハウアーとヴァイニンガーの「天才論」もまた影響力を有していたようだ。『天才論』の訳者である辻潤は「最も自分が尊敬し且つ同感しているのは矢張りショウペンハウエルとワイニンゲルとである」（「きづいたこと」『天才論』、八頁）と述べている。前者については角田浩々歌客編『恋愛と芸術と天才と』（隆文館、一九〇七年）、後者については片山正雄訳編『男女と天才』（大日本図書、一九〇六年）などで邦訳されていた。

特筆すべきは、「天才」が「男性」のみに発現するとされていた点であろう。「天才」の資質として「想像力」と「創造力」を指摘し、両者を要件とする「芸術家」を「男性」の天職として位置づけたのである。儒教的文学観で否定されていた虚構に価値を与えるのみならず、「男性」の職業として小説家を有意味化する思想的基盤を与えたと考えられる。

川端が天才主義の影響下にあったことは、当時の書簡や日記からうかがえる。一九一五年の書簡では、「私は狂人でありたいのだ　狂したいのだ　天才は即ち狂人だから」（「谷堂書簡集二」前掲全集、二七二頁）と記している。その理由は「東西の文豪」が「世に入れられない天才」でもあり、「狂人」でもあったからだ（同書）。

一九一六年の日記には、「近代文学十講読み続けている　自分の頭に灯台でも与〈え〉てくれた様な気がする」（「大正五年　当用日記」同全集、三一五頁）とある。『近代文学十講』は厨川白村の著作（大日本図書、一九一二年）であると思われる。同書では、ロンブローゾが肯定的に取り上げられていた。

東京府立第一高等学校に入学した一九一七年の日記では、「澤田氏の変態性欲論を読んでいる。ロンブロゾフ《ママ》の天才論を読んでいる」と記し、「可成りの共鳴を見出」している（「大正六年　自由日記」同全集、四四五頁）。『変態性欲論』は羽太鋭治・澤田順次郎の共著で、春陽堂から一九一五年に刊行された。『天才論』は訳文からみて辻潤訳だろう。

川端はロンブローゾに言及した同日の日記で、「××なるが故に山本清一が忘れられない。（中略）その名を思い浮べてさえ、病的の刺激が湧く」（同書、四四四頁）と記している。前後の文脈から、「××」は同性愛的傾向を指示する言葉を伏せたものと推測できる。一九一〇年代には、学生文化としての男色は「変態性欲」のような病理としてとらえられていた。川端は『変態性欲論』と『天才論』を読み、饒太郎のように自らの性質を受け入れ、小説家を志望する論理を手に入れたのではないか。さらに、同日記では『天才論』から「天才が最も感受性に富める青春期に於て学校は幾多の迫害を加えるのである」という一文を引用している。川端の小説趣味は、春之助以上に、立身出世主義を「冷却」するような対抗価値としての側面を有していたと考えられる。

それでは、立身出世主義を「冷却」されながら、川端が学業を継続したのはなぜなのか。中学卒業後の進路について、川端は「地方文学青年」として早稲田進学を考え、「現文壇を見渡したら誰しもそう思う事で御座いましょう」と記している（「大正五年　ノート二」同全集、四〇七頁）。文壇への接近可能性が学校選択の動機としてあげられているのである。

結局のところ、川端は一高を卒業後、一九二〇年に東京帝国大学に入学している。その翌年、『新思潮』（第六次）掲載の「招魂祭一景」が菊池寛に認められ、文壇デビューを果たす。永井荷風に認められデビューした谷崎と同じような道を歩んでいるのである。二人の文壇デビューは、大学の同人誌活動が文壇への接近可能性を高めることを示唆している。学歴資本に伴う社会関係資本（文壇の人脈）が期待されたからこそ、川端は小説家を志望しながらも、学歴エリートの階梯を進み続けたのではないだろうか。

4　立身出世主義の「代替」

川端が大学に進学した一九二〇年頃、小説家は立身出世の目標として「代替」されうる社会的地位を獲得した。この時期に文学場が成立し、学歴による地位達成機能が低下するに伴い、学歴エリートにとって小説家が立身出世の代替的目標として照準化されうるようになったと考えられるからである。

まずは、文学場の成立についてであるが、山本芳明は一九二〇年頃に成立したとみている（『文学者はつくられる』ひつじ書房、二〇〇〇年）。出版販売制度の整備が進み、『改造』などの創作欄を有した総合雑誌の増加に伴い、一九一九年から文学市場が安定し、原稿料の高騰をもたらした。第一次世界大戦後の不況下にあって、文芸書の出版は好調であったようだ。このように「文学作品が商品として自立したこと」は「文学者が経済的・文化的側面から社会的な地位を獲得したこと」を意味しよう（同書、二四一頁）。

次に、学歴による地位達成機能の低下であるが、文科系において顕著に認められたようだ（E・H・キンモンス、廣田照幸ほか訳『立身出世の社会史――サムライからサラリーマンへ』玉川大学出版部、一九九五年）。高等教育が大衆化し、学士の就職難が本格化するのは一九三〇年代のことである。このような「大学転落の時代」に「小説家たることを阻止する理由は乏しい」と指摘したのは谷崎であった（一九三五年）。就職難を乗り越えてサラリーマンとして働くことができたとしても、立身栄達は望みえず、リストラや賃金カットのリスクも免れない。「官吏を除く今日の多くのサラリーマン達は、決してその地位が小説家以上に安固であるとは云えない」（同前）というのである。谷崎の指摘は、学歴による地位達成機能の低下が小説家志望を間接的に支えることを示唆している。

実際、一九一〇年代には、『文章倶楽部』の特集「文壇諸家立志の動機」のように、立身出世の目標として小説家という職業が位置づけられるようになる。このような言説は一九〇〇年代に既に見受けられるが、職業としての自律性という点で大きく異なっていた。当時、無名であった島田清次郎が『地上　第一部』（新潮社）で実質的な文壇デビューを果たしたのも一九一九年のことである。『地上』は大正期を代表するベストセラーとなった作品だ。金沢商業学校を中退した苦学生であった島田は、「成功者」としての小説家像を象徴する立身出世作家であった。小説趣味が学歴エリートからの挫折を余儀なくされた文学少年のアスピレーションを代替的に「加熱」する時代が到来したのである。

もちろん、一九一〇年代は夏目漱石門下によって牽引された大正教養主義が台頭した時代である。大正教養主義のもと、文学趣味は主に旧制高校生の教養として再編され、ある種の小説は教養化＝正統化された。また、天才主義は人格主義を基盤とした大正教養主義と排他的関係にあるが、エリート意識という点では通底している側面があるかも知れない。ともあれ、一九一〇年代の文学趣味の様相を明らかにするためには、大正教養主義を視野に入れて検討する必要がある。上述した他にも、同人誌活動における文学趣味の養成や学歴エリート以外における文学趣味の意味などの課題が指摘できる。

本章では、立身出世主義における文学趣味の三つの機能――縮小・冷却・代替――を明らかにした。時代に応じて異なる相貌をみせる文学趣味の検討を通して、文学少年に固有の立身出世主義体験の位相をとらえることができたように思う。小説が立身出世にとって有害とされた明治時代から小説を含む読書が学力向上の方法として奨励される現在に至る一世紀の間、文学少年に向けられた社会的まなざしと文学少年の価値観は劇的な変化をみせている。一九三〇年代以降も射程に入れ、今後も検討を試みたい。

（付記）史料からの引用については、ルビは省略し、旧字は新字に、旧仮名遣いは新仮名遣いに改めた。谷崎潤一郎の文章は『谷崎潤一郎全集』（中央公論社、一九八一―八三年）に拠り、煩瑣なため、巻数と引用頁数を割愛している。

キーワード　学歴エリート、小説家、文学場、文学趣味、立身出世主義、天才主義

第3章　アカデミック・コミュニティのゆくえ

稲垣恭子

1　「ヤドカリ」学生

大学の授業で、講義に対する期待や要望について書いてもらうとさまざまな答えが返ってくる。「研究の最先端」「ノートをとりやすい授業」「抽象的でなく、なるべく身近な問題を扱った授業」「思想的な刺激を与えてくれる授業」「先生の人柄がでる授業」「テンポよく飽きさせない授業」「これまで考えたことのないような思考法に出会う機会」「職業に役立つ内容の授業」「教科書を使ってほしい」「もっと板書をていねいに」……等々。ノートや板書、教科書の使い方などマニュアル的な要望から講義内容に教師の個性や思想性を期待するもの、職業に役立つ内容を望むもの、さらにはエンターテインメントの要素を求めるものまである。

進学率が五〇%を超えてユニバーサル化する大学・高等教育において、授業や教師に求めるものが功利的・効率的になっていくのは不思議ではないし、そのためには飽きさせない工夫も必要になるだろう。しかしその一方で、教師の学識や人柄の魅力などのように、マニュアル化したり計測可能な結果に還元できないような包括的な出会いや経験への期待もまったくなくなったわけではない。どちらを重視するかは学年段階や所属学部などによって異なる面もあるが、どちらか一方というよりも両方、同時に期待している場合も少なくない。しかし、実際に一人の教師がその両方を満たすのは困難なことであり、また矛盾をきたす場合もあるだろう。

それをうまく使い分けているのが「ヤドカリ」学生である。フォーマルに指導を受けている教師とは別に、指導関係にはないが憧れや敬意を抱いている「心の師」をもっているような場合がそれである。主観的には、この架空の師のほうが本当の師であって、実際に所属しているのは仮の師だから、いわば「ヤドカリ」状態にあるという意味である。

「ヤドカリ」学生が、憧れの教師と直接の指導関係をもたない理由はいろいろあるだろう。憧れの師が物理的・社会的に遠い位置にいてアクセスできないために、やむなく「ヤドカリ」状態になる場合もある。しかし、もっと積極的に使い分けていることも考えられる。たとえば、一方では就職や進学といった短期的で明確な目標のための手段（ツール）という観点から現実的な指導関係を選択し、一方ではそれによって満たされない知的欲求や生きかた、人柄などを含むトータルな関係への願望を「心の師」のほうに求める、といった具合である。「心の師」のほうは実体はない架空の師だから、どんな相手でも自由に師にすることができるし、またいつでも解消することもできる。実利は「ヤドカリ」先で確保しつつ、一方では直接の教師よりも魅力的な人物を本当の師にすることで浮上感を得ることもできる。その意味では、いいとこどりの関係なのである。

このような傾向は、「ヤドカリ」学生だけにみられる特殊なものではない。学校や教師に目に見える結果を求める傾向は、近年ますます顕著になりつつある。その傾向は、社会全体の合理化と機能化の進展する現代社会においては、教育の場だけに限らず、社会関係全般に共通するものである。しかしその一方で、架空の師への願望には、新しい世界との出会いや内面的・人格的な結びつきへのノスタルジアを、かつてとは別の形で再生しようとする志向を読みとることができる。「ヤドカリ」学生は、現代におけるこのような相異なるふたつの願望を表象する存在とみることもできるだろう。

本章ではこのような視点から、社会関係としての師弟関係とアカデミック・コミュニティの変容について考えてみたい。

2　師弟関係の原型

現実の指導関係にある教師との関係が「ツール」化する一方、「心の師」としてひそかに師事するのは直接的な指導関係をもたない架空の師であるというような現代の師弟関係について論じる前に、まず師弟関係の原型がどのような特徴をもっているのかをみておこう。

作家の井上ひさしは、大学時代の恩師であるＰ神父との出会いについて、「この神父と逢うことがなかったら、わたしは深いところでカトリックの教えをつかむことができなかったろう。そればかりではなく、この人と出っくわすことがなかったら、わたしは学業を中途でほうり出さざるを得なかったろう。しかもそのうえに、この人とめぐり逢うことがなかったら、わたしは人間をじつに詰まらぬ生物だと誤解したまま一生を終えることになったろう」（井上ひさし「聖母の道化師（抄）」森毅編『日本の名随筆　別巻五二　学校』作品社、一九九五年、一〇一頁）と回想している。

フランス人のＰ神父は、聖職者の規律正しいイメージとは逆に、よれよれの黒背広にふけだらけの頭、しょっちゅう遅刻や居眠りをするといった、いい加減で怠惰な教師だったらしい。しかし、金がないときにアルバイトを紹介してくれたり、研究室に隠し持っていたウイスキーをごちそうしてくれたりする面倒見のよさも持ち合わせていたという。しかし、井上ひさしが惹きつけられたのは、P神父のそうした聖職者らしからぬ人間くささだけではない。彼の日常生活そのものがカトリックの実践だったからである。四年間、講義だけでなく日常生活全体にわたってその姿を眺めてきたことは、井上ひさしにとって学問や宗教の経験そのものであった。P神父から教えられたのは、知としてのカトリックだけでなく、その行動やパーソナリティ全体を通して呈示された世界との向き合いかたであった。その意味では、大学での教師と学生という一般的な役割関係を超えた「人生の師」との出会いだったといえるだろう。

このような関係を通して修得されるのは、伝達される内容だけでなく、教えられる文脈を含めたトータルな経験である。誰かに師事するという場合、知識や技術そのものはもちろんだが、それを通して師のものの見かたや考えかたを含めた全体が伝わっていくことが多い。また、教えられる知識の内容に直接かかわることだけでなく、日常の立ち居振る舞いや話しかたにも独特の雰囲気やスタイルが滲みでていて、それが魅力だったりすることもあるだろう。師弟関係の原型として想定されるのは、体系化された知識や技術の伝達という限定された関係を超えて、師のパーソナリティと一体化した世界との出会いとして経験されるような包括的な関係である。

このような師弟関係においては、師の地位は制度的に保証されているわけではなく、それが維持されるかどうかは、師となる人物に備わった独特な力とそれへの弟子の敬愛にかかっている。しかし、師弟間の愛情は互いの存在に対して向けられるだけでは十分ではない。むしろそれを超えた共通の価値や目的を実現しようとすることによって、師弟の関係は確固としたものになる。そのいずれかが失われれば、同じ関係を維持することはむずかしい。その意味では、師弟関係は、知識や技術の量やレベルだけでなく、そこに映し出される人間全体を含めて互いが試される緊張感のある関係としてとらえられる。

そこにはまた、愛情や信頼、尊敬と献身といった相互の情愛感情やそれを媒介とした連帯意識が生まれる一方で、それがねじれると嫉妬や猜疑、怨恨へと反転することも少なくない。そうした濃密な感情的・情緒的つながりをともなう師弟関係のなかで得たことは、体得されてはいても言語化するのはむずかしい。師弟関係の原型は、制度化された関係からは最も遠い純粋に人格的な関係としてとらえられる。

3　「ツール」教師と「ツール」学生

師弟関係の消失

しかし、このような師弟関係の原型は、教育関係の理念型ではあっても近代的制度としての学校や教師―生徒関係とは異質である。現実の師弟関係は、制度化された関係のなかに吸収され定着していくことが多い。W・ウォーラー（W. Waller）は、社会における指導関係（leadership）を、「人間的指導」（personal leadership）と「制度的指導」（institutional leadership）のふたつに分類した上で、学校における教師と生徒の関係は基本的に「制度的指導」によって成り立っていると述べている（W・ウォーラー、石山脩平・橋爪貞雄訳『学校集団――その構造と指導の生態』明治図書出版、一九五七年）。「人間的指導」とは、「甲の人間と乙の人間との交流をさえぎるものはなにもない」（同書、二四一頁）ような、人間同士の自然な相互作用から生じる指導関係である。そこでは、師弟の関係をつくり維持していくのは、師個人に備わった権威である。「人間的指導」が師弟関係の原型に近いものだとすれば、現実の学校はその対極にある「制度的指導」を基本としている。

師弟関係の原型が教師と生徒のパーソナルな関係を前提としているのに対して、学校においては教師と生徒の位置関係は予め決まっており、それにそって相互関係が営まれるのが基本である。学校で教えられるのは、師の人格とは切り離された体系的・客観的な知識や技術であり、教育の中心はその内容（コンテンツ）の伝達である。したがって、純粋な師弟関係と比べると感情的な交流やパーソナルなつながりは薄く、関係は合理的・形式的になる傾向が強い。「つとめ」としての関係といってもいいだろう。近代的制度としての学校においては、教師と生徒の関係は公私にわたる全人格的な関係とは相容れず、知識や技術の伝達を中心とする没人格的で機能的な役割関係がその中心になっていくのである。

それがより顕著になり表面化していくのが一九七〇年代半ば頃からであろう。高等教育を含む教育の大衆化が急速に進展していく一方で、教師という存在はかつてのような憧れの対象や人生のモデルとしてアウラを放つ存在ではなくなっていった。学校教育への批判や教師への暴力が顕在化し、社会的な関心を集めるようになったのもこの時期である。「師弟関係」とか「恩師」ということばが急速に消えていったのもこの頃からであろう。

その一方で、社会全体の合理化と官僚制化の進展にともなって、学校化はあらゆる領域に拡大していった。制度化されパターン化された教師—生徒関係が社会関係一般のなかに浸透していくのとは反対に、互いの人格全体を包摂する「原型」的な師弟関係は、学校教育が拡大し教育が学校化していくのにともなって、むしろ社会のなかから消えていくことになったのである。

「ツール」化する関係

さらに近年においては、教育の領域においても市場化と脱制度化＝個人化の傾向が顕在化するのにともなって、教師と学生・生徒の関係は「役割関係」を超えて「ツール」化の傾向を強めているように思われる。「役割」や「つとめ」としての教師—生徒関係には、「〜しなければならない」という規範意識がともなう。しかし、市場化や個人化が進んでいくと、規範は後退しそれぞれの目的やニーズに応じて互いを「ツール」として利用し合うような側面がより強調されることになる。

「ツール」型の関係においては、教師は顧客である学生・生徒のニーズに合った知識や技術を効率よく提供することが要請される。「教えるべきこと」よりも、顧客を獲得できるサービスを提供することのほうが優先されるのである。また、生徒の感情や心理に配慮し、居心地のいい関係を維持していくことも期待される。それは、師弟関係にともなう感情の交流というよりも、商品化されたサービスとしての感情労働に近いものである。一方、教師の側もこうしたサービスを提供し、組織の安定と拡大に貢献することによって自らの地位を確保することができる。単位を満たし資格を得るための「ツール」教師と、教師のサバイバルのための「ツール」学生の関係は、互いの利益に合致する限り良好に維持されるのである。

「ツール」型師弟関係

「ツール」教師と「ツール」学生の関係は、就職や進学をめぐる状況のなかでは特に顕在化しやすい。わかりやすい例をあげれば、「就職教授」という存在がある。指導学生であるかどうかにかかわらず、就職の世話をしてくれる教師のことである。すでに明治から昭和前期にかけての東大法科には、官庁への採用に影響力をもった「就職教授」が存在していたらしい（水谷三公『日本の近代一三　官僚の風貌』中央公論新社、一九九九年、一五四－一五九頁）。穂積陳重・重遠、一木喜徳郎、山田三良、岡野敬次郎など、高等文官試験の試験委員などの役職をつとめたり官庁に縁の深い教授がそう呼ばれていたようである。推薦する教授のほうも中央の人事に采配をふるうのだから、互いがツールになっていた面もあったわけである。

ただ、必ずしも就職のときだけのドライな関係だったというわけではなさそうである。有名な「就職教授」であった岡野敬次郎は、就職の紹介・推薦をするときに、「官界生活の細部にわたる注意を与え、時には洋服屋の紹介から襟飾りの結び方まで手を取って教えることもあった」（同書、一五七頁）という。また、「役人になってからも嫁の紹介やら官民を問わない転職・異動先の世話、仕事にまつわる相談事まで親切に対応した」（同書、一五七頁）というところをみると、少なくとも主観的には師弟関係の要素も混じっていたのかもしれない。

この例は極端にみえるかもしれないが、「ツール」関係と師弟関係が混じり合った独特の関係は、ある時期までは結構、一般的にみられるものだった。近代的制度としての学校から師弟関係が消えていくまでの過渡的な時期には、本来は対極にあるはずの「ツール」関係と師弟関係が曖昧に混在する「ツール」型師弟関係がさまざまな形で存在していたのである。

現在では、こうした関係もいっそう官僚制化しつつある。単位の認定や書類に印鑑を押したりするとき以外には接触のない「印鑑教授」や「単位発行マシン」との形式的な関係がより一般化しているように思われるのである。「ツール」教師とそれを媒介とした「ツール」関係は、かつては師弟関係に付随する「裏の顔」の位置にあった。しかし現在では、むしろそれが「表の顔」にとって代わりつつあるのかもしれない。

4　架空の師

「私淑」と師弟関係

このように、現実の教師と学生・生徒の関係はますます「ツール」化しつつある一方で、失われつつある師弟の関係や交流へのノスタルジアや新しい世界に対する憧れや飛翔感といった欲求が、従来の師弟関係とは別の形で現れ始めている。直接の師弟関係の代わりに、架空の師に「私淑」するというスタイルである。

「私淑」は、直接的な師弟関係はなくても「師」として尊敬し、自らのモデルにするような間接的な師事のスタイルである。一般的には師が遠く離れたところに住んでいたり既に他界しているなど、実際に師事することが困難な場合にとる代替的な方法あるいは関係を指すことが多い。「私淑」ということばは、孟子が既に故人となっていた孔子に対して、「実際に弟子になって教えを受けることはできないが、私《ひそ》かにその道について聞き知り、それを淑《よ》く学んだ」という意味で使ったというのが基になっているといわれる。その意味では、「私淑」自体は古くから存在する師事のひとつのスタイルである。

大正期には読書文化の成立とともにひとつのスタイルになっていたが、現在ではさらにブログやインターネットなどを含むメディアを通した「シシュク」が広がりつつある。では「私淑（シシュク）」の魅力とはどこにあるのだろうか。

作家や芸術家、学者、政治家などの自伝や回想録には、しばしば「私淑」の経験が述べられている。ゴッホに憧れ、「ゴッホのようになりたい」と思って上京し、版画家の道をめざすことになった棟方志功、永井荷風に憧れて慶應義塾大学に入学したものの結局師事することができず「私淑」に終わった小島政二郎、内村鑑三に師事することもできたのに、あえて「私淑」を選んだ阿部次郎など、「私淑」の例は少なくない。「私淑」する師が一〇〇年も昔の哲学者だったり、外国の作家だったり、身近にいても師事できない理由がある場合など、その事情はさまざまである。

一九〇三（明治三六）年青森市生まれの棟方志功がはじめてゴッホに出会ったのは、洋画家の小野忠明の自宅だった。棟方はそれまでゴッホの絵を見たことがなかったにもかかわらずともかくゴッホに憧れていて、みんなから「シコーはいつもゴッホ、ゴッホと言っているが、風邪でも引いたかな」とからかわれていたという（『私の履歴書　孤高の画人』日経ビジネス人文庫、二〇〇七年、三九一頁）。セザンヌやルノワール、ゴッホら印象派が席巻する当時の日本の洋画壇の空気は青森まで及んでいたわけである。

「ワ（私）だば、バン・ゴッホのようになりたい」という棟方に小野が見せてくれたのは、ゴッホのヒマワリの絵が載った雑誌の口絵だった。それを見たときには感動のあまり、「いいなァ」を連発しながら畳をばん、ばんと叩き続けたという。それ以来、何を見てもゴッホの絵のように見え、公園の松もポプラも赤々メラメラと燃え上がって見え、その頃は「シコ《ママ》の絵は、火事コの絵ダ」といわれたらしい（同書、三九二頁）。版画家になる決心をしたときもゴッホのことを思い浮かべ、初めてヨーロッパに行ったときには念願の墓を訪ねるなど、棟方にとってゴッホはずっと「心の師」だったのである。ゴッホの墓を訪ねたときには、「手も心もふるわして」墓の拓本をとり、それと同じ形と大きさの自分たち夫婦の墓（静眠碑）をつくったというのだから、実際に師弟関係をもつよりも思い入れが深いのかもしれない。

永井荷風に師事しようと願いつつ叶わず、「私淑」に終わった作家の小島政二郎は、その思いを次のように綴っている。「恋に「片恋」があるように、人と人との間にも、それに似た悲しい思い出があるものだ。私と永井荷風との関係の如きも、そう言えるだろう。もし荷風という作家が丁度あの時私の目の前にあらわれなかったら、私は小説家にはならなかったろうと思う。それほど――私の一生を左右したほど大きな存在だった荷風に対して、私はついにわが崇拝の思いを遂げる機会にさえ恵まれなかった」（小島政二郎『小説永井荷風』鳥影社、二〇〇七年、三頁）。

中学生の頃から憧れの永井荷風に師事したい一心で、当時、荷風が教えていた慶應義塾大学に入ったものの、実際に指導を受ける機会に恵まれる前に荷風は慶應を辞めてしまったのである。荷風が三田の山を登ってくる姿を見迎え見送り、洋食屋で上級生たちと談笑するのについていって近くの席から聞き耳をたて、身を入れてフランス語の勉強をして準備するなど、その日がくるのを待ち望んでいたのだから、「荷風にいなくなられた私は、一生の希望を失ったような気がし」（同書、三七〇頁）たというのもうなずける。結局、それほど憧れていた荷風に直接、師事することがないまま、むしろ間接的にではあるが、関係がねじれていくことになるのである。しかしそうした展開はともかく、小島政二郎にとって永井荷風は、その存在全体が憧れの対象であり「心の師」だったのである。

小島政二郎とは反対に、阿部次郎は、実質的に自身の「内省記録」である『三太郎の日記』のなかで、旧制高校時代に内村鑑三に師事したいと思いながら、結局「私淑」にとどまったという経験について書いている（阿部次郎『阿部次郎全集　第一巻　三太郎の日記』角川書店、一九六〇年）。

三太郎は、中学から高校にかけて内村鑑三の文章を愛読し、できるなら先生に親炙して教えを請いたいと思っていたという。当時、三太郎が通っていた高等学校と内村の私宅とはさほど遠くないところにあったから、その気になれば私宅を訪問したり内村が主宰する聖書講義に参加することもできた。実際、三太郎の友人の何人かはそうして直接、内村に師事する機会を得ていたのだが、三太郎はどうしても内村の親しい弟子になる気になれなかったというのである。それは内村の弟子になるほどの力が自分にあるだろうかといった躊躇ではない。むしろ逆に、「私の個性の独立が早晩明瞭に発展してつひに先生にそむかなければならない日」（同書、一二三頁）がくることが予想されるからであり、そのときに「先生の感ぜられるべきさびしさと、私の感ずべき呵責」（同書、一二三頁）を懸念して、弟子になるのをためらったからだというのである。師が弟子に乗り越えられるときの寂しさを予想するというのならともかく、弟子になろうとする側がそれを予め心配するというのだから、大した自信である。

三太郎の場合、一般にいう「私淑」とちがうのは、直接、師事しようと思えばできたのに、あえて「私淑」を選んだことである。ゴッホを「心の師」とした棟方志功は、師がすでにこの世の人ではなかったから直接、師事することができなかった。しかし、墓の拓本を持ち帰るくらいだから、ゴッホが存命であったなら機会があれば直接会って師事したかっただろう。また小島政二郎の場合は、実際に永井荷風と師弟関係になれることを夢見て慶應義塾大学に入ったのに、荷風の辞職でそれが実現できなくなるという事情があった。荷風がいなくなったあと、講義をとっていた馬場胡蝶に連れられて授業のあとも散歩や夕食、寄席見物などをしながら文学談義をするのを楽しみにしていたということからも、師弟関係を大切にしていたことがわかる。

それに対して、三太郎は直接の師弟関係よりも間接的な師事である「私淑」のほうを優先させたのである。そこには、三太郎の読書に対する独特のスタイルが関係している。それについてもう少し触れておこう。

読書と「私淑」

当時、学生のバイブルといわれたこの本では、書物を通して著者の内的過程をたどり直し、その人のものの見かたや考えかたを体得していくような教養主義的な読書が随所で勧められている。何が書かれているかという内容だけでなく、その背景にある著者の思想や生活などの文脈も含めて理解しようとする読書スタイルである。単に知識を得るための断片的、功利主義的な読書ではなく、読書を通じた人格形成の必要を説いている点では、「私淑」的な読書のすすめとしてみることができる。三太郎は、理想的な師弟関係をもつことは内面的な成長にとって欠かせないものとしながらも、「我らの時代はあまりに師弟の関係の薄い時代」（同書、四六五頁）であり、現実には理想的な師弟関係が望みにくくなっているという。このような時代にあっては、人為的に師弟の関係を昔に引き戻すことはできない。そこで「我らが「師」をもつとは一人の人の生涯の著作を通じて、その人の内面的経験に参することである」（同書、四六五頁）というように、読書がそれに代わるものとなるのである。

古典の読書を中心とする教養主義的な読書は、「私淑」のスタイルと親和的である。しかしそれは、直接的・対面的な師弟関係を否定するものではない。できることなら「私淑」ではなく師事する機会をもちたいと思うのが普通である。実際、「私淑」しているうちに、状況が許して直接、師事することになる場合もあるだろう。その意味では、「私淑」と師弟関係は排他的なものではなく、むしろ相互補完的な面をもっていたということができる。

しかし『三太郎の日記』には、「私淑」的な読書のもつもうひとつの側面も含まれている。たとえば三太郎は、「ニイチェがトルストイを悪く云つたり、トルストイがニイチェを悪く云つたりすることは、俺がニイチェとトルストイの両方の弟子であることを妨げない」（同書、三一八頁）といっている。現実の師弟関係であれば、どちらか一方にしか師事することができないところを、読書を通した「私淑」であれば両方に師事することも可能である。「すべての優れたる人は自分の師である。いかに多くの人の影響を受けても、総合の核が自分である限り、自分の思想はつひに自分自身の思想である」（同書、三一八頁）というように、師を理解し学びつつも、一定の距離を保ってその内容を吟味・統合する一段高い位置に自分を置いているのである。

三太郎のこの「自己優越感」を、社会的な基盤に基づかない内面的自由に耽溺する「教養派」の陥穽として批判することもできる（唐木順三『京都哲学撰書　第一一巻　現代史への試み』燈影舎、二〇〇一年）。しかしより興味深いのは、「私淑」が直接的な師弟関係が望めない場合の代替的な方法ではなく、むしろそれとは異なる新しいタイプの師事のスタイルとして積極的に意味づけられるようになったことである。

現実の直接的な師弟関係には、「私淑」からは得られない経験もできる一方で、「私淑」では起こらない対立や葛藤も生じやすい。三太郎の場合は、師を乗り越えるときの葛藤を慮ったということだが、師と対面することで自分の未熟さとも向き合わざるをえない。しかし読書を通した「私淑」であれば、そうした葛藤や不安を経験することなく、理想の師弟関係を維持することも可能である。そこでは、師に近づけないもどかしさよりも、自分だけで完結する関係の気楽さと安定感のほうが優先する。

出版メディアが開いた読書文化は、読書を通して間接的に師事する「私淑」の範囲を広げていったが、それは現実の師弟関係を代替・補填するだけでなく、新しい師事のスタイルとしてその意味を変容させていくことにもなったのである。

「私淑」から「シシュク」へ

出版物からインターネットやブログ等へとメディアが拡大する現代では、師弟関係の代替的手段としての「私淑」よりも、新しい師事のスタイルとしての「シシュク」のほうがより親和的である。メディアを通した架空の師への「シシュク」であれば、直接には師事できないような人物でも師として自由に選ぶことができるし、複数の師から同時に学ぶこともできる。逆に、学ぶものがなくなればやめるのも自由である。伝統的な師弟制度においては、弟子の学業不振や道徳的逸脱によって師の側から師弟関係を断つ「破門」はあっても、師から得るものなしと判断して弟子の側から師弟関係を断つ「破師」は実際には滅多になかったらしい。「シシュク」では逆に、「破門」はないが、「破師」はいつでも可能である。

直接的な師弟関係においては、師の世界を知りそのなかに入っていく喜びと同時に、師から試され評価される不安や緊張感もともなう。しかし一方向的な関係である「シシュク」では、そうした危険はない。むしろ自分のほうから師を選択し評価する。「シシュク」であれば、自分が脅かされることなく安定した位置から師弟関係を楽しむことができるのである。だから遠く離れた師だけでなく、近くにいる師に対しても「シシュク」の関係を選択したとしても不思議ではない。

架空の師への「シシュク」は、直接的な関係にともなう義務や束縛を回避しつつ、失われた師弟関係に対するノスタルジアや新しい世界への憧れと飛翔感を満たすことができる、軽やかで居心地のよい師弟関係なのである。

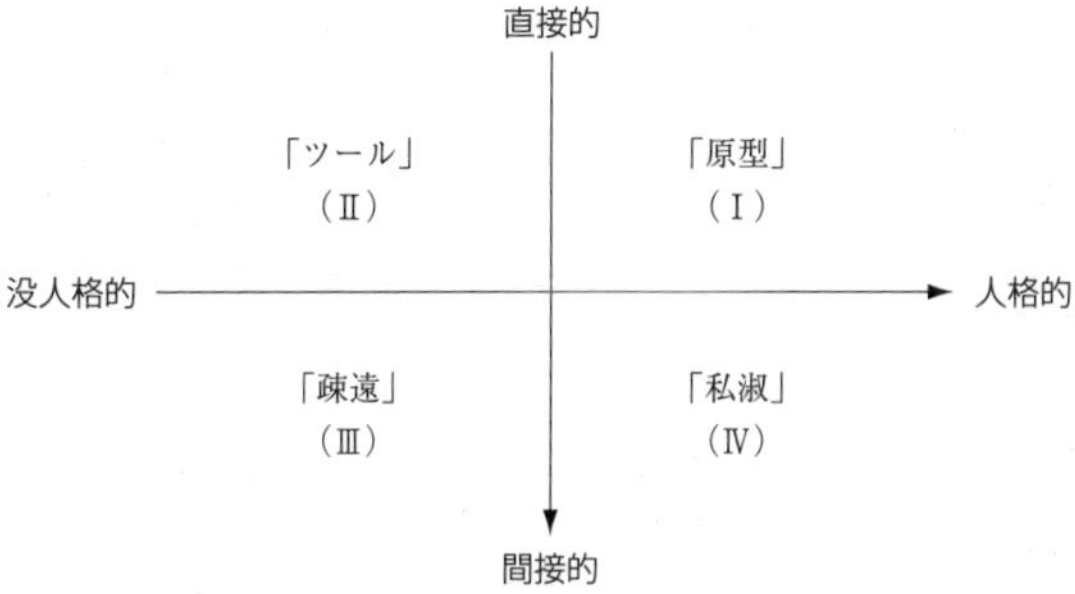

図4-3-1　師弟関係の類型

5　師弟関係とアカデミック・コミュニティの現在

　これまで述べてきたいくつかの師弟関係は図4-3-1のようにまとめることができるだろう。直接的で人格的な関係が、師弟関係の「原型」(Ⅰ)、直接的で没人格的な関係が「ツール」(Ⅱ)、没人格的でかつ間接的な関係の場合が「疎遠」(Ⅲ)、そして間接的で人格的な関係が「私淑」(Ⅳ)である。Ⅲは、物理的にも心理的にも疎遠な書類上の関係に近いことが想定されるとすれば、師弟関係というよりもその喪失された状態というほうがいいだろう。

　それぞれのタイプは、いずれも時代や時期にかかわらず存在しうる。「原型」的な師弟関係は一般的には少なくなっているものの、個別的にみれば現在でもまったくなくなったわけではない。また、「ツール」タイプや「私淑」タイプの関係も、「原型」的な師弟関係と並行して常に存在してきた。しかしおおまかにみれば、社会的状況の変化とともに師弟関係のタイプも移行しつつある。すなわち、「原型」としての師弟関係が徐々に消失していく傾向(ⅠからⅢ)にある一方で、師弟関係がもっていた特質や機能は、

Ⅱ（「ツール」タイプ）あるいはⅣ（「私淑」タイプ）へと変質、再生してきたとみることができるのである。

その過程では、それぞれのタイプが混在したり、あるいは相互に補完し合ったりしながらさまざまな師弟関係をつくりだしてもきた。「原型」的な師弟関係と「ツール」的な関係が混在したタイプは、教育の制度化／個人化の過程のなかで出現した独特の師弟関係とみることができるだろう。師弟関係のモダンがそうした曖昧さによってうさん臭さやアンビヴァレンスを生み出してきたとすれば、「ツール」と「シシュク」に象徴される現代の師弟関係はきわめて明快な関係である。

このような「ツール」と「シシュク」が新しい師弟関係として魅力的になってきたのは、あらゆる専門領域にメディアとジャーナリズムが優勢になっていることと無関係ではない。「原型」的な師弟関係か、制度化された教育における師弟関係であるかにかかわらず、直接的な師弟関係を支えていたのは、それぞれの領域における固有の知や価値がもつ権威と正統性である。「原型」的な師弟関係においては師個人が、制度化された師弟関係においてはアカデミック・コミュニティが、それを担っていた。アカデミック・コミュニティが知的権威の象徴として存在していれば、師個人の能力や権威とは別に、師弟関係は安定して維持される。だからこそ、師と弟子（学生）との間にコンフリクトも生まれるのである。

しかし、社会のあらゆる領域における制度の後退と個人化の進行は、制度化された権威をますます低下させている。それに代わって権威をコントロールするようになったのがメディアである。Z・バウマン（Z. Bauman）は、こうした状況について、レジス・ドブレを引用しながら次のように要約している。

知的権威は、かつては師の話を聞きにあちこちから集まってくる信奉者たちの群れの大きさによってのみ判定された。その後はまた、より拡大する規模において、販売部数や作品が受けた書評での賞賛によって判定されるようになった。しかし、この二つの判定法は、完全に廃れたわけではないが、いまではテレビでの放送時間や新聞でのスペースに比べると卑小なものに見える。知的権威に関していえば、デカルトのコギトの妥当な改訂版は、今日では次のようになるだろう。「我話題になる、ゆえに我あり」と。

（Z・バウマン、澤井敦ほか訳『個人化社会』青弓社、二〇〇八年、一八三頁）

専門的権威とメディアの力が入れ換わるのと対応して、直接的な師弟関係と架空の師との関係も逆転しつつある。「原型」的な師弟関係が現実の関係のなかから消失し、制度的な関係においては「ツール」化が進み、実質的な師は「シシュク」へと転換するのは、こうした社会的文脈を背景として起こっていると考えることができるのである。

キーワード　師弟関係、私淑、制度的指導、教養主義

文献案内

第Ⅰ部　現代の教育文化

第1章　教育のニュー・メディア幻想

佐藤卓己『現代メディア史』（岩波書店、一九九八年）

　メディア論とは、異なる伝達媒体の機能と効果を比較検討することであるが、メディアの文化的影響は世代を超えた長期スパンでしか測り難く、それは教育の影響とよく似ている。「メディア論はメディア史にほかならない」とすれば、教育社会学もやはり教育の歴史社会学である。

佐藤卓己『テレビ的教養——一億総博知化への系譜』（NTT出版、二〇〇八年）

　力道山のプロレスから始まる一般のテレビ史とは異なり、メディア教育史としてのテレビ論である。サブタイトルの「一億総博知化」は、大宅壮一の「一億総白痴化」に対して放送教育運動の側が当時提唱したスローガンである。

佐藤卓己・井上義和編『ラーニング・アロン——通信教育のメディア学』（新曜社、二〇〇八年）

　学校教育の周辺に広がる多様な通信教育を「孤独な学習」として学際的に分析した著作。今日のeラーニングにいたる「蛍雪」の系譜を、明治の講義録から昭和の通信添削、放送教育、さらにインターネット利用まで、英米との比較もまじえて分析している。

荻上チキ『社会的な身体――振る舞い・運動・お笑い・ゲーム』（講談社現代新書、二〇〇九年）

メディア有害論を社会的「身体」との関係で分析した第一章がとくに有用。プラトン『パイドロス』におけるソクラテスの文字批判から現代のインターネット批判まで概略を紹介している。

J・メイロウィッツ、安川一ほか訳『場所感の喪失――電子メディアが社会的行動に及ぼす影響　上』（新曜社、二〇〇三年）

電子メディアによる社会行動の変容を、E・ゴフマンのエンカウンター理論とH・M・マクルーハンのメディア論を駆使して分析した名著。未訳の下巻では、テレビによる「子どもの消滅」も論じられている。

R・D・パットナム、柴内康文訳『孤独なボウリング――米国コミュニティの崩壊と再生』（柏書房、二〇〇六年）

アメリカ社会を支えた市民的つながり social capital の減少は、いつ・どこで・なぜ起きたのか、膨大な調査データから分析した大著。テレビが余暇時間を私事化するため、あらゆる社会関係資本（一般的信頼性・関係積極性・集団活動性）にとって有害であると指摘している。

S・ジョンソン、山形浩生・守岡桜訳『ダメなものは、タメになる――テレビやゲームは頭を良くしている』（翔泳社、二〇〇六年）

テレビやゲームの有害論を再検証し、バランスのとれたメディア利用を訴えている。ニュー・メディア有害論の書籍が圧倒的に多いなかで、もう少し読まれてよい作品である。本章の最終節に書いた「サイバー・ノマドの告発文」の項は本書に着想を得たものである。

第2章　キャンパス文化の変容

潮木守一『キャンパスの生態誌――大学とは何だろう』（中公新書、一九八六年）

さまざまな国の歴史をみた場合に、「遊びたがる学生」と「教えたがる教師」が、どのように対立・共存してきたのか。それを、豊富なエピソードを散りばめ、いきいきと描き出した名著である。この本は、現在、絶版になっているが、図書館などで借りてでも、なにより最初に読んでほしい著作である。

溝上慎一編『大学生論――戦後大学生論の系譜をふまえて』（ナカニシヤ出版、二〇〇二年）

戦後日本において、「大学生ダメ論」を含めて、どのような学生論が世を賑わしてきたのかを、歴史的に考察している好著である。さらに、その論点を統計データも駆使しながら拡充した著作として、溝上慎一『現代大学生論――ユニバーシティ・ブルーの風に揺れる』（日本放送出版協会、二〇〇四年）もあわせて紹介しておきたい。

武内清編『キャンパスライフの今』（玉川大学出版部、二〇〇三年）

現在の学生文化（キャンパスライフ）の様相を、データをもとに紹介している。また、第Ⅱ部では、戦後日本における勉強、デート、サークル、アルバイト文化の変遷の歴史が紹介されている。さらに、とくに第一一章では、学生文化を分析するときに役立つ理論枠が、体系的に検討されている点も見逃せない。

武内清編『大学とキャンパスライフ』（上智大学出版、二〇〇五年）

eラーニングの普及にともなう学生文化の変化、若者文化としての学生文化の変容に関する社会学的考察、学生文化としてのスポーツなど、教育社会学の範囲も超えて学際的に、学生文化に対するユニークな切り口に触れることができる著作である。

稲垣恭子『女学校と女学生――教養・たしなみ・モダン文化』（中公新書、二〇〇七年）

女子学生文化のあり方を、歴史的に考察した最近の著作として、本書を紹介しておきたい。最近の「女子大生」は、「オバカ」で「軽薄」きわまりないといった、女子学生バッシング論が、戦後日本においても、たびたび世を賑わしてきたが、それに対する著者の批判的仮説は、とくに傾聴に値する。

竹内洋『教養主義の没落――変わりゆくエリート学生文化』(中公新書、二〇〇三年)

戦前期における教養主義文化は、どのような要因のもとで、いかなる形で花開いたのか。また、それは、戦後の学生・知識人文化にどのように受け継がれ、いかに変質していったのか。それを、P・ブルデューなど、現代の社会学理論も駆使し、読み物としても面白い形で、歴史社会学的に考察したのが本書である。

小谷敏編『若者論を読む』(世界思想社、一九九三年)

学生が若者集団のなかに位置づけられるとすれば、若者文化論は学生文化を含むものになるはずである。一九七〇―八〇年代に一世を風靡した、「モラトリアム人間」論に、「新人類」論、「おたく」論といった若者論が、どのような時代背景のもとに立ち現れ、世に広まっていったのかを論じた好著である。

金子元久『大学の教育力――何を教え、学ぶか』(ちくま新書、二〇〇七年)

本書は、学生文化に直接焦点を置いた著作ではない。しかし、大学とは何であるのか、といったことについての基礎的な知識を抜きに、学生文化のありかたを考えることはできない。その基礎的知識を得るために、もっとも手頃な解説書としても読むことのできる最近の著作として、本書を紹介しておきたい。

第3章　教育達成と文化資本の形成

P・ブルデュー&J-C・パスロン、宮島喬訳『再生産――教育・社会・文化』(藤原書店、一九九一年)

教育的働きかけや教育的作用を象徴的暴力としてとらえ、社会学的に分析したブルデューの著書である。教育が中立的なものではなく、諸階級間や集団の力関係、そして利害を表現する恣意的なもの、文化的押しつけであるという立場にたつ。階級と教育、文化の関係を考える上での必読書である。

P・ブルデュー、石井洋二郎訳『ディスタンクシオン――社会的判断力批判　Ⅰ・Ⅱ』（藤原書店、一九九〇年）

社会空間は差異の体系であり、個人の自由な選好と思われている趣味やライフスタイルは、階級集団ごとに異なる階級のハビトゥスに方向づけられている。本書は、階級の卓越化戦略は差異をめぐる象徴闘争であり、文化の恣意的な差異の承認・正統化のメカニズムと社会のヒエラルキーの正統化の関係を明らかにした象徴支配の社会学の金字塔である。

竹内洋『日本のメリトクラシー――構造と心性』（東京大学出版会、一九九五年）

日本の受験競争は欧米と比べてなぜこれほど大衆化しているのか。日本型メリトクラシーが成立する根拠を、選抜システムの特質、とくに学校ランク構造による層別競争移動に求めている。選抜とアスピレーションの社会学である本書は、教育社会学を学ぶ人にとって必読文献の一つである。

『現代日本社会階層調査研究資料集――一九九五年ＳＳＭ調査報告書』（全六巻、別冊一）（日本図書センター、二〇〇六年）

一〇年に一度実施されている全国レベルの社会階層・社会移動調査の研究成果である。社会階層と教育、ジェンダー、文化、社会移動など、ＳＳＭ調査を使った研究成果報告書のすべてが収録されている。

M・ヤング、伊藤慎一訳『メリトクラシーの法則――二〇三三年の遺稿』（至誠堂新書、一九六五年）

イギリスの小説家、ヤングが空想科学小説として執筆した本書は、メリトクラシーの意味を考える上で重要である。未来社会では、子どもの将来の能力までもが、すべて測定可能という設定のもと、どういう社会が展開するかを示す。この本を題材に、メリットが支配する社会や階級、選抜の問題について、考えてみよう。

第Ⅱ部　学校空間と教育言説

第1章　儀礼＝神話空間としての学校

E・ゴッフマン、浅野敏夫訳『儀礼としての相互行為——対面行動の社会学〔新訳版〕』（法政大学出版局、二〇〇二年）

　社会は一種の宗教的存在であり、人びとは日常生活でも不断に儀礼を遂行している。その様子を「面子」や「敬意のふるまい」などに焦点を当てて論じた論文集である。「困惑」といった個人の感情も実は一種の制度としての機能を果たしているといった分析に触れると、これまでの日常生活が別の姿にみえてくる。

P・L・バーガー＆B・バーガー、安江孝司ほか訳『バーガー社会学』（学習研究社、一九七九年）

　私たちの社会を社会学者がどのようなものとして考えてきたかを、人が生まれてから老いるまでの時間軸に沿って解説した初学者向けの本。読みやすく、興味をもったら、アメリカを代表するこの知識社会学者の別の本も読んでみることを薦めたい。翻訳本は多数ある。

ましこひでのり『イデオロギーとしての「日本」——「国語」「日本史」の知識社会学〔増補新版〕』（三元社、二〇〇三年）

　章のタイトルが「イデオロギー装置としての国語」「イデオロギー装置としての日本史」などであることからわかるように、分析の対象としているのは学校教科書である。その教科書がいかに「日本語」「日本国民」という幻想を作りあげ、それを前提に構成され、記述されているかを徹底的に暴き出して痛快。

内田樹『下流志向——学ばない子どもたち　働かない若者たち』（講談社文庫、二〇〇九年）

　現代の子どもは小さい頃からひとりの消費者として扱われることに慣れているために、家庭でも学校でもあらゆるものの価値を商品と同様に交換価値で測る傾向がある。こうした市場原理が教育や生活の領域に浸透すればどういうことになるか、危機感とともに考えるヒントを提供してくれる。

V・W・ターナー、冨倉光雄訳『儀礼の過程［新装版］』（新思索社、一九九六年）

中央アフリカのンデンブ族の儀礼調査とその考察が主な内容。彼らの儀礼の一段階をコムニタスと呼び、日常を再生させる役割を果たしていると考えた。この本が人類学の枠を超えて広く社会にインパクトを与えたのは、この知見に多くの人が自分たちの社会の行き詰まりを打開する可能性をみたからであった。

B・バーンスティン、萩原元昭編訳『言語社会化論』（明治図書出版、一九八一年）

言語は何かを記述するだけでなく、外界の現象に対する認識自体を規定している。この観点から階級社会イギリスに生きる子どもの言語生活を分析した論文集。地道な調査に基づく分析が言語コード論として定式化され、階級による日常言語の特徴と学校言語とのマッチングなどに応用されている。論文はシンプルで読みやすく、日本での実証研究にも応用できそうなアイデアが豊富に含まれている。

É・デュルケム、麻生誠・山村健訳『道徳教育論』（講談社学術文庫、二〇一〇年）

人間は何らかの制約があってはじめて意味のある行動ができるし、意味のある存在でありうる。その制約の総体が「社会」であり、したがって問題は「社会」をいかにリアルに感じることができるかである。社会学の巨人がこの問題を徹底的に考察しており、社会学と「人間の条件」を考えたい人には必読文献。

第2章　教育問題と教育言説

G・H・ミード、稲葉三千男ほか訳『精神・自我・社会』青木書店、一九七三年（Mead, G. H. *Mind, Self and Society: from the Standpoint of a Social Behaviorist*, University of Chicago Press, 1934.）

多様な解釈を生み出してきた社会学の古典であるが、「『I』とは不確定なものである」という行為観、および脚注に書かれている「精神の社会的構成」についてのアイデア（訳書、二三八―二三九頁）に注目してほしい。

C・W・ミルズ、青井和夫・本間康平監訳「状況化された行為と動機の語彙」『権力・政治・民衆』みすず書房、一九七一年、三四四―三五五頁（Mills, C. W., "Situated Actions and Vocabularies of Motives", *American Sociological Review*, Vol. 5, No. 6 (December), 1940, pp.904-913.）

　社会学的「動機論」の古典的文献。動機とは、行為に先立ち個人の内面にあるものという一般的な考えかたに対して、「なぜそのような行為をしたのか」という問いに対する解答として表明される制度化された「語彙」こそが動機であると定義している。

J・I・キツセ&M・B・スペクター、村上直之ほか訳『社会問題の構築――ラベリング理論をこえて』マルジュ社、一九九〇年（Spector, M. & Kitsuse, J. I., *Constructing Social Problems*, Cummings Pub. Co., 1977.）

　「社会問題の構築主義」宣言の書。社会問題の実体論を徹底的にしりぞけ、「社会問題は、なんらかの想定された状態について苦情を述べ、クレイムを申し立てる個人やグループの活動である」と定義し、社会問題のとらえかたを根底から転換させた。

徳岡秀雄『社会病理の分析視角――ラベリング論・再考』（東京大学出版会、一九八七年）

　ラベリング理論の批判的継承をめざしたのが構築主義であるが、そのラベリング理論の要点や応用可能性を理解する上で、日本語で書かれた最も優れた研究書の一つである。

第3章　教育イデオロギーとしてのアスレティシズム

Mangan, J. A., *Athleticism in the Victorian and Edwardian Public School: The Emergence and Consolidation of an*

Educational Ideology, Cambridge University Press, 1981.

一九世紀の英国のパブリック・スクールを研究の対象としながら、マンガンはアスレティシズムというイデオロギーがどのように生まれ、またどのようにエリート教育において中心的な役割を果たすようになったかについて明らかにする。スポーツの歴史における先駆者でありながらも、マンガンは教育学も人類学も専門とする学者であり、そのこともあってかシンボルや儀礼などの文化現象に関して鋭敏であり、理解が深い。とても良い本である。

Roden, D., *Schooldays in Imperial Japan: A Study in the Culture of a Student Elite*, University of California Press, 1980.

戦前の旧制高等学校についての本だが、明治時代にスポーツが旧制高校のキャンパス・カルチャーのなかでどのような位置を占めていたかを知るのには良い本である。

E・ダニング&K・シャド、大西鉄之祐・大沼賢治訳『ラグビーとイギリス人——ラグビーフットボール発達の社会学的研究』ベースボール・マガジン社、一九八三年（Dunning, E. & Sheard, K., *Barbarians, Gentlemen and Players: A Sociological Study of the Development of Rugby Football*, New York University Press, 1979.）

暴力的な民族ゲームとしての「フットボール」がどのように英国のパブリック・スクールのなかで近代スポーツとしてのラグビーに発展していったかというダニングとシャドの説明は興味深い。N・エリアスの文明化理論が論説の土台となっている。

Guttmann, A., *From Ritual to Record: The Nature of Modern Sports*, Columbia University Press, 1978.

近代スポーツは古代から継承されてきた伝統的競技といったいどこが違うのか。グットマンのこの問いに対する回答はこの本の大きな部分を占めている。グットマンは歴史家であるが、分析そのものは社会学的な色合いが濃い。この本はスポーツの歴史社会学の古典の一つであるといえよう。

Guttmann, A., *Games and Empires: Modern Sports and Cultural Imperialism*, Columbia University Press, 1994.

本書は、もっともグローバルな範囲に広がったサッカーやその他のいくつかの具体的なスポーツの事例をとりあげながら、スポーツがどのように世界的に普及していくかというメカニズムを明らかにする。また、そういったスポーツの世界的普及は「文化的帝国主義」とみなすべきか否かについてのグットマンの論述は興味深い。

第Ⅲ部　社会化と超社会化

第1章　家族と子どもの社会化

T・パーソンズ&R・F・ベールズ、橋爪貞雄ほか訳『家族』黎明書房、一九八一年（Parsons, T. & Bales R. F., *Family: Socialization and Interaction Process*, Free Press, 1955.）

子どもの社会化過程を、社会学の理論から詳細に論じた古典的な著作。当時のアメリカ社会における家族の状況を反映しているとはいえ、駆使されている理論的枠組みや概念構成の部分は、現在でもその意義を失ってはいない。しかし、きわめて複雑かつ精緻な内容であるため、本書の真価は、必ずしも十分に理解されているとはいえない。

T・パーソンズ&E・A・シルス、永井道雄ほか訳『行為の総合理論をめざして』日本評論社、一九六〇年（Parsons, T. & Shils, E. A. (eds.), *Toward a General Theory of Action*, Harvard University Press, 1951.）

パーソンズの社会化理論を読み解くためには、それ以前の彼の理論的成果の理解が不可欠である。本書は、その出発点となっている著作であり、社会化理論で使用される重要な概念の意味が整然と解説されている。また本書は、社会学の存在意義を支える理論的な枠組みや視点を教えてくれるという意味で、繰り返し読むべき基本文献の一つである。

第2章　引退論序説――「降りること」の困難さについて

亀山佳明「社会化論を超えて」亀山佳明・麻生武・矢野智司編『野性の教育をめざして――子どもの社会化から超社会化へ』（新曜社、二〇〇〇年）

超社会化とは社会の外部に位置する「開かれた集団」（H・ベルクソン）に向けて社会化することをいう。この作用によって成員は自らの存在（自分は何者なのか、何をしたいのか）を確認することができる。社会化は超社会化によってめざすべき方向を指示されるのに対して、超社会化は社会化が前提されてのみ自らを実現する。

作田啓一『生の欲動――神経症から倒錯へ』（みすず書房、二〇〇三年）

J・ラカンの精神分析理論を行為論に導入することで非合理的行為を説明しようとする。禁欲を強調した前期近代社会は神経症が多発したが、欲望の解放をうたう後期近代社会では、人々は享楽の法に従うため倒錯が生じやすくなる。「いじめ」や「動機なき犯罪」の由来する根拠がここにあると指摘する。

M・チクセントミハイ、今村浩明訳『楽しみの社会学［改題新装版］』（新思索社、二〇〇〇年）

米国の心理学者。危険なスポーツに興ずる人たちは、行為の最中に自己が周囲の対象と一体化して、まるで「一緒に流れてゆくような感覚」を体験する。この体験がフロー flow であり、行為者に「楽しさ」を感じさせる。スポーツだけでなく仕事や日常の些事のうちにも、フローは存在している、という。

H・ベルクソン、森口美都男訳「道徳と宗教の二つの源泉」沢瀉久敬編『世界の名著　六四　ベルクソン』（中

公バックス、一九七九年）

ベルクソンの「社会学」に該当する著作。ここで「閉じた社会」と「開いた社会」の類型が提示された。デュルケム社会学は前者を中心に展開されているが、ベルクソンは境界を有さない、それゆえ防衛作用をもたない後者の社会の重要性を強調した。現実の集団は、多少とも後者の「香り」を有しているからだ。

第Ⅳ部　教養とアカデミズムの変容

第1章　教養の制度化と利害衝突

M・ヴェーバー、脇圭平訳『職業としての政治』（岩波文庫、一九八〇年／ワイド版岩波文庫、二〇一〇年）

一九一九年の講演記録。合理的支配の発展史が理念型的に描かれたのち、同時代の西洋各国の政治状況がその現象型として解説される。ウェーバーは現代政治にニヒリズムに徹した現実主義を求めた。〝彼岸の栄光〟を夢みられない今日、絶望に浸ることも、新時代の幻影に浮かれることもなく、自らの信念にむけて戦いつづける覚悟を持て、と。

A・ギデンズ&C・ピアスン、松尾精文訳『ギデンズとの対話』（而立書房、二〇〇一年）

古典社会学の批判的読解にはじまり、〝個人と社会〟の関係性認識を徹底させた「構造化理論」、〝モダン〟への問い、そして〝第三の道〟を掲げた英国労働党政権を理論的に支えた政治哲学。インタビューを中心に編集されたものであるが、これらの広範なギデンズの学術的遍歴がコンパクトに見渡せる。

第2章　立身出世主義にみる文学少年の近代

見田宗介「「立身出世主義」の構造――日本近代の価値体系と信念体系」『現代日本の心情と論理』（筑摩書房、一

九七一年）

本論文は、立身出世主義が西欧近代におけるプロテスタンティズムの機能的等価物であり、日本の近代化を推進した主導精神であったと指摘する。「プロテスタンティズムの倫理」（M・ウェーバー）との相違に留意しつつ、立身出世主義の構造と社会的機能を摘出し、そこに内在する矛盾を明らかにしてみせた。

前田愛『前田愛著作集　第二巻　近代読者の成立』（筑摩書房、一九八九年）

「明治立身出世主義の系譜」は、『西国立志編』の日本的受容などを検討し立身出世主義が文学的主題として形象化される過程を明らかにしている。「露伴における立身出世主義」は、職人が描かれた作品にみられる立身出世主義について考察している。小説を事例とした立身出世主義研究として押さえておきたい。

竹内洋『立身出世主義――近代日本のロマンと欲望［増補版］』（世界思想社、二〇〇五年）

本書では、日本における立身出世主義の成立と展開が考察されている。立身出世という欲望がどのような物語（ロマン）に駆動され、それらの物語がいかなる社会的文脈に支えられていたのかについて、豊富な史料を駆使して明らかにしている。立身出世主義の社会史へと誘う好著。

筒井清忠『日本型「教養」の運命――歴史社会学的考察』（岩波現代文庫、二〇〇九年）

本書では、日本における教養主義の成立と展開が考察されている。明治末期に教養主義が修養主義に包含された形で成立したという指摘など、教養主義研究にとって示唆に富む卓見に満ちている。竹内洋『日本の近代　一二　学歴貴族の栄光と挫折』（中央公論新社、一九九九年〔＝『学歴貴族の栄光と挫折』講談社学術文庫、二〇一一年〕）もあわせて読みたい。

園田英弘・濱名篤・廣田照幸『士族の歴史社会学的研究――武士の近代』（名古屋大学出版会、一九九五年）

本書では、士族の社会意識の観点から、明治以降の旧武士集団の解体と社会移動の軌跡を検証している。

学校教育機会と職業機会に関する士族の優位性が実証されているため、士族にとっての立身出世主義を考える上で示唆に富む内容となっている。

P・ブルデュー、石井洋二郎訳『芸術の規則 Ⅰ・Ⅱ』（藤原書店、一九九五・九六年）

本書の主題は「文学場の生成と構造」（原書の副題）である。「文学場」とは、作家、出版者、編集者、研究者、評論家、読者等からなる文学関係者によるネットワークを指す。文学場が象徴資本を産出する場として相対的に自律し、文学が卓越化される過程を明らかにし、芸術社会学の新たな地平を切り拓いた。

山本芳明『文学者はつくられる』（ひつじ書房、二〇〇〇年）

本書は、文学者のイメージ形成、文壇のイデオロギー、文学の経済学の観点から、大正期における文学場の成立を検討し、文学者が職業として社会的に認知され、経済的に自律する過程を明らかにしている。浅岡邦雄『〈著者〉の出版史——権利と報酬をめぐる近代』（森話社、二〇〇九年）も押さえておきたい。

第3章 アカデミック・コミュニティのゆくえ

W・ウォーラー、石山脩平・橋爪貞雄訳『学校集団——その構造と指導の生態』（明治図書出版、一九五七年）

教師と生徒の関係や学校文化など、学校の内部過程を社会学的な視点から分析した学校社会学の名著である。理想化された教育論とは異なった角度から、教師と生徒の関係の現実を描き出している。日記や記録などの質的な資料を社会学の理論を使ってうまく分析している。

Z・バウマン、澤井敦ほか訳『個人化社会』（青弓社、二〇〇八年）

制度によるコントロールが後退し、個人の選択と責任が重視される社会の諸相を「個人化」という視点から読み解いている。市民社会、労働、貧困、教育、愛と道徳などについて、哲学、社会学、文学など広い文脈から分析し、ポストモダン社会の特徴を描き出している。

P・ブルデュー、石崎晴己・東松秀雄訳『ホモ・アカデミクス』（藤原書店、一九九七年）

本書では、学問を生業とする人間＝大学人の生態や、アカデミズムの世界を成り立たせている現実的な諸力の社会学的分析がなされている。アカデミズムとジャーナリズムが交錯する現代の大学・大学人にとっては、リフレクティブな社会学の実践の書としても示唆的である。

M・ホルクハイマー&T・アドルノ、徳永恂訳『啓蒙の弁証法』（岩波書店、一九九〇年）

科学や技術による「外なる自然」の支配、道徳や教育による「内なる自然」の支配、その社会的支配という「自然支配」による啓蒙＝文明化が、結局は新しい野蛮状態を生み出すアイロニーをリフレクトした書。本論にとっては、美的感性における「批判」を「鑑定」に、「尊敬」を「有名人への崇拝」に置き換えたとする「文化産業」についての考察も示唆的である。

高橋英夫『偉大なる暗闇――師岩元禎と弟子たち』（講談社文芸文庫、一九九三年）

旧制第一高等学校の名物教師といわれた岩元禎をめぐる師弟関係や友情を通して、旧制高校の文化がどういうものだったのかがよくわかる。岩元禎の人柄や授業の様子などについては、日本経済新聞連載の「私の履歴書」などでも弟子たちが多くのエピソードを紹介している。

陣内靖彦『日本の教員社会――歴史社会学の視野』（東洋館出版社、一九八八年）

日本の学校教員の世界がもつ独特の意識や文化を歴史社会学的な視点から分析した研究書である。戦前期日本における教員社会について、制度的側面だけでなくその日常的な意識まで含めて、実証的なデータや資料を使ってトータルにとらえている。

マ行

ヤ行

ラ行・ワ行

タ行

ナ行

ハ行

サ行

索　引

注 《　》…書籍・作品名

ア行

カ行

亀山　佳明（かめやま・よしあき）

龍谷大学社会学部教授。

『夏目漱石と個人主義――〈自律〉の個人主義から〈他律〉の個人主義へ』（新曜社、2008年）、『子どもと悪の人間学――子どもの再発見のために』（以文社、2001年）、『野性の教育をめざして――子どもの社会化から超社会化へ』（共編、新曜社、2000年）、『スポーツ文化を学ぶ人のために』（共編、世界思想社、1999年）ほか。

山口　健二（やまぐち・けんじ）

岡山大学大学院教育学研究科准教授。

「モダン・アートシーンにおけるアメリカ大学――美術と美術教育の制度化」（稲垣恭子編『子ども・学校・社会――教育と文化の社会学』世界思想社、2006年）、「美術鑑賞教育のタイポロジー」（共著、『美術教育』第289号、2006年）、「学校教員の職能開発機関としてのアメリカの美術館――20世紀末の美術教育改革動向を背景に」（共著『美術教育学』第25巻、2004年）、「“伝統校”と進学実績の戦前・戦後――一高・東大生の輩出校調査を中心に」（共著、『岡山大学教育学部研究集録』第119号、2001年）、「文化配信装置としての組織――マイヤー制度論の文化社会学的射程」（柴野昌山編『文化伝達の社会学』世界思想社、2001年）ほか。

目黒　強（めぐろ・つよし）

神戸大学大学院人間発達環境学研究科准教授。

「『少年世界』における「お伽小説」にみる「小説」の位相――巌谷小波の作品を中心として」（『国際児童文学館紀要』第23号、2010年）、「谷崎潤一郎『細雪』にみる接触空間におけるモダンガール表象のアポリア」（緒形康編『一九三〇年代と接触空間――ディアスポラの思想と文学』双文社出版、2008年）、「怖れられる人間――谷崎潤一郎と不良少年の近代」（ヒューマン・コミュニティ創成研究センター（神戸大学）編『人間像の発明』ドメス出版、2006年）ほか。

■ティータイム執筆者

井上　　俊（いのうえ・しゅん）……大阪大学名誉教授・関西大学客員教授

竹内　　洋（たけうち・よう）……京都大学名誉教授・関西大学教授

大村　英昭（おおむら・えいしょう）……大阪大学名誉教授・相愛大学特任教授

山本　雄二（やまもと・ゆうじ）

関西大学社会学部教授。

「子ども問題と語りの地平」（武内清編『子どもの「問題」行動』学文社、2010年）、「「教育と暴力」再考――Ｔヨットスクールを事例として」（『関西大学社会学部紀要』第38巻３号、2007年）、「クイズ番組の精神分析」（石田佐恵子・小川博司編『クイズ文化の社会学』世界思想社、2003年）、「学校・暴力・ことばの力」（竹内洋編『学校システム論――子ども・学校・社会』放送大学教育振興会、2002年）ほか。

北澤　毅（きたざわ・たけし）

立教大学文学部教授。

『質的調査法を学ぶ人のために』（北澤毅・古賀正義編、世界思想社、2008年）、『少年犯罪の社会的構築――「山形マット死事件」迷宮の構図』（北澤毅・片桐隆嗣共著、東洋館出版社、2002年）、『〈社会〉を読み解く技法――質的調査法への招待』（北澤毅・古賀正義編著、福村出版、1997年）ほか。

David　Notter（デビッド・ノッター）

慶應義塾大学経済学部准教授・京都大学博士（教育学）。

「近代家族の成立　ショーター『近代家族の形成』」（井上俊・伊藤公雄編『社会学ベーシックス　5　近代家族とジェンダー』世界思想社、2010年）、『純潔の近代――近代家族と親密性の比較社会学』（慶應義塾大学出版会、2007年）、「近代家族と家族感情」（稲垣恭子編『子ども・学校・社会――教育と文化の社会学』世界思想社、2006年）ほか。

清矢　良崇（せいや・よしたか）

教育学博士。

「質的データと教育研究――社会化過程の記述に焦点づけて」（『教育社会学研究』第84集、2009年）、「社会的相互行為の記述について――形式構造の標本化を中心に」（北澤毅・古賀正義編『質的調査法を学ぶ人のために』世界思想社、2008年）ほか。

■執筆者紹介（執筆順）

稲垣　恭子（いながき・きょうこ）
巻末奥付の編者紹介参照。

佐藤　卓己（さとう・たくみ）
京都大学大学院教育学研究科准教授・京都大学博士（文学）。
『ヒューマニティーズ　歴史学』（岩波書店、2009年）、『テレビ的教養――一億総博知化への系譜』（ＮＴＴ出版、2008年）、『輿論と世論――日本的民意の系譜学』（新潮選書、2008年）、『言論統制――情報官・鈴木庫三と教育の国防国家』（中公新書、2004年、第34回吉田茂賞受賞〔2004年度〕）、『『キング』の時代――国民大衆雑誌の公共性』（岩波書店、2002年、第24回日本出版学会賞受賞〔2002年度〕、第25回サントリー学芸賞受賞〔2003年度、社会・風俗部門〕）、『現代メディア史』（岩波書店、1998年）ほか。

岩田　弘三（いわた・こうぞう）
武蔵野大学人間関係学部教授・博士（教育学）。
『近代日本の大学教授職――アカデミック・プロフェッションのキャリア形成』（玉川大学出版部、2011年）、「学習指導要領の変遷と子ども」（武内清編『子どもと学校』学文社、2010年）、「日本における教育接続の戦後史」（荒井克弘・橋本昭彦編著『高校と大学の接続――入試選抜から教育接続へ』玉川大学出版部、2005年）、「キャンパスライフの社会史」（武内清編『大学とキャンパスライフ』上智大学出版、2005年）、「歴史のなかのキャンパスライフ」（武内清編『キャンパスライフの今』玉川大学出版部、2003年）ほか。

片岡　栄美（かたおか・えみ）
駒澤大学文学部教授・博士（社会学）。
「格差社会と小・中学受験――受験を通じた社会的閉鎖、リスク回避、異質な他者への寛容性」（『家族社会学研究』第21巻１号、2009年）、「芸術文化消費と象徴資本の社会学――ブルデュー理論からみた日本文化の構造と特徴」（『文化経済学』第６巻１号、2008年）、「文化的寛容性と象徴的境界――現代の文化資本と階層再生産」（今田高俊編『日本の階層システム 5　社会階層のポストモダン』東京大学出版会、2000年）ほか。

編者紹介

稲垣恭子（いながき・きょうこ）

京都大学大学院教育学研究科教授・京都大学博士（教育学）
『女学校と女学生——教養・たしなみ・モダン文化』中公新書、2007年
『新版　教育社会学』（共編著）放送大学教育振興会、2007年
『子ども・学校・社会——教育と文化の社会学』（編著）世界思想社、2006年
『不良・ヒーロー・左傾——教育と逸脱の社会学』（共編著）人文書院、2002年ほか

教育文化を学ぶ人のために

2011年4月20日　第1刷発行

定価はカバーに
表示しています

編　者　稲　垣　恭　子
発行者　髙　島　照　子

世界思想社
京都市左京区岩倉南桑原町56　〒606-0031
電話 075(721)6500(代)
振替 01000-6-2908
http://sekaishisosha.co.jp/

Printed in Japan
（太洋社）

ISBN978-4-7907-1524-5